Eduard Norden

Die Geburt des Kindes

Geschichte einer religiösen Idee

DOGMA

Eduard Norden

Die Geburt des Kindes

Geschichte einer religiösen Idee

ISBN/EAN: 9783954546862

Auflage: 1

Erscheinungsjahr: 2013

Erscheinungsort: Bremen, Deutschland

EDUARD NORDEN

DIE GEBURT DES KINDES

GESCHICHTE EINER RELIGIÖSEN IDEE

B. G. TEUBNER LEIPZIG BERLIN 1924

STUDIEN DER BIBLIOTHEK WARBURG

HERAUSGEGEBEN VON FRITZ SAXL

III. NORDEN / DIE GEBURT DES KINDES

B. G. TEUBNER LEIPZIG BERLIN 1924

DER

EVANGELISCH-THEOLOGISCHEN FAKULTÄT ZU BONN

GEWIDMET ALS ZEICHEN EHRERBIETIGEN DANKES

FÜR DIE MIR AM 3. AUGUST 1919 EHRENHALBER

VERLIEHENE

THEOLOGISCHE DOKTORWÜRDE

INHALTSVERZEICHNIS

Und er zu ihm: „Du wiesest mir zuerst den Weg
hin zum Parnassus, daß ich tränke seinen Quell,
und dann, nächst Gott, hast du Erleuchtung mir geschenkt.

Du tatest wie der Knappe tut auf nächt'gem Pfad —
er trägt die Leuchte hinter sich, nicht sich zu Nutz,
doch die ihm folgen macht er kundig ihres Wegs —,

als so du sprachst: 'Der Weltenlauf erneuert sich,
Gerechtigkeit kehrt wieder und der Urzeit Art,
und nieder steigt von Himmelshöhn ein neu Geschlecht.'

Durch dich ward ich zum Dichter, Christ durch dich.“

Dante läßt im Purgatorium[1]) Virgil und Statius sich begegnen;
diesen führt er — der christlichen Bewegung im Rom der domitia-
nischen Zeit sicher kundig — mit kühner Erfindung als Bekenner der
neuen Religion ein. Die Großartigkeit der Szene erhält noch ein besonderes Ethos durch die ergreifenden Worte, mit denen der jüngere
der beiden Dichter dem älteren für seine Seelenrettung dankt; er
krönt sie mit einem Zitat berühmter Verse aus dem Anfang der vierten Ekloge Virgils:

Quando dicesti: 'Secol si rinnova,
torna giustizia e primo tempo umano,
e progenie scende dal ciel nuova.'

Die Verse

Ultima Cumaei venit iam carminis aetas:
magnus ab integro saeclorum nascitur ordo.
iam redit et Virgo, redeunt Saturnia regna,
iam nova progenies caelo demittitur alto

hatten, wie aus Domenico Comparettis bekanntem Buche zu ersehen
ist,[2]) das Haupt ihres Dichters wie mit einem Nimbus umkleidet.
Christenverfolger sollten durch sie zu Märtyrern geworden sein;
Papst Innocenz III. zitierte sie in einer um das Jahr 1200 gehaltenen
Weihnachtspredigt; in einem französischen Mysterienspiel etwa der-
selben Zeit wird Virgil aufgefordert von Christus Zeugnis abzulegen,

---

1) 22, 64—73. Die Übersetzung verdanke ich Ed. Fraenkel.
2) Als Ergänzung speziell für die 4. Ekloge ist daneben immer noch beachtens-
wert die zehn Jahre früher erschienene, von Comparetti anerkennend erwähnte Schrift
des Kirchenhistorikers F. Piper, Virgilius als Theolog und Prophet, Berl. 1862.

und er tut es mit diesen Versen; im Chore einer spanischen Kathedrale ist der römische Dichter inmitten zahlreicher Figuren alttestamentlicher Propheten durch das beigeschriebene Wort _Progenies_ kenntlich gemacht; in den Fresken Raffaels in S. Maria della Pace zu Rom ist eine der vier Sibyllen durch den Halbvers _Iam nova progenies_ gekennzeichnet.

Was Dichter und Künstler in visionärem Schauen sagen und bilden, ist, aristotelisch gesprochen, ideelle Wahrheit und, wie Demokritos sagte, „gar schön". Die Wissenschaft muß daneben eine andere Art der Betrachtung stellen, die historische. Die virgilische Ekloge soll den Rahmen der folgenden Untersuchungen bilden. Das bietet den Vorteil, daß sie sich auf einem gegebenen Fundament aufbauen: jeder Arbeiter auf religionsgeschichtlichem Gebiete weiß die Wohltat eines fest umrissenen Textes zu schätzen, an den seine Forschungen sich anlehnen können, um nicht ins Bodenlose zu versinken oder in die Winde zu zerflattern. Ob sich die Ekloge zu einer solchen Grundlage eigne, muß freilich erst ihre Analyse lehren.

Aus den Schriften über das virgilische Gedicht ließe sich fast eine kleine Bibliothek zusammenstellen, und dennoch zählt es noch immer zu den rätselvollsten Gebilden der antiken Literatur. Sollte es sich angesichts so unsäglicher Bemühungen nicht empfehlen dieses Problem den zwölf 'quaestiones insolubiles' anzureihen, die von den Virgilexegeten des Altertums aufgestellt wurden? Die meisten Fachgenossen werden, wie ich selbst es Jahrzehnte lang tat, geneigt sein diese Frage zu bejahen und einem abermaligen Versuche den Schlüssel zu dieser cista mystica zu finden mit Achselzucken begegnen. Dennoch bitte ich um eine Prüfung meiner Kombinationen. Eine Auseinandersetzung mit allen früheren Ansichten wird niemand erwarten; findet sich doch unter ihnen beispielsweise sogar diese, das Gedicht sei nicht ernst zu nehmende Klientenpoesie.[1]) Meist nur da, wo es zur Beleuchtung einzelner Seiten des Problems wünschenswert erschien, habe ich gegenteilige Auffassungen angeführt. Dagegen sind Ansätze zu der mir richtig erscheinenden Deutung überall zu Gehör gebracht worden. Gleich bei diesen Vorbemerkungen sei solcher Pflicht genügt, freilich in einer Richtung, die bei den meisten Lesern eher das Gefühl des Unbehagens sich meiner Führung anzuvertrauen auslösen wird. Der Dilettantismus, der sich mit Vorliebe da einfindet, wo die Gelehrten ihr Ignoramus eingestehen, hat, wie nicht weiter

---

1) Fr. Marx, Neue Jhb. I (1897) 11. Zu diesem Aufsatze werde ich ausnahmsweise öfters Stellung nehmen müssen, da er die Forschung noch vielfach beherrscht und ich selbst früher seinen Hauptergebnissen beipflichtete.

verwunderlich, es nicht verabsäumt an diesem Objekt seine Orgien zu feiern. Aber abscheulich ist er nur im Lumpenkittel des Scheinwissens, gar nicht immer verächtlich, wenn er, durch Gelehrsamkeit nicht beschwert, gefühlsmäßige Einfalt verstandesmäßigen Gedankenoperationen entgegenstellt. Weshalb sollte nicht — so ließen sich ehemals zahlreiche, bis weit hinein in die neuere Zeit immer noch vereinzelte Stimmen vernehmen[1]) — wahr sein, was so erleuchtete Geister wie Lactantius und Augustinus geglaubt, was der christlich gewordene Kaiser Constantinus den auf dem nicaenischen Konzile versammelten Vätern unter Verlesung der ins Griechische übersetzten Ekloge eindringlich ans Herz gelegt hat, daß Gott einen Funken der Erkenntnis in den Geist der Weltprophetin senkte und daß sich daran ein zartgestimmtes Dichtergemüt entzündete? Streifen wir dieser Frage das fromme Gewand ab, das die an kühle Nacktheit gewohnte Wissenschaft nicht kleidet, so könnte sie, mag das zunächst auch noch so paradox erscheinen, nachdenklich stimmen. „Die Endzeit ist gekommen, die Geburt eines göttlichen Kindes steht bevor. Es ist dazu berufen nach Tilgung der alten Sündenschuld die Menschheit zu erneuern, für die ein Zeitalter des Friedens und der Gerechtigkeit anbricht. Darob herrscht in der ganzen Welt, im Himmel wie auf Erden, Freude." Man stelle sich vor, einem Unbefangenen werde die Frage vorgelegt, welcher Text in diesen Sätzen auf seinen Wesensinhalt gebracht sei. Er würde antworten: der des Evangeliums. Es ist aber der der Ekloge: kein Wort ist in jenen Sätzen enthalten, das nicht in ihr stände, kein Gedanke, der um der These willen gefärbt wäre. Sagte man jenem Laien dann gar, auch in der Ekloge handle es sich um eine Verkündigung, nur daß sie hier auf den Namen einer gotterfüllten Prophetin gestellt, dort dem Engel Gottes in den Mund gelegt werde; fügte man endlich hinzu, wie in die evangelische Erzählung so spiele auch in das bukolische Lied das Hirtenleben hinein: so würde jener mit Notwendigkeit einem frommen Trugschlusse verfallen, um deswillen ihn auszulachen ebenso hochmütig wie verkehrt wäre.

Über die Schwierigkeit der Aufgabe täusche ich mich nicht. Die Überlieferung, in deren Geschichte ich versuchen möchte das Gedicht hineinzustellen, läßt sich einer uralten Eiche vergleichen,

---

1) Daß sowohl der katholische Dichter Pope in seinen 'Pastorals' (1709) wie sein protestantischer Kritiker Samuel Johnson (1779) diese Auffassung teilten, notiert R. S. Conway in: Virgils Messianic Eclogue, Three studies by Mayor, Fowler, Conway (Lond. 1907) 27 f. N. Terzaghi, L'allegoria nelle ecloghe di Virgilio (Firenze 1902) 70 führt eine derartige Schrift noch aus der 2. Hälfte des XIX. Jh. an.

deren vielfältig verzweigtes Wurzelwerk sehr in der Tiefe lagert; wenn der Ausdruck erlaubt ist, könnte man von einem mythischen Weltenbaume reden, dessen weitausladende Zweige die Völker des Orients und Okzidents überschatten. In allen Wohnungen unter diesem Riesendache sich heimisch zu machen, dazu reicht die Kraft eines einzelnen schwerlich aus. Wo eigenes Können versagte, schien mir besondere Vorsicht Pflicht: ohne Beratung von Kennern, deren Namen ich an ihrem Orte dankbar nennen werde, hätte ich mich auf dem weiten Gebiete nicht überall zurechtgefunden. Leider führt der Weg nicht geradeaus auf das Ziel, und der Zwang manche Seitenpfade einzuschlagen erschwert die Darstellung. Was hat beispielsweise ein aegyptisches Theologumenon, was Evangelienkritik mit einem lateinischen Gedichte der ausgehenden Republik zu tun? Hoffentlich gelingt es den Leser von der Notwendigkeit derartigen Vagabundierens dadurch zu überzeugen, daß jeder Umweg neue Ausblicke auf das Ziel gewährt.

I. DAS PROBLEM

Das Gedicht enthält — als einziges der Sammlung — eine bestimmte Zeitangabe (Vers 11 f.): „Unter deinem Konsulate, Pollio, wird diese glanzreiche Zeitperiode eintreten." Hierdurch ist das Jahr 713 d. St. = 40 v. Chr. bezeichnet. Seit Generationen gilt es nun als Tatsache, daß innerhalb dieses Jahres der Abschluß des brundisinischen Friedens die Voraussetzung des Gedichtes bilde; da dieser Friede etwa im September zustande kam,[1]) so könne die Ekloge nicht vor dem letzten Drittel des Jahres verfaßt sein.[2]) Diese Annahme, die sich auf kein Zeugnis stützt und ungeprüft weitergegeben wird, hat aber eine Anzahl von Schwierigkeiten zur Folge. Nach der in dem ganzen Gedichte festgehaltenen Idee liegt die Friedenszeit erst in der Zukunft. Ihr Eintritt wird an die bevorstehende Geburt eines

1) J. Kromayer, Herm. XXIX (1894) 560 f.: „Zwischen den letzten Tagen des August und den ersten des Oktober — höchstwahrscheinlich also im September selbst — ist der Brundisinische Friede geschlossen worden."
2) In dem soeben erschienenen Buche von N. W. De Witt, Virgils Biographia litteraria (Toronto 1923) 145 heißt es: „The date (Sept. of 40) is certain. Pollio is *consul suffectus*, lines 11—12

teque adeo decus hoc aevi, te consule inibit,
Pollio, et incipient magni procedere menses.

The autumn equinox is clearly denoted by line 50:

aspice convexo nutantem pondere mundum."

Pollio war nie *suffectus*, und den Vers 50 auf das Herbstaequinoktium zu beziehen statt auf das Beben des gewölbten Weltendoms) ist unverantwortlich.

Kindes geknüpft, das bestimmt ist, die neue Aera zu inaugurieren. Wie nun also? der Friede geschlossen, und das Kind, der Friedebringer, noch ungeboren? Das erscheint nicht vorstellbar. Es kommt ein weiteres Moment hinzu. Im Vers 14 ist von einer *perpetua formido*, einem immerwährenden Grausen, die Rede, das die Erde im Bann halte.[1]) So konnte nicht mehr nach dem Abschluß eines Friedens geredet werden, der den Bann gebrochen zu haben schien. Nur durch die Annahme eines vaticinium ex eventu würden sich diese beiden Bedenken zur Not beschwichtigen lassen. Aber zu der Anwendung eines derartigen Gewaltmittels böte die Ekloge auch nicht den Schein eines Rechts: keine Spur deutet darauf, daß die Prophetie anders als aus der Gegenwart selbst heraus erfolgt. Und nun überlege man sich folgendes. Die Grundvoraussetzung der Ekloge ist in ihren ersten Versen bezeichnet: 'Wir stehen an einer Zeitenwende, der alte Aion ist abgelaufen, ein neuer zieht herauf. Diese Schicksalstunde ist nach der Prophetie der Sibylle jetzt da. Bald wird sich alles zum Guten wenden' (Vers 4 f.). Nun lasse man an seinem Geist die Fülle der Prophetien auf eine Heilszeit vorüberziehen. Ausnahmslos ertönen sie aus Zeiten der Leiden, der Sehnsucht, der Hoffnung: Schrecknisse der Vergangenheit dauern bis in die Gegenwart, in der sie ihren Höhepunkt erreicht haben; bald muß eine Wendung zum Besseren, eine μεταβολὴ ἐπὶ τὸ βέλτιον, wie man das nannte, erfolgen. Diese ist es, die der Prophet den Volksgenossen kündet: 'Eure Not ist aufs höchste gestiegen, aber seid getrost, schon naht euch der Retter.' So ist es in den aegyptischen Prophetien, die wir kennen lernen werden, so in den Weissagungen des Alten, so in denen des Neuen Testaments, die Johannes dem Täufer und Jesus in den Mund gelegt werden, so in den jüdischen Apokalypsen und in der johanneischen. Aus der Fülle sei nur ein einziges Beispiel, das uns weiterhin genauer beschäftigen muß, schon hier angeführt. Als das Königreich Juda vor einer Katastrophe stand, verkündete Jesaja, mitten aus der Schreckenszeit heraus, den Anbruch einer Heilszeit durch die Geburt eines gotterwählten Kindes. Wer das virgilische Gedicht aus dieser Reihe herauslöst, isoliert es. Aber es paßt sich genau in sie ein, wenn man ihm die Zeitverhältnisse kurz vor der Jahreswende 41/40 zugrundelegt. Der Bürgerkrieg, der nach der Dauer fast eines Jahrzehnts beendet schien, war im Herbst 41 von neuem ausgebrochen.

---

1) *Te duce, si qua manent sceleris vestigia nostri, irrita perpetua solvent formidine terras.* Auch nach der Geburt des Kindes bleiben vielleicht etwaige Spuren unserer Sünde (vgl. 31); ihre Tilgung unter deiner Führung, Pollio, wird die Welt von dem immerwährenden Grausen lösen.

Das blühende Perusia wurde von Caesar in unnachsichtigster Form
belagert, in der Hauptstadt herrschten Hungersnot und Anarchie,
Handel und Wandel stockten in ganz Italien, dessen 'Folterknecht'
man den Caesar nannte.[1]) In Gallia Transpadana war der für das
Jahr 40 designierte Konsul Pollio aufs eifrigste für die Sache des
M. Antonius tätig. Ein Bürgerkrieg noch größeren Ausmaßes drohte.
Rom schien dem Untergange geweiht.[2]) In die Not dieser Zeit soll
das Kind hineingeboren werden, mitten hinein in die *perpetua formido*
zeichnet der Dichter das Idyll wie der alttestamentliche Prophet das
seinige in die Not Judas. Licht wird in das Dunkel scheinen, der
Weltfriede seine Schwingen segnend über die verzweifelnde Menschheit breiten. Von dieser Stimmung wurden die ersten Leser des Gedichts, darunter der Adressat, beherrscht; in sie müssen wir uns
hineinzuversetzen, Beklemmung und Aufatmen, Zerrissenheit und Hei-
lung nachzufühlen versuchen, wenn wir die poetische Schöpfung in
ihrem Entstehen und ihrer ersten Wirkung miterleben wollen. Wie
matt und schal, ja im Grunde genommen welche Sünde gegen die
Idee des Gedichts, angesichts des mit Märchenfarben gemalten Traum-
bildes eines ewigen Weltfriedens, eines himmlischen Weltreiches an
einen irdischen Vorgang wie den brundisinischen Frieden auch nur
zu denken. Sein Rausch verflog gar bald: wenige Monate, vielleicht
nur Wochen nach seinem Abschluß kam es in Rom zu blutigen
Straßenkämpfen, denen Caesar um ein Haar zum Opfer gefallen wäre;
„das Volk stöhnte", beschließt ein Historiker seinen Bericht.[3]) Dagegen die Idee des Weltfriedens war unwirklich und doch idealisierte
Wirklichkeit, als solche wahrhaft poetisch.

Macht man sich diese Auffassung zu eigen, so entspringt daraus
noch ein besonderer Gewinn. Die Ekloge ist bestimmt zum dichte-
rischen Schmucke eines Konsulats: *silvae sint consule dignae* (Vers 3),
teque adeo decus hoc aevi, te consule inibit, Pollio et incipient magni
procedere menses (11 f.). Erst dem letzten Drittel des Konsulatsjahres
soll die Huldigung gelten? erst dann sollen die Weltmonate ihren
Lauf nehmen? Doch wohl zu Beginn des Jahres, das in seiner Ganzheit Pollios (und seines Kollegen) Namen trug[4]) und das 'sein Jahr'

---

1) Suet. Aug. 70.
2) Kurz, es herrschte die Stimmung, der Horaz in der 16. Epode Ausdruck gibt.
Wenn meine Datierung der Ekloge auf die Wende der Jahre 41/40 sich bewährt, so
gewinnt die Annahme ihrer Priorität gegenüber dem horazischen Gedicht, wofür auch
sonst viel geltend gemacht worden ist, noch an Wahrscheinlichkeit.
3) Appian b. c. V 68.
4) Die Triumvirn hatten im J. 43 die Beamten für die J. 42—38 ernannt (Appian
b. c. IV 2, vgl. Mommsen, St.-R. I³ 586). Also hatte Pollio schon damals die Anwart

war, wie Cicero sein Konsulatsjahr *annum meum* nennt. Da Martial, Statius, Claudianus die Gedichte, die sie zu Ehren der Konsulate ihrer Gönner verfaßten, für den Jahresanfang bestimmten — darunter die beiden letztgenannten Dichter, um zugleich den Beginn eines neuen Zeitalters zu verkünden[1]) —, so müßten es schon sehr schwerwiegende Gründe sein, das virgilische Konsulatsgedicht auch aus dieser Reihe herauszunehmen, also es abermals zu isolieren.

Wir treten jetzt an die Betrachtung des Gedichts selbst heran, durch dessen Eigenart die Besonderheit unserer Aufgabe bestimmt wird. Für uns bietet sein religiöser Hintergrund das Hauptinteresse, das des Dichters richtet sich auf anderes: er will ein Hirtenlied dichten, muß also den bukolischen Stil wahren und das Erhabene dem Idyllischen unterordnen, so daß jenes fast nur als Rahmenornament erscheint.[2]) Dabei konnte er sicher sein, daß seine Andeutungen von den Lesern, für die das Gedicht zunächst bestimmt war, verstanden wurden, denn sie kannten die ihm zugrunde liegende Prophetie. Für uns sind diese Voraussetzungen nicht vorhanden, ja sie waren es schon nicht für die nächste Generation: diese tappte sogar noch mehr im Dunkeln als wir, denen die Religionsurkunden des Ostens — nur aus ihnen ist, wie wir sehen werden, der Schlüssel des dunklen Textes zu gewinnen — eine viel vernehmlichere Sprache reden. Alle diese Schwierigkeiten im Auge haltend, wollen wir nun eine Paraphrase des Gedichts an uns vorüberziehen lassen: eine solche hat vor einer Übersetzung den Vorteil, daß die entscheidenden Ge-

---

schaft auf das Konsulat des J. 40. Im J. 41, an dessen Ende nach meiner Annahme Virgil die Ekloge dichtete, war Pollio also consul designatus für 40 (*Pollione consule designato* Serv. Dan. zu Vers 11 dies ist ein richtiges Überbleibsel aus dem stark entstellten Asconiuszitat, s. u. S. 11, 1). Wenn er infolge der Zeitverhältnisse erst nach Abschluß des brundisinischen Friedens, also etwa Sept. 40, Rom betrat, so wird dadurch die Tatsache, daß er Konsul des ganzen Jahres war, nicht im mindesten berührt: denn der Antritt der Magistratur war staatsrechtlich auch außerhalb Roms statthaft und erfolgte in unruhigen Zeiten oft so: Mommsen ebd. 615. Diejenigen Interpreten also, die sein Konsulat erst von der pax Brundisina ab datieren und daraufhin die Abfassungszeit der Ekloge bestimmen, begehen einen schweren Fehler. Übrigens traten Pollio und sein Kollege wenige Tage vor Schluß des Jahres 40 zurück, da sie durch suffecti ersetzt wurden: Dio C. XLVIII, 32.

1) Auf das claudianische Konsulatsgedicht werden wir noch zu sprechen kommen. Das des Statius (silv. IV 1) betrifft den Konsulatsantritt des Domitianus am 1. Jan. 95. Die ludi saeculares hatte der Kaiser schon im Sept. 88 gefeiert, aber der Dichter bringt das Motiv hier nach: Ianus selbst, *immensi reparator maximus aevi*, wird redend eingeführt und beginnt seine Apostrophe an den Kaiser so: *salve, magne parens mundi, qui saecula mecum instaurare paras.*

2) Das hebt K. Witte, Der Bukoliker Vergil (Stuttg. 1922) 25 hervor. Seine dort angekündigte Behandlung dieser Ekloge in den Wiener Studien ist mir noch nicht zu Gesicht gekommen.

danken, von ihrer poetischen Einkleidung befreit, klarer heraustreten; einzelne Verse und Versreihen, die für unsere Erörterungen besonders bedeutsam sein werden, wollen wir aber in möglichst wörtlicher Übersetzung kennen lernen. Zur Bequemlichkeit des Lesers und um ihm dauernd die Kontrolle zu ermöglichen, rücke ich den Text hier ein, nach größeren Sinnesperikopen, die sich von selbst ergeben, abgeteilt; zahlenmäßige Responsionen, genaue und ungefähre, finden sich, wie überhaupt in diesem zierlichen Eidos der Poesie, gelegentlich, aber mehr zwanglos und durch den inneren Rhythmus dieses Stils bedingt als aus Berechnung. Textkritische Varianten von Belang sind, außer in Vers 62, über den unten genauer zu handeln sein wird, nicht vorhanden.

Sicelides Musae, paulo maiora canamus:
non omnes arbusta iuvant humilesque myricae;
si canimus silvas, silvae sint consule dignae.

Ultima Cumaei venit iam carminis aetas:
magnus ab integro saeclorum nascitur ordo.   5
iam redit et Virgo, redeunt Saturnia regna,
iam nova progenies caelo demittitur alto.
tu modo nascenti puero, quo ferrea primum
desinet ac toto surget gens aurea mundo,
casta fave Lucina: tuus iam regnat Apollo.

Teque adeo decus hoc aevi, te consule inibit,
Pollio et incipient magni procedere menses;
te duce, si qua manent sceleris vestigia nostri,
irrita perpetua solvent formidine terras.
ille deum vitam accipiet, divisque videbit   15
permixtos heroas et ipse videbitur illis,
| pacatumque reget patriis virtutibus orbem.

At tibi prima, puer, nullo munuscula cultu
errantes hederas passim cum baccare tellus
mixtaque ridenti colocasia fundet acantho.
ipsae lacte domum referent distenta capellae
ubera nec magnos metuent armenta leones.
ipsa tibi blandos fundent cunabula flores.
occidet et serpens, et fallax herba veneni
occidet; Assyrium vulgo nascetur amomum.   25

At simul heroum laudes et facta parentis
iam legere et quae sit poteris cognoscere virtus,
molli paulatim flavescet campus arista,
incultisque rubens pendebit sentibus uva,
et durae quercus sudabunt roscida mella.   30
pauca tamen suberunt priscae vestigia fraudis,
quae temptare Thetim ratibus, quae cingere muris
oppida, quae iubeant telluri infindere sulcos.
alter erit tum Tiphys, et altera quae vehat Argo
delectos heroas; erunt etiam altera bella   35
atque iterum ad Troiam magnus mittetur Achilles.

Hinc ubi iam firmata virum te fecerit aetas,
cedet et ipse mari vector, nec nautica pinus
mutabit merces: omnis feret omnia tellus.
non rastros patietur humus, non vinea falcem;   40
robustus quoque iam tauris iuga solvet arator;
nec varios discet mentiri lana colores,
ipse sed in pratis aries iam suave rubenti
murice, iam croceo mutabit vellera luto;
sponte sua sandyx pascentes vestiet agnos.   45

'Talia saecla' suis dixerunt 'currite' fusis
concordes stabili fatorum numine Parcae.
adgredere o magnos — aderit iam tempus — honores,
cara deum suboles, magnum Iovis incrementum.
adspice convexo nutantem pondere mundum,   50
terrasque tractusque maris caelumque profundum,
adspice venturo laetentur ut omnia saeclo.

O mihi tum longae maneat pars ultima vitae,
spiritus et quantum sat erit tua dicere facta:
non me carminibus vincet nec Thracius Orpheus   55
nec Linus, huic mater quamvis atque huic pater adsit,
Orphei Calliopea, Lino formosus Apollo.
Pan etiam, Arcadia mecum si iudice certet,
Pan etiam Arcadia dicat se iudice victum.

Incipe, parve puer, risu cognoscere matrem   60
matri longa decem tulerunt fastidia menses.
incipe, parve puer: qui non risere parenti,
nec deus hunc mensa, dea nec dignata cubili est.

'Schon hat sich, gemäß der Prophetie der Sibylle, der
Ring der Zeiten geschlossen; es erfolgt von neuem die Geburt einer großen Weltperiode. Auf die Endzeit folgt wieder
die Urzeit mit ihrem Segen, und ein neues Geschlecht wird
vom Himmel herabgesandt. „Sei Du nur, Lucina, bei der
Geburt des Knaben gnädig, mit dem das eiserne Geschlecht
ein Ende nehmen, ein goldenes auf der ganzen Welt erstehen
wird. Sei ihm gnädig, Lucina: schon herrscht dein Apollo." —
Unter deinem Konsulate, Pollio, wird diese glanzvolle Zeitperiode eintreten und werden die großen Monate des neuen
Weltjahres ihren Lauf nehmen; unter deiner Führung werden
etwa noch vorhandene Spuren unserer Sünde getilgt und
wird die Erde erlöst werden von dem ewigen Graus. Jener
Knabe wird das Leben der Götter empfangen, im Himmel
mit den Seligen und Heroen verkehren und mit der Kraft
seines Vaters ein Friedensherrscher über die Welt werden.
Das Erdreich selbst, lieber Knabe, wird lachende Blumen,
kleine Geschenke für dich, ausstreuen, deine Wiege sich in
einen Wundersegen von Blüten kleiden. Auch die Tiere

des Feldes werden dir huldigen. Wilde Tiere, Schlangen
und Giftkräuter wird es nicht mehr geben, überall dagegen
werden die Gewürzstauden des Orients wachsen. Wenn du
dann heranwächst und die Ruhmesgeschichten der Helden
der Vorzeit, auch die Taten deines Vaters wirst lesen können,
dann wird sich das Feld allmählich in wogende Ähren kleiden, die Traube am Dornbusch hängen und Honigtau aus
hartem Eichenstamm träufeln. Aber unser alter Trug wird
auch dann noch nicht mit Stumpf und Stiel ausgerottet sein;
so wird ein zeitweiliger Rückfall in die abgelaufene Weltperiode erfolgen: im Schweiße seines Angesichts wird sich
der Bauer abmühen, der Kaufmann es wagen in See zu
stechen, die Städte wird man gegen Plünderung ummauern,
auch Kriege wird es wieder geben. Bist du dann aber vom
Jüngling zum Manne herangereift und übernimmst das Regiment, dann herrscht auf Erden eitel Freude und Wonne: es
gibt keine Mühsal mehr, alles ist wie im Märchenlande. So
will es das Schicksal, dessen Walterinnen, die Parzen, nach
ewigem Ratschluß an ihrem sausenden Webstuhl die Fäden
der neuen Zeitperiode anspinnen. „So tritt denn deine große
Ehrenlaufbahn an — gleich wird der Augenblick gekommen
sein ⸺, lieber Sproß der Götter, Jupiters großer Zögling.
Schau, nur, wie das Weltgebäude, Himmel, Erde und Meer
bebend hin und her schwanken, schau, wie das All frohlockt
über den kommenden Aeon." Möchte mir noch ein Leben
beschieden sein, lang genug, um deine Taten preisen zu
können; selbst mit den gefeiertsten Sängern der Vorzeit
wollte ich es dann wagen in Wettstreit zu treten. — Nun,
Knäblein, beginne deiner Mutter zuzulachen und ihr dadurch
zu zeigen, daß du sie kennst, deine Mutter, die dich im
zehnten Monat trug und für diese Zeit voll des Unbehagens
solchen Lohn wahrlich verdient hat. Ja, Knäblein, tu's; du
mußt nämlich wissen: nur aus solchen, die ihrer Mutter zu-
gelacht haben, wählt sich ein Gott seinen Tisch-, eine Göttin
ihren Lagergenossen.'

Ein ganz seltsames Gebilde. Prophetenwort und Hirtenschalmei,
himmlische und irdische Töne, feierlicher Ernst und tändelndes Spiel
vereinigen sich; neben dem Weltbeben bei der Geburt des neuen
Zeitalters hören wir von der Wunderwiege des Knaben; wir sehen
ihn in Büchern lesend und finden ihn im Himmel beim Mahle der Unsterblichen, mit einer Göttin in Liebe vereint. Aus diesem und an-

·derem scheinbar so Widerspruchsvollen hat der Dichter ein Ganzes
zu bilden verstanden; je mehr man sich in das Auf- und Abwogen
·der Stimmungswellen dieses Gesanges einzuschalten, die Motive in
ihrer Verflechtung zu erkennen, auch den Wechsel des Sprachstils
in Erzählung und Anrede an den Knaben zu studieren versucht, um
so höher wird man die Kunst des Dichters werten, auch das Bild-
hafte seiner Anschauungsweise im idyllischen Genre bewundern: war
er doch ein Sohn Umbriens, und das Bild der Mutter mit dem sie
anlächelnden Kinde ließe sich vielleicht in den weichen Stil eines
Perugino umdenken. Allein ein näheres Eingehen auf das rein Künstlerische, das unbedingt als Eigentum des irgendeine Vorlage ganz
frei gestaltenden Dichters gelten muß, ließe sich von einer Sprach-
und Stilanalyse nicht trennen, und uns geht im Rahmen dieser
Untersuchung nur der Gedankeninhalt an, vor allem zunächst die
Personenfrage. Denn begreiflicherweise hat diese die Neugier vorzüglich gereizt. Die Erklärer sind sozusagen auf das römische Standes-
amt gegangen (es hat im alten Rom ja etwas Vergleichbares gegeben) und haben sich Einsicht in die Geburtsregister des J. 40 zu
verschaffen gesucht. Es meldeten sich zwei Prätendenten und — wer
sollte es für möglich halten — gar eine Prätendentin auf den Thron
des Weltheilands. Jene beiden waren Söhne des Pollio. Der ältere
von ihnen, Asinius Gallus, trat, wie uns die antiken Kommentatoren
des virgilischen Gedichts melden, mit ernstlichen Ansprüchen auf
und suchte sich sogar bei einem angesehenen Philologen des Altertums zu legitimieren. Aber dieser ließ sich nicht anführen, denn
Gallus, dem es bei seiner nichts weniger als einwandfreien Moral
auf eine solche kleine Schwindelei nicht ankam, hatte seine Geburt
um ein Jahr vordatiert: tatsächlich war er schon im J. 41 geboren.[1])

---

1) Es lohnt sich nicht, nochmals näher darauf einzugehen. F. Skutsch, Aus
Vergils Frühzeit (Lpz. 1901) 151 ff. hat alles Nötige gesagt. Nur über das angebliche
Zeugnis des Asconius, auf das manche sich immer noch zu berufen wagen, eine kurze
Bemerkung. Die Worte des Servius Dan. zu Vers 11 lauten: *alii Asinium Gallum*
(sc. *accipiunt*), *qui prius natus est Pollione consule designato* (also im J. 41). *Asconius
Pedianus a Gallo audisse se refert hanc eclogam in honorem eius factam.* Scholien
richtig zu lesen ist nicht immer ganz leicht; wer nur bei irgendeiner Gelegenheit einen |
Blick hineinwirft, ohne sich in die Ausdrucksweise dieser wissenschaftlich schon recht |
tief stehenden Scholiasten (den echten Servius eingeschlossen) eingelebt zu haben, die
alte gute Tradition aus wer weiß wievielter Hand weitergeben, der ist auf Schritt und
Tritt den schwersten Irrtümern preisgegeben (wie sie kürzlich bei unvorsichtiger Verwertung servianischer Varrozitate vorgekommen sind). Für Scholienleser reden jene
Worte eine deutliche Sprache. Was Asconius sagte, würde in seinem schlichten,
klaren Stil beispielsweise etwa so lauten können: ʽA Gallo memini me audire hanc
eclogam in honorem eius factam. sed ego ut curiosius rei satisfacerem, acta illius
temporis persecutus Gallum inveni esse natum anno ante Vergili carmen confectum,

Der jüngere der beiden Brüder war sicher nach 40 geboren, wahrscheinlich 39 oder 38. Aber auch abgesehen von der Chronologie ist mit Recht ein Einwand gegen die Deutung auf einen der Polliosöhne erhoben worden: der Dichter macht auch nicht die leiseste Andeutung, das erwartete Kind habe Pollio zum Vater; ja aus Vers 11f. folgt geradezu, daß Pollio der Vater nicht war.[1]) Von dem Knaben, der dann leider nur ein Mädchen wurde, wollen wir lieber gar nicht reden, um so weniger als dieses Mädchen erst im J. 39 geboren wurde und Julia hieß, die Tochter des Caesar, eine Prinzessin, die man ehrt, wenn man von ihr schweigt. Mag der Streit um die Deutung des Gedichts im übrigen weitergehen, in einem Punkte wäre Einigung erwünscht: das belustigende Spiel mit der Vexierfrage „wo ist das Kind?" müßte aufhören. Dafür ist die Sache zu ernst. Über der Geburt dieses Kindes schwebt ein Geheimnis. Welcher Sterbliche würde in seiner Geburtsstunde aufgefordert, das Beben des beim Nahen der neuen Zeit in Freude erschauernden Weltalls zu betrachten (50f.)? Mit Recht sagte einst ein gelehrter Theologe[2]), den die Philologen auf falsche Fährte gelockt hatten, es sei peinlich an ein Menschenkind denken zu müssen, denn der Abstand zwischen

---

Pollione consule designato' (Typus: in Milonianam 39 p. 44 Clark). Aber auch abgesehen davon läßt sich die Tatsache, daß Gallus, der im J. 8 v. Chr. zum Konsulat gelangte, d. h. nach damaliger Gepflogenheit in seinem dreiunddreißigsten Lebensjahre, im J. 41 geboren war, nur mit Scheingründen, die auf einer petitio principii beruhen, bekämpfen. — Bedenklich ist der Versuch von J. H. Voß (Virgils ländl. Gedichte I, Altona 1797, S. 178) in Sueton einen Gewährsmann für die Tradition *puer* = Gallus zu erkennen. Hieronymus notiert in der Chronik zum J. 767 d. St. (Versehen statt 788): *C. Asinius Gallus orator Asini Pollonis filius, cuius etiam Vergilius meminit, diris a Tiberio suppliciis enecatur.* Die Notizen des Hieronymus ohne weiteres mit seiner suetonischen Vorlage zu identifizieren ist unzulässig; Hieronymus hat sich das Recht genommen anderswo aufgelesene Lesefrüchte hinzuzufügen. Die Worte *cuius etiam Vergilius meminit* können ein Zusatz aus dem Virgilkommentar des Donatus sein, der Lehrer des Hieronymus war. Die sklavische Abhängigkeit des Servius von seinem Vorgänger Donatus steht fest; daß er auch die Personalnotiz diesem entnahm, ist nicht zu bezweifeln. Aber selbst wenn Sueton in seiner Biographie des Gallus die Personalfrage der Ekloge erwähnt haben sollte, so ließe das Exzerpt des Hieronymus, der seine Vorlage in wenige Worte zusammendrängte, keinen Schluß auf die Art zu, in welcher Sueton den Anspruch des Gallus erwähnte.

1) O. Crusius an der u. S. 13, 2 angeführten Stelle: „Nicht mit einem Worte setzt der Dichter den *puer nascens* mit dem Adressaten Pollio oder sonst einem römischen Großen in Verbindung; ja die Fassung von V. 11f. protestiert gegen jeden derartigen Gedanken." Humorvoll sagt W. Fowler (Harvard Studies in Class. Phil. XIV, 1903, 33): „I can never get over the awkwardness, if not absurdity of line 11 of our poem, if the child was Pollio's: conceive a poem addressed on the birth of his son to a President of the United States without any allusion to his fatherhood!"

2) Piper a. a. O. (o. S. 1, 2) 64. Auch weiterhin werden wir finden, daß Theologen (Bousset, Dibelius, Hölscher, Lietzmann) die Wesensart der Ekloge richtiger erkannt haben als die meisten Philologen.

der glanzvollen Schilderung des neuen Weltalters und der Armseligkeit irgendeines Sterblichen, und wäre es der Höchstgeborene, sei ungeheuer. Er fand keinen Ausweg aus dem Dilemma und hätte doch bloß seine Wissenschaft zu befragen brauchen.

Cara deum suboles, magnum Iovis incrementum (Vers 49) — „Und siehe, eine Stimme aus den Himmeln sprach: Dies ist mein geliebter Sohn" (ev. Mt. 3, 17). Υἱὸς θεοῦ ἀγαπητός — *cara deum suboles*: selbst der Unterschied im Numerus schwindet, da aus der Mehrzahl der Götter Iupiter sofort als der Eine herausgehoben wird. Dieser Kongruenz des Liedes mit dem Evangelium werden wir weiterhin andere noch viel bedeutsamere zur Seite treten sehen. Wie sind sie zu erklären? Christlichen Schriftstellern seit Beginn des vierten Jahrhunderts ist es, wie schon vorhin bemerkt wurde, eine geläufige Vorstellung, die Sibylle und von ihr inspiriert der Dichter habe das Erscheinen des Heilands verkündet. Dieser Glaube hat in christliche, gegen Ende des Altertums verfaßte Kommentare zur Ekloge Eingang gefunden. Da geht nun ein seltsames Schauspiel vor sich. Aus den älteren Kommentaren wird die profane Deutung auf einen Sohn des Pollio weiter mitgeführt, aber gegen sie erhebt der christliche Exeget Einspruch. „Einige sagen, der Dichter habe den Heiland verstanden."[1]) Diese und ähnliche Bemerkungen werden, als ob man sich durch ihre Weitergabe bloßstelle, von den Erklärern der Neuzeit mit Stillschweigen übergangen. Aber mag uns die Ausdrucksweise noch so naiv vorkommen: jene kindlichfrommen Exegeten sind, wie sich im weiteren Fortgang unserer Betrachtungen immer deutlicher herausstellen wird, in den wahren Sinn des Gedichtes tiefer eingedrungen als wir Philologen, die wir unsern Spürsinn am Fahnden nach einem Menschenkinde verschwendeten. Nur vereinzelt ließen sich Stimmen aus anderer Richtung vernehmen. „Ein unbekannter Liebling des Schicksals" sei gemeint, „ein großer Weltherrscher" werde in völlig allgemeinen Zügen bezeichnet.[2]) „Le caractère du poème

---

1) 'Philargyrius' zu Vers 7 (Appendix Serviana ed H. Hagen p. 78) 'nova progenies' id est: quidam dcunt inspiratum eum de Salvatoris adventu, quidam de adventu Salonni Pollions, quidam de adventu Octaviani dixsse. Ähnliche Bemerkungen (darunter auch solche wie zu Vers 6 'virgo' id est Iustitia vel Maria) sind über diesen ganzen Kommentar verstreut.

2) Chr. G. Heyne, dessen richtiges Gefühl in der Virgilexegese man nicht genug bewundern kann, erörtert in seiner Ausgabe (1767) zwar die Deutungen auf geschichtliche Möglichkeiten, neigt aber schließlich dazu sie abzulehnen. Entschieden äußert sich Gibbon, History of the decline and fall of the roman empire (1839) 298: „The different claims of an older and younger son of Pollio, of Iulia, of Drusus, of Marcellus are found to be incomposible with chronology, history and the good sense of Virgil." Aber diese Stimmen blieben fast ungehört, die razzia setzte vielmehr mit

tout entier est exclusivement mystique ou religieux."[1]) An diesen
Formulierungen ist richtig und entscheidend die Erkenntnis des Problems und seine Begründung auf das Religionsgeschichtliche. Dies
ist der Punkt, bei dem wir einsetzen wollen.

II. HELIOS UND AION

1. Der Geburtstag des Helios

Gleich über dem Anfang des Gedichts liegt mystisches Halb-
dunkel: um so wichtiger ist es einen Punkt, der schon hier mit voller
Klarheit hervortritt, ins Auge zu fassen. Die bevorstehende Geburt
des neuen Weltzeitalters steht in Beziehung zu der des Kindes: *saeclorum nascitur ordo* (5) — *nascenti puero* (8). Diese Beziehung wird
im ganzen weiteren Verlauf des Gedichts festgehalten, es wird von
ihr geradezu beherrscht. Welcher Art dieses Verhältnis von Aion
und Knaben ist, insbesondere auch in welchem Zeitverhältnis die
beiden Geburten zueinander stehen, können wir hier noch nicht er-
örtern. Zunächst interessiert uns eine weitere wichtige Angabe, mit
der die erste Versreihe schließt. Die Geburtsgöttin Lucina wird helfen,
denn „schon ist Apollo, ihr Bruder, König":

tuus iam regnat Apollo. (10)

Was bedeuten diese zunächst rätselhaft erscheinenden geheimnisvollen
Worte, welche Beziehung waltet ob zwischen dem Regiment Apollos
und dem Anbruch der neuen Weltperiode? Hier kommt uns ein
Kommentator des Altertums wirklich einmal zu Hilfe.[2]) „Die Sibylle
hat die Regenten jedes einzelnen Zeitalters genannt; der des letzten,
nämlich des zehnten, sei Helios. Helios aber ist, wie wir wissen, derselbe wie Apollo. Daher sagt der Dichter 'schon ist Apollo König'."
Die grundsätzliche Richtigkeit dieser besonders gelehrten Bemerkung
ist aus anderen Quellen mit Sicherheit zu erweisen; nur die Angabe, das Zeitalter des Helios sei das 'letzte', ist unzutreffend, es
ist nach den Worten des Dichters vielmehr das erste der neuen

---

vervielfachter Hast ein. Nachdrücklichen Widerspruch erhob — von einer gelegent-
lichen Bemerkung O. Gruppes, Die griech. Culte und Mythen (Lpz. 1887) 689 abgesehen — zuerst O. Crusius, Rh. M. LI (1896) 555, an den sich J. Geffcken, Herm. XLIX
(1914) 342 und besonders Fr. Boll, Aus d. Offenbarung Johannis (Berl. 1914) 14 an-
schlossen.

1) S. Reinach in einem bemerkenswerten Aufsatz in der Revue de l'Histoire
des Religions XLII (1900) 365 ff. Die angeführten Worte entsprechen genau meiner
Auffassung. Wenn der Verf. dann aber versucht das Gedicht als Produkt der 'Orphik'
zu erklären, Titanen und Dionysos-Zagreus hineinbeziehend, so hat er seiner Phantasie allzugroßen Spielraum auf seine Gelehrsamkeit gestattet.

2) Servius zu Vers 4; vgl. die folg. Anm.

Reihe.[1]) Die Vorstellung von einer Regentschaft bestimmter Götter gerade auch des Helios, in den einzelnen Weltaltern ist auch sonst bezeugt[2]), und die alte Gleichsetzung Apollons mit dem Sonnen-

1) Die Worte des Servius lauten: '*ultima Cymaei v. i. c. a.' Sibyllini, quae Cumana fuit et saecula per metalla divisit. dixit etiam quis quo saeculo imperaret, et Solem ultimum id est decimum voluit. novimus autem eundem esse Apollinem, unde dicit* (10) '*tuus iam regnat Apollo'. dixit etiam finitis omnibus saeculis rursus eadem innovari.* Hierin sind richtig die Angaben 1. über das Regiment einzelner Gestirngötter in den einzelnen Abschnitten des Weltjahrs, 2. über die Identität des Apollo mit Sol: denn diese Angaben lassen sich aus anderweitiger Überlieferung bestätigen, vgl. die zwei folg. Anm. Falsch aber ist die Behauptung, daß die *ultima aetas* des virgilischen Verses das *saeculum Solis* als letztes in der Reihe sei (vgl. auch die Bemerkung zu Vers 10: '*tuus iam regnat Apollo' ultimum saeculum ostendit, quod Sibylla Solis esse memoravit).* Dem widersprechen die Worte des Dichters selbst (4 f.):

ultima Cumaei venit iam carminis aetas:
magnus ab integro saeclorum nascitur ordo.

Die letzte Zeit ist schon da, und gleich wird der neue Zeitlauf beginnen, vgl. 12 *incipient magni procedere menses*: das sind die Monate des neuen ἐνιαυτὸc μέγαc. Mit den Worten *ab integro nascitur* wird der Begriff παλιγγενεcία paraphrasiert, also: 'fit παλιγγενεcία temporum'. Das jetzt abgelaufene Weltjahr hatte einst mit dem goldenen Zeitalter begonnen; am Anfang des jetzt beginnenden neuen steht wieder ein aureum saeculum: 6 *redeunt Saturnia regna* usw. Durch diese Auffassung, in der ich mich mit Fr. Boll (nach brieflicher Mitteilung) eins weiß, zerstreuen sich die Bedenken H. Lietzmanns, der in einer eindringenden Untersuchung dieser Verse in seinem Büchlein „Der Weltheiland" (Bonn 1909, S. 35 ff.) — übrigens dem Weitsichtigsten, was über dieses Forschungsgebiet gesagt ist — den Dichter nur deshalb eines Widerspruchs zeihen zu müssen glaubte, weil er sich bedingungslos auf die Seite des Scholions stellte, dessen Wert erkannt zu haben ein wichtiger Fortschritt L.s über die Trivialexegese war. Der Fall liegt ganz ähnlich wie der oben S. 11, 1 berührte: bei Servius ist, wie so oft, Richtiges und Wichtiges, das er (aus langer Hand) seinen Vorlagen entnahm, durch verkehrten Gebrauch, den er auf eigene Verantwortung davon macht, in seinem Werte geschmälert. Schon J. Geffcken a. a. O. (o. S. 13, 2) 326 f. hat das Serviusscholion einer Kritik unterzogen. — Als ich mir diese Ansicht über das Serviusscholion gebildet hatte, beschloß ich, da es Chronologie betrifft, nachzusehen, ob Mommsen sich dazu geäußert habe. Dies ist der Fall (Röm. Chronol.² 1859, 184, Anm. 361), und zwar bezeichnet auch er das „zehnte Saeculum" des Servius als einen Irrtum, mißt im übrigen seinen Worten Glauben bei und versteht die beiden virgilischen Verse 4 f. genau so, wie es hier geschehen ist. Den Irrtum des Servius leitet Mommsen glaubhaft aus der in den Scholien zu ecl. 9, 46 berichteten Geschichte ab, die an den bei den Leichenspielen für den Diktator Caesar erschienenen Kometen anknüpfte: *Vulcanus aruspex in contione dixit cometen esse, qui significaret exitum noni saeculi et ingressum decimi*; das war etruskische Lehre, die mit jener nichts zu tun hat.

2) In der in der vorigen Anmerkung zitierten Stelle des Servius finden die Worte *dixit (Sibylla) quis quo saeculo imperaret* ihre Bestätigung in der astrologischen Lehre von den χρονοκρατορίαι der Planeten. Fr. Cumont hat im Catal. cod. astrol. Graec. IV (Brüssel 1903) 113 ff. aus einem cod. Mutinensis einen kleinen Traktat über die sieben Weltzeitalter veröffentlicht, zu dessen Verständnis er bemerkt: 'Astrologi planetas non solum singulis hebdomadis diebus singulasque dierum horas praesidere docuerunt sed eos per longas annorum series vicissim χρονοκρατορίαν exercuisse Quae dogmata solus . superstitum auctorum diserte exponit Firm. Mat. III, 1, 10 sqq. ., sed scriptor latinus ab hisce Chaldaeorum praeceptis valde discrepat Quas fabulas revera ab antiquis Chaldaeis originem accepisse mihi verisimile est, nam late inter

gotte wird für die Sibylle gewährleistet durch den Vers eines uns erhaltenen sibyllinischen Gedichts aus dem J. 17 v. Chr.: „Phoibos Apollon, der auch Helios heißt."[1]) Also das aus dem Schoße der Ewigkeit geborene Weltzeitalter wird unter dem Regiment des Helios stehen. Hiermit ist eine erste feste Position gewonnen; es lassen sich gleich weitere Folgerungen ziehen. Das Heliosregiment kann — diese Annahme wird, auch bevor wir die ausdrücklichen Zeugnisse dafür kennen lernen, kaum auf Widerspruch stoßen — nicht an einem be-liebigen Tage des Jahres, sondern nur an einem für den Sonnenlauf bedeutsamen seinen Anfang nehmen. Zweimal im Jahre gelangt die Sonne zu Hauptpunkten ihrer Bahn. Das erste Mal, wenn sie im Tierkreiszeichen des Widders steht, zur Zeit der Frühlings-Tag- und Nachtgleiche, nach der im J. 45 erfolgten caesarischen Kalenderreform am 24. März.[2]) An diesem Tage erhebt sich die Sonne über den Himmelsaequator, die Tagebogen werden länger, die Temperatur der Luft und des Erdbodens steigt durch die länger dauernde Be-strahlung: das Frühjahr tritt ein. Die graeco-aegyptischen Astro-logen nannten daher den Widder, dem sie die erste Stelle im Zo-diacus gaben, 'Haupt des Kosmos', und den Tag, an dem er bei der Weltschöpfung erstmalig seine obere Kulmination (μεcουράνημα, *me-dium caelum*) hatte, 'Weltgeburtstag'[3]). In dem Frühlingsliede sei-

Asiaticas sectas, velut apud Mandaeos, diffusa est doctrina septem aetatum septem planetis subiectarum vel, quod idem valet, septem metallorum nominibus distinctarum.' In dem Traktat ist Helios der Regent der τετάρτη χιλιάc (voran geht die τρίτη des Ares), und es heißt von ihm: τὴν δὲ τετάρτην χιλιάδα κυριεύcαc ὁ "Ηλιοc   Ἐγέ-νοντο βαcιλεῖc ἰcχυροί, δυνάcται μεγάλοι, ἔνδοξοι, ἔχοντεc δικαιοcύνην καὶ ὅcα τούτοιc παρα-πλήcια κατὰ τὴν φύcιν αὐτοῦ. In einem anderen Traktate dieser Art, den Cumont a. a. O. VIII, 3 (1912) aus einem cod. Parisinus veröffentlichte, heißt es vom Zeitalter des Helios (der hier Regent der dritten Chilias ist): ὁ "Ηλιοc βαcιλεὺc ἕνι ἐν τῷ οὐρανῷ ταχθεὶc παρὰ τοῦ θεοῦ καὶ ὡc ἔχων τάξιν βαcιλικὴν cυνδιαιτᾶται καὶ αὐτὸc μετὰ πάντων τῶν πλανητῶν. In Anschluß an Cumont hat auch R. Eisler, Weltenmantel u. Himmels-zelt II (Münch. 1910) 527 diese Lehre behandelt.

1) Saekularorakel bei Zosimos II 6, Vers 16f. (H. Diels, Sibyll. Blätt. 134): Φοῖβοc Ἀπόλλων, ὅcτε καὶ Ἥλιοc κικλήcκεται, ἵcα δεδέχθω θύματα, nämlich wie die vorhergenannten Μοῖραι καὶ Εἰλείθυιαι, denen bei Virg. die *Parcae* (45f.) und *Lucina* (10) entsprechen.

2) F. Ginzel, Hdb. d. math. u. techn. Chronol. II (Lpz. 1911) 282.

3) Hauptstelle Macrob. in s. Sc. I 21, 23f. unter Berufung auf die *Aegyptiorum maiores*, unter denen, wie ohnehin zu vermuten wäre, Nechepso und Petosiris zu ver-stehen sind, da Firmicus Mat. III prooem. 4 sie ausdrücklich für eben diese Lehre nennt. Die hauptsächlichsten Sätze des Macrobius müssen hier angeführt werden: *a unt inc p ente d c llo qu: pr.mus omn um luxit, id est quo n hunc fulgorem caelum et e ementa purgata sunt, qu. ideo mundi natal ure vocitatur, Ar.etem in medio caelo fu.sse, et qu a med um caelum quas mund vertex est, Ar.etem propterea pr.-mum .nter omnes hab tum, qu ut mund caput .n exord.o luc s apparu.t. subnectunt et am causam cur haec .psa duodec m s gna ads gnata sint diversorum numinum po-testat. aiunt en m n hac .psa gen tura mundi Ariete ut dix mus medium caeli*

ner Georgica, einem der schönsten Stücke seiner Poesie, zeigt Virgil Kenntnis dieser Lehre: „Ja, Frühling war es, Frühlingsfeier beging am Schöpfungstag das Weltenall...“[1]. Daraufhin könnte man zur Annahme gelangen, auch in den Bucolica lasse er das neue Weltzeitalter mit dem Frühlingsjahrpunkte beginnen. Allein das wäre ein Irrtum. Nach jener Lehre sollte sich die besondere Konstella

tenente horam fuisse mundi nascentis, Cancro gestante tunc lunam, post hunc Sol cum Leone oriebatur, cum Mercurio Virgo (usw.: jeder Planet mit seinem οἶκος). Andere Belege bei H. Diels, Doxogr. 196, 3. Fr. Boll, Sphaera 356f. und: Aus d. Offenb. Joh. 44ff. W. Kroll zu Firm. Mat. III 1, 17. A. Bouché-Leclercq, L'astrologie Grecque (Par. 1889) 187, der das 'Thema mundi' zeichnerisch rekonstruiert hat. Diesen Belegen werde ich in der folgenden Anmerkung die ältesten aus Virgils Georgica, aus Philon und den von Anatolios zitierten Schriftstellern hinzufügen. An den Halbvers des Pervigilium Veneris (2) *vere natus orbis est* erinnert mich Ed. Fraenkel.

1) II 323 ff., wo es schließlich heißt (336 ff.): *non alios prima crescentis origine mundi inluxisse dies aliumve habuisse tenorem crediderim: ver illud erat, ver magnus agebat orbis..., cum primae lucem pecudes hausere virumque terrea progenies duris caput extulit arvis immissaeque ferae silvis et sidera caelo.* Merkwürdigerweise **haben die** antiken Exegeten dieser Verse (die modernen beschränken sich darauf **rein** formale Anleihen aus Lucrez V zu notieren) den Sinn der Stelle völlig mißverstanden, obwohl doch der erweiterte Servius zu den Worten Georg. I 43 *vero novo* notiert: *Nigidius* (also auch er kannte diese Lehre: vgl. Boll, Sphaera, a. a. O.) *in sphaera graecanica novum annum aequinoctium vernale memorat.* Die in der vorigen Anmerkung zitierten Worte des Macrobius ermöglichen es, jene Verse in ihrer symbolischen Bedeutung zu verstehen. Eine Stelle Philons gibt sozusagen den Grundtext: de septenario 19 (II 213 Mang.) τὴν ἐαρινὴν ἀπεικόνισμά τε καὶ μίμημα cυμβέβηκεν εἶναι τῆς ἀρχῆς ἐκείνης, καθ᾽ ἣν ὅδε ὁ κόσμος ἐδημιουργεῖτο. καθ᾽ ἕκαστον οὖν ἐνιαυτὸν ὑπομιμνήσκων ὁ θεὸς τῆς τοῦ κόσμου γενέсεως ἀνέφηνε τὸ ἔαρ, ἐν ᾧ πάντα ἀνθεῖ καὶ βλαστάνει. Denselben Gedanken hat er weiter ausgeführt in den nur armenisch überlieferten Zetemata zur Exodus I 1 (II 444 ff. Auch.); diese Stelle hat, da die lateinische Übersetzung Avkhers, wie gewöhnlich, keine Vorstellung des Originaltextes bietet, Ed. Schwartz (Abh. d. Gött. Ges. d. Wiss. N. F. VIII, Nr. 6, 1905, 139) ins Griechische zurückübersetzt (z. B. stehen da die Worte: λέγουσιν οἱ περὶ τὴν ἀστρονομίαν cοφοὶ τοῦ ζῳδιακοῦ κεφαλὴν τὸν κριόν, ἐν ᾧ φαινόμενος ὁ ἥλιος γεννᾷ τὴν ἐαρινὴν ἰσημερίαν). In der virgilischen Stelle werden insbesondere auch die letzten Worte *immissaeque ferae silvis et sidera caelo* erst von dieser Grundvorstellung aus verständlich. Eusebios h. e. VII 32 hat aus einer Schrift des Mathematikers Anatolios, der um 280 zum Christentum übertrat, den Osterzyklus ein langes, sehr wichtiges Stück überliefert, in dem jene graecoaegyptische Lehre mit besonders reichen Zitaten aus teilweise unbekannten Schriftstellern dargelegt wird; dort heißt es u. a.: diese Vorstellung pflege genannt zu werden ἄφεcιc τοῦ τῶν πλανητῶν δρόμου. Diese Worte hat Scaliger (Notae ad Manilium, S. 126) richtig so gedeutet: das Bild sei von der Rennbahn hergenommen, ἄφεcιc sei der technische Ausdruck vom Loslassen der Läufer in die Bahn. Genau dasselbe Bild liegt bei V. vor, denn *immittere* gebraucht er wiederholt im Sinne von 'freien Lauf lassen' in der Rennbahn (V 145 f. *ruunt effusi carcere currus..., immissis aurigae lora... concussere iugis* XII 333 *immittit equos* XI 889 *immissis frenis*). Wir müssen also übersetzen: „Die Gestirne wurden zu ihrem Lauf in der Himmelsbahn losgelassen", nämlich vom Schöpfer am Weltgeburtstage, ein großartiges Bild. — Ein anderes astrologisches Arcanum steht Aen. XI 259 *triste Minervae sidus.* Damit ist der Widder gemeint: beim Eintritt der Sonne in dieses Zeichen, also dem Frühlingsanfang, herrschen nach astrologischer Lehre Stürme: Boll, Sphaera 271 und Neue Jhb. XXI (1908) 123.

tion von Sonne und Planeten am Weltbeginn im Frühlingsaequinoktium — das 'thema mundi' — erst bei einer neuen Weltschöpfung
wiederholen, bei welcher nach dem Untergange dieser Welt sämtliche Gestirne wieder genau an denselben Punkten ständen wie zu
Beginn.[1]) Dies ist nun aber bestimmt nicht die Meinung unseres
Gedichts. Denn es handelt sich in ihm ja nicht um den Geburtstag
einer neuen Welt, sondern nur eines neuen Weltzeitalters, also um
den Beginn einer neuen Periode innerhalb des Verlaufes der gegenwärtigen Weltordnung[2]). Wir müssen daher den zweiten jener
beiden Jahrpunkte ins Auge fassen. Er ist bezeichnet durch das
Wintersolstitium, die Zeit des kürzesten Tages und der längsten
Nacht. Das ist für den Lauf der Sonne der eigentlich entscheidende
Punkt. Der Ort ihres Standes ist dann das Zeichen des Steinbocks[3]),
das letzte der absteigenden Zeichen; bei ihrem Eintritt in dieses,
am 24. Dezember, steht sie im Wendepunkte und kehrt mit wachsen-
der Geschwindigkeit aufs neue zum Himmelsaequator zurück. *Bruma*
(dies) hieß dieser Tag bei den Römern[4]), ein Wort, dessen Bildungs-
art und Vokalisation in hohes Altertum weist. Mythischem Denken
mußte dieser Tag als der bedeutsamste auf dem Ziffernblatt der
Weltuhr erscheinen. „Wann beginnet das Jahr, der Kreislauf des

---

1) Bekannte Lehre, für die es genügt zu zitieren Aetios doxogr. graec. p. 363
γίγνεϲθαι τὸν λεγόμενον μέγαν ἐνιαυτόν, ὅταν ἐπὶ τοὺϲ αὐτοὺϲ ἀφ᾽ ὧν ἤρξαντο τῆϲ
κινήϲεωϲ ἀφίκωνται τόπουϲ. Auch Servius zu Vers 4 unserer Ekloge, aber wieder
(s. o. S. 11, 1) mit falscher Anwendung auf das Gedicht.

2) Man kann sich den Unterschied am besten klarmachen durch einen Vergleich des selben, S. 17, 2 zitierten Verses der Georgica: *prima crescentis origine*
mundi mit dem der Ekloge *magnus ab integro saeclorum nascitur ordo:* dort die Weltschöpfung, hier der Beginn einer neuen Weltperiode.

3) Die Aufzählung der Zodiakalbilder beginnt meist mit dem Widder (s. o. S. 16, 3),
aber es findet sich auch der Steinbock am Anfang: Θέωνοϲ Ἀλεξανδρέωϲ ὑπόμνημα
εἰϲ τοὺϲ Πτολεμαίου προχείρουϲ κανόναϲ ed. Halma, Première partie (Paris 1822) 148.

4) *bruma* im weiteren Sinne bezeichnet den ganzen Zeitraum vom 24. November
bis 24. Dezember, insofern an jenem Datum die Sonne in das Zeichen des Bogen-
schützen tritt, in dem sie bis zu ihrem Eintritt in das des Steinbocks verweilt. In
diesem Sinne steht im Kalender des Philocalus vom Jahre 354 beim 24. November
bruma und heißt es im Kalender des Clodius Tuscus bei Lydus de ostentis p. 154
Wachsm.³ zum gleichen Datum τῇ πρὸ η᾽ καλενδῶν (Δεκεμβρίων) προοίμια τῆϲ χειμερινῆϲ
τροπῆϲ und p. 157 zum 24. Dezember τῇ πρὸ η᾽ καλενδῶν (Ἰανουαρίων) ϲυμπληροῦται
ἡ βροῦμα οἱονεὶ ἡ χειμερινὴ τροπή. Im letzteren Sinne ist also *bruma* die *dies bre-*
vissima, und diese engere Begriffsbedeutung muß der Etymologie gemäß die ältere
gewesen sein; vgl. Columella XI 2, 94: *VIIII. Kal. Ian. brumale solstitium sicut Chal-*
daei observant. Plinius XVIII 220 *cardines temporum ... constant per incrementa lucis.*
augetur haec a bruma....bruma capricorni a. d. VIII. kal. Ian. fere. Eine bemerkenswerte Formulierung bei Varro l. l. VI 8: *tempus a bruma ad brumam dum sol redit*
vocatur annus. Dies ist im wesentlichen der Inhalt der Darlegungen W. Tomascheks,
Sitzungsber. d. Wien. Ak., phil.-hist. Cl. LX (1868) 351 ff. und Mommsens zum CIL I 1²
(1893) S. 287, 1.

Keimens, Wachsens, Reifens und Welkens für das vegetative Leben,
das Licht und Wärme des wandernden Sonnenballes auf seinen Tra-
banten hervorruft? Ganz frisch schon hat der natürliche Mensch die
Tage beobachtet, wo die Sonne am höchsten und am tiefsten stand;
es sind ihm heilige Tage gewesen: Johannisfeuer und Julfeuer legen
Zeugnis für die Empfindung unserer Vorfahren ab, und die denk-
würdigsten Ereignisse sind von der Sage auf diese Tage verlegt.
'Zeinen sunewenden der grosze mort geschach' beginnt das Lied vom
Untergange der Nibelunge, und um die Wintersonnenwende hat
Odysseus die Freier erschlagen."[1]) Der Mistelzweig, der dem Aeneas
die Pforten der Unterwelt erschließt und den er Proserpina als ein Symbol des Lebens bringt, legt *brumali frigore* sein goldig schimmerndes
Gewand an. Es muß nachdenklich stimmen, daß die zwei geheimnis-
vollsten Stellen in den Werken dieses Dichters, die Episode vom
'goldenen Zweig' in der Aeneis VI und das bukolische Lied vom Beginn der neuen 'goldnen Zeit', in der Lichtsymbolik des kritischen
Sonnentages zusammentreffen, um so mehr als es auch im Epos die
Sibylle, Apollons Prophetin, ist, die um das Geheimnis weiß und
es in dunklen Worten halb entschleiert. Vielleicht wird da weitere
Forschung auf diesem Wege einmal das Ziel finden, das irgendwo
in den Regionen der Mystik liegen muß.[2])

1) Wilamowitz, Neujahr 1900 in: Reden u. Vorträge[3] (Berl. 1913) 151. — Odysseus kommt im tiefen Winter, um die Zeit der Sonnenwende, am Neumondstage
(τ 307), wo Sonne und Mond in Konjunktion treten, in die Heimat zurück. Daß dies
in unserer Odyssee nur noch rudimentär kenntliche Motiv auf eine wahrscheinlich
ganz weit zurückliegende Sagengestaltung von einem apollinischen Helden weist, ist
ein gesichertes und überaus wichtiges Ergebnis der Forschung: vgl. Wilamowitz, Hom.
Unters. 114; Ilias u. Homer 485.
2) Schon in meinem Komm. zur Aen. VI[2] (Leipz. 1916) S. 167 f. glaube ich auf
der richtigen Fährte gewesen zu sein, indem ich für das *brumale frigus* (Vers 205)
auf die Lichtsymbolik der 'brevissima dies' hinwies. Man wird für das Mistelmotiv
jetzt mit Nutzen die Bemerkungen M. P Nielssons, Stud. zur Vorgesch. d. Weihnachtsfestes, Arch. f. Rel. Wiss. XIX (1918) 94 ff. hinzunehmen. — Über den 'goldenen Zweig'
bei dieser Gelegenheit eine kleine Bemerkung. In der Prozession des Isismysterien
trug nach Apuleius met. XI 10 ein Ministrant *auream vannum aureis congestam ra-
mulis*. So ist überliefert, aber *aureis* wird seit Passeratius (XVI. Jh.) in *laureis* geändert,
mit Unrecht, wie ich glaube. Die Wiederholung desselben Begriffs, um seine Besonderheit hervorzuheben, ist ganz im Stil dieser manirierten Prosa. Die *vannus*, das
λίκνον, der Worfelkorb, war aus kleinen goldenen Zweigen verfertigt (*congerere* wird
in Glossen als *construere* erklärt und oft so gebraucht). Und überhaupt: der *ramus
aureus* der Aeneis, die πέταλα χρυσᾶ der unteritalischen Mysten, die *auri lamina* im
Kybelekult (O. Weinreich, Arch. f. Rel.-Wiss. XIX 1918, 187, 2; vgl. *lamina aurea* im
Zauber: Marcell. de med. p. 319, 26), die goldenen ϲφραγῖδες im Aionkult (Näheres
darüber unten S. 28, 4) sowie manches andere dieser Art, das von mir z. T. schon im
Komm. zur Aen. VI[2], S. 172 zusammengestellt worden ist, widerraten jede Änderung
des Textes.

Daß in einem Gedichte von der Geburt eines Kindes die Geburtsgöttin angerufen wird — *casta fave Lucina* (10) —, ist ein Zug
aus dem Leben selbst: *Iuno Lucina fer opem* rufen in der Komödie
die Gebärenden, und diesen Hilferuf stilisiert nun der Dichter feierlich. Durch die Worte, die er hinzufügt — *tuus iam regnat Apollo*
— erhebt er das Irdische sofort in die himmlische Sphäre: die Ver-
pflichtung der Lucina zur Hilfe wird mit dem Hinweise begründet,
ihr Bruder Apollo führe bereits das Regiment. Welcher Sinn mag
in dieser geheimnisvollen Verknüpfung liegen? Unsere Erkenntnis
der siderischen Bedeutung des apollinischen Regiments ermöglicht
uns die Antwort. Eleithyia — dies war in dem griechischen Sibyllinum Lucinas Name[1]) — steht in besonderer Beziehung zu eben
jenem Tierkreiszeichen, dessen Bedeutung für den Antritt der Heliosherrschaft wir festgestellt haben. Von den Astrologen wird nämlich
unter den Sternbildern, die neben dem Steinbock aufgehen (die sog.
ἄστρα παρανατέλλοντα), keines so häufig, keines so geheimnisvoll genannt wie Eleithyia: sie sitzt auf einem Stuhle und hält in ihren
Armen ein Kind. Diese himmlische Ἐλείθυια ἀγκαλιζομένη παιδίον
der Astrologen ist, wie Fr. Boll erkannte[2]), die Lucina, die in
unserem Gedicht um Hilfe bei der Geburt des himmlischen Kindes
angerufen wird. Vom Himmel hoch kommt die *nova progenies* (7):
demgemäß hat der Knabe, dessen glückliche Geburt die Voraussetzung für die Erneuerung der Zeit und der Menschheit ist[3]), eine
himmlische Patronin. Bei einem Astrologen des IV. Jahrhunderts
trägt auch eine Kometenart den Namen der Eleithyia; er bemerkt
dazu: „Dieser Komet hat das Antlitz einer Jungfrau mit goldenen
Strahlen ums Haupt, ist lieblich anzuschauen, an Farbe wie ein Gemisch von Silber und Gold; er deutet auf ... eine Wandlung der
Dinge zum Besseren".[4]) Eine solche μεταβολὴ πραγμάτων ἐπὶ τὸ βέλτιον soll ja nun aber auch durch den göttlichen Knaben der Ekloge
herbeigeführt werden. Sind das schon bemerkenswerte Kongruenzen,
so bietet derselbe Astrologe eine fast noch überraschendere An-

---

1) Horaz c. s. 13 ff. nach Anrufung des Sol: *rite maturos aperire partus lenis,
Ilithyia tuere matres, sive tu Lucina probas vocari seu Genitalis.* Ἐλείθυια in dem
Sibyllinum (s. o. S. 16, 1), *deae Ilithyiae* in dem Protokoll der Feier.

2) Fr. Boll, Sphaera (Leipz. 1903) 212 ff.; Aus d. Offenb. Joh. (ebd. 1914) 105, 1.
109 f. Bei A. Jeremias, Hdb. d. altorient. Geisteskultur (ebd. 1913) 113 ist eine baby-
lonische Opferszene abgebildet; sie findet statt vor der jungfräulichen Muttergöttin,
die auf ihrem Schoße ein Kind hält; hinter ihr der heilige Baum.

3) Das ist, wie im Text weiterhin auszuführen sein wird, der Sinn von *modo*
in Vers. 8.

4) Hephaistion I 24. Auf diese Stelle hat Crusius a. a. O. (o. S. 13, 2) hingewiesen.
Vgl. Boll, Offenb. Joh. a. a. O.

gabe. Unter einer gewissen Konstellation wird ein Wunderkind geboren; hier handelt es sich freilich aus einem besonderen Grunde nicht um das Zeichen des Steinbocks, sondern um das diesem nächste in der Reihe der aufsteigenden Zeichen, den Wassermann.[1]) Von dem Knaben heißt es: „Dieser wird aus göttlichem Samen entspringen und groß sein und mit den Göttern verehrt werden, und er wird ein Weltherrscher sein und alles wird ihm gehorchen." Läse man dies Worte, ohne zu wissen woher sie stammen, so könnte man — unter der Voraussetzung, daß man an die Stelle der 'Götter' den einen Gott treten ließe — auf den Gedanken kommen, es handle sich um ein freies Zitat aus dem Evangelium (Lc. 1, 31 f.): „Du wirst — spricht der Engel zu Maria — einen Sohn gebären ... Dieser wird groß sein[2]) und Sohn des Höchsten genannt werden, und es wird ihm Gott der Herr den Thron seines Vaters David geben, und er wird König sein über das Haus Jakobs in Ewigkeit, und seines Königreiches wird kein Ende sein."[3]) Wie ist das Verhältnis der beiden Prophetien zueinander zu beurteilen? Jener astrologische Schriftsteller zeigt in seinem aus vier Büchern bestehenden Werke nicht die geringste Spur christlichen Einflusses.[4]) Also ist die von ihm aufbewahrte polytheistische Fassung, wie stets in solchen Fällen, die ältere, die im Evangelium nur mit judaeischem Firnis übermalt

---

1) Hephaistion S. 65, 17 (Engelbrecht): ὁ δὲ ἐπὶ τοῦ τρίτου (sc. δεκανοῦ τοῦ Ὑδροχόου) γεννώμενος ἐκ θεῶν cπαρήcεται καὶ ἔcται μέγαc καὶ μετὰ θεῶν θρηcκευθήcεται καὶ ἔcται κοcμοκράτωρ καὶ πάντα αὐτῷ ὑπακούcεται. Durch den Hinweis auf diese Stelle hat Boll a. a. O. (o. S. 13, 2) 12 f. das Verständnis der Ekloge ganz wesentlich gefördert. Eine Ergänzung zu der Hephaistionstelle gibt Fr. Kampers in seinem auch sonst für die hier behandelten Dinge ergebnisreichen Aufsatze 'Aus der Genesis der abendländischen Kaiseridee' (Mitt. d. Schles. Ges. f. Volkskunde XVII 1916) 158, wo er nach Bolls Vorgang (S. 13, 2) auf eine merkwürdige astrologische Stelle im Alexanderroman des Ps.-Kallisthenes I 12 f. hinweist. Da Boll, wie er mir auf eine Anfrage mitteilte, die Stelle eingehender zu behandeln beabsichtigt, gehe ich, zumal sie von meinem Wege etwas abliegt, nicht näher auf sie ein. Doch sei im Hinblick auf spätere Abschnitte meiner Schrift bemerkt, daß die Konstellation auf Aegypten gestellt ist, das nach der ältesten astrologischen Chorographie zum Tierkreiszeichen des Wassermanns gehört, und sich auf Alexander d. Gr. bezieht.

2) Auf die gesamte Prädikation, insbesondere auf die der Größe, werden in einem späteren Abschnitte zurückkommen müssen.

3) Οὗτος ἔcται μέγαc καὶ υἱὸc ὑψίcτου κληθήcεται καὶ δώcει αὐτῷ κύριος ὁ θεὸc τὸν θρόνον Δαυεὶδ τοῦ πατρὸc αὐτοῦ καὶ βαcιλεύcει ἐπὶ τὸν οἶκον Ἰακὼβ εἰc τοὺc αἰῶναc καὶ τῆc βαcιλείαc αὐτοῦ οὐκ ἔcται τέλος.

4) Es sind bisher nur die zwei ersten Bücher vollständig veröffentlicht, aus den übrigen nur einzelne Abschnitte im Catalogus codd. astrologorum Graecorum. Ich kenne aber aus einer Abschrift, die mir W. Kroll freundlichst zur Verfügung stellte, das Ganze. Es ist ein durchaus heidnisches Werk, so wie das des Firmicus Maternus, bevor dieser dann Christ wurde.

erscheint. Die Grundfarbe ist in beiden orientalisch[1]), und da sich die wesentlichen Züge — göttliche Abkunft des Kindes, seine Bestimmung zum Weltherrscher — in der Ekloge wiederfinden, so ist das ein Fingerzeig, daß auch ihre Deutung östlich orientiert sein muß.

Fassen wir das bisherige Ergebnis zusammen. Helios hat am Tage des Wintersolstitiums das Regiment übernommen; unter diesem erfolgt auf Erden die Geburt eines Knaben und die eines neuen Zeitalters. Wir müssen nun versuchen das Zeitverhältnis dieser drei Daten — Heliostag, Geburtstag des Knaben, Geburtstag des Aion — zu ermitteln, und zu diesem Zweck zwei Stellen der Ekloge scharf ins Auge fassen. Die Tektonik der Versgruppe 4—10 liegt durch die Struktur der Gedanken selbst klar zutage:

> Ultima Cumaei venit iam carminis aetas:
> magnus ab integro saeclorum nascitur ordo.   5
>
> iam redit et Virgo, redeunt Saturnia regna,
> iam nova progenies caelo demittitur alto.
>
> tu modo nascenti puero, quo ferrea primum
> desinet ac toto surget gens aurea mundo,
> casta fave Lucina: tuus iam regnat Apollo.

Eine Heptas, die zu einer distichischen Tetras (Vers 4. 5 + 6. 7)[2]) und einer Trias gruppiert (8 — 10) ist; wir werden später sehen, daß ihr eine Heptas genau desselben Baus folgt. Es wurde schon bemerkt (S. 14), daß die Worte *saeclorum nascitur ordo* (5) und *nascenti puero* (8) ersichtlich aufeinander Bezug nehmen. Da nun das zweite Distichon (6—7) nur eine ergänzende Ausführung des ersten (4—5) ist — nach Ablauf der Endzeit kehren die Götter der Urzeit auf die Erde zurück, und mit ihnen erfolgt vom Himmel her eine Erneuerung der Menschheit —, so rücken jene beiden Geburtsangaben ihrem Gedanken nach ganz eng zusammen. Aber die Geburt der neuen Weltzeit und ihres Heils ist gebunden an die Geburt des Knaben: denn diese ist die Voraussetzung jener. Das ist durch *modo* (8) zum Ausdruck gebracht;

---

1) Das zeigt nicht nur der Inhalt, sondern auch der Stil in seinem Aneinander-reihen der Kommata und Kola durch καί. Vgl. Agnostos Theos 367 ff. mit der berechtigten Einschränkung A. Deißmanns, Licht vom Osten[4] (Tübing. 1923) 105 ff.

2) Man beachte in dem ersten dieser beiden Disticha die genaue Wortresponsion, die sich beim Zusammenordnen der grammatischen Begriffe so darstellt:

ultima aetas	Cumaei carminis	iam	venit
magnus ordo	saeclorum	ab integro	nascitur

Durch diese Technik (über die ich im Komm. zur Aenis VI[2] S. 380 ff. gehandelt habe) werden die beiden Verse dieses Distichons zu einer Einheit gebunden und gegen die des zweiten abgegrenzt. Diese ihrerseits sind durch ein anderes Bindemittel, Anaphora mit *iam*, zusammengeschlossen.

die Aussage in Vers 6 f. wird eingeschränkt, auf ihr 'Maß' zurückgeführt: die Wiederkehr der Urzeit mit all ihrem Segen bei der Geburt
des Aion erfolgt nur unter der Voraussetzung, daß die Geburt des
Knaben, des Segenbringers, glücklich vonstatten geht. Die Richtigkeit dieser Auffassung wird gewährleistet durch eine spätere Stelle
des Gedichts, Vers 46 ff. Die Parzen sind damit beschäftigt, die Fäden
des neuen Zeitalters anzuspinnen. Schon drehen sich die Spindeln,
die ihr Losungswort empfangen[1]); es steht also der Augenblick, da
die Fäden sich um die Spindeln wickeln[2]), unmittelbar bevor. Mitten
hinein in diese Arbeit erfolgt die Geburt des Knaben; er wird aufgefordert seine Ehrenbahn zu beschreiten.[3]) Deutlicher konnte der
Zusammenhang der beiden Geburten, des *nascens saeculorum ordo*
und des *nascens puer*, nicht zum Ausdruck gebracht werden: mit dem
Faden des Aion spinnen die Parzen auch den Lebensfaden des Knaben an. Die Geburt des neuen Zeitalters ist soeben im Gange: das
Weltall bebt ihr entgegen, und eine weitere Aufforderung an den
eben geborenen Knaben lautet: „Sieh nur, wie das All sich freut
über das kommende Saeculum", *venturo saeclo* (V. 52): dieses ist also
im Begriff zu kommen. Und zwar steht sein Erscheinen im Moment
bevor: zwischen den Manipulationen des Drehens der Spindeln und
des Umwickelns der Fäden liegt, wie bemerkt, nur ein Augenblick,
und auch das Weltbeben kann nicht länger als einen solchen dauern.
Also erfolgten die Geburten des Knaben und des Aion fast im
selben Augenblick, sie sind nur durch jenes Zeitmoment getrennt;
darum heißt es auch Vers 48 *aderit iam tempus*, 'gleich wird die
Zeit da sein'. Wie verhält sich nun zeitlich zu diesen beiden Geburten der Beginn der Heliosherrschaft? Auch er findet an einem

1) Vers 46 f. 'talia saecla' suis dixerunt 'currite' fusis
concordes stabili fatorum numine Parcae.
Die an die Spindeln gerichteten Worte der Parzen *talia saecla currite* werden, nach
vielfachen Irrtümern der Früheren, jetzt richtig so erklärt: 'solche Jahrhunderte lauft,
d. h. bringt durch eure Drehungen herbei.' Für den Akkusativ der Wirkung bei dem
Intransitivum *currere* gibt der Thes. l. l. IV 1511 viele Belege (dieses virgilische fehlt).
currere spatium, stadium, iter, aequor u. dgl. ist ganz gebräuchlich (auch bei V.); das
hat der Dichter also hier von der Ausdehnung eines Orts- auf die eines Zeitbegriffs
übertragen. — Bei Seneca apoc. 4 spinnt Lachesis die goldnen Fäden Neros. Deutung der Szene soeben bei O. Weinreich, Senecas Apocol. (Berl. 1923) 36 ff.
2) Die drei Hauptmanipulationen beim Spinnen sind nach H. Blümner, Tech-
nologie I² (Lpz. 1912) 126: das Ausziehen des Fadens *(filum deducere)*, das Drehen
der Spindel *(fusum versare)*, das Drellen des Fadens *(fila versare)*; bei der letzten
Manipulation wickelt sich der Faden um die Spindel auf, die nun an dem Faden hängt.
3) Ein schönes Beispiel für die von Virgil oft verwendete Figur ἐκ τοῦ σιωπω-
μένου: die Geburt des Knaben (also die Erhörung des Gebetes an Lucina) wird nicht
eigens erwähnt, aber daß sie erfolgte, ist aus der Apostrophe an ihn zu erschließen.

Geburtstage statt, denn Helios tritt sein Regiment an seinem Geburts‑
tage an: das wissen wir schon, werden bald auch Zeugnisse für den
Namen des Tages kennen lernen, Ἡλίου γενέθλιον. Dieser Geburtstag
nun geht dem des Knaben voraus: das Gebet an Lucina 'hilf bei der
Geburt des Knaben' wird begründet mit den Worten 'schon ist Helios
König'. Die Zeitfolge der drei Geburtstage ist also: Helios, Knabe
und Aion; diese beiden feiern Doppelgeburtstag. Das Datum des
Heliostages kennen wir: es ist der 24/5. Dezember. Sollte sich auch
das zweite ermitteln und seine zeitliche Trennung von jenem begründen
lassen? Wir müssen uns zu diesem Zwecke ziemlich eingehend mit
der Geschichte zweier in Alexandreia gefeierter Feste beschäftigen;
ein Festkalender mit bestimmten Daten bewährt sich auf solchem
Gebiete stets als sicherster Führer. Der Umweg wird etwas lang sein,
sich aber vielleicht auch um seiner selbst willen lohnen.

Helios- und Aionfeiern

Herm. Useners Untersuchungen über die Geschichte des Weih‑
nachtsfestes (1889), durch jüngere Forscher in teilweise wichtigen
Einzelheiten ergänzt und berichtigt[1]), haben in den Grundlagen und
den zentralen Teilen des Baus die Probe auf ihre Festigkeit be‑
standen.[2]) Der Tag des Wintersolstitiums, an dem die römische
Kirche zwischen den Jahren 354 und 360 und ihr folgend die grie‑
chische etwa seit 378 die Geburt des Heilands durch ein hohes Fest
zu feiern begann, war lange vorher von den alten Religionen als
Datum für die Geburtsfeste ihrer Sonnengötter in Anspruch genom‑

---

1) Wohl die wesentlichste Ergänzung wird K. Holls Untersuchung über den
Ursprung des Epiphanienfestes (Sitz.-Ber. d. Berl. Ak. 1917, 402 ff.) verdankt. Ich hebe
aus der beträchtlichen Zahl der an Usener anschließenden Forschungen gerade sie
heraus, weil ich durch sie für die im Text gleich folgenden Darlegungen besonders
gefördert worden bin.

2) Prioritätsfragen sind in der Wissenschaft ohne erheblichen Belang, und Use‑
ners Name wird mit diesen Entdeckungen dauernd verbunden bleiben, weil erst er
ihnen den großen, glanzvollen Rahmen und gelegentlich die philologische Grundlage
gab. Aber die Geschichte eines Problems bis zu seiner Lösung hat auch ihr Inter‑
esse. Usener hatte, worauf P. de Lagarde, Mitteilungen IV (Gött. 1891) 248. 302. 1
hinwies, an P. E. Jablonski einen Vorgänger. Dieser Theologe (1660—1741), dessen
Verdienste um die Berliner Societät der Wissenschaften A. Harnack (Gesch. d. Akad.
d. Wiss. I 1900, 112f.) gewürdigt hat, verfaßte 1743 u. 1745 zwei 'Dissertationes de
festo nativitatis Christi', die es noch heute zu lesen lohnt (am bequemsten zugäng‑
lich in den von I. G. te Water veröffentlichten Opuscula Jablonski's III, Lugd. Bat.
1809, 317ff.; dazu zwei erst von Lagarde a. a. O. 211ff. veröffentlichte deutsche Auf‑
sätze). Die Wahrheit erzwingt das Zugeständnis, daß sämtliche entscheidende Beweis‑
gründe für Entstehung, Alter, Datierung, Geschichte des Festes von ihm gefunden
und richtig verwertet worden sind; ja in manchem Richtigen und Wichtigen ist er
über Usener hinausgelangt. Einiges der Art wird unten erwähnt werden.

men worden. Von einer solchen Feier, die in Alexandreia stattfand, gewinnen wir durch Kombination mehrerer Berichte[1]) folgendes eindrucksvolle Bild. In der Nacht vom 24./25. Dezember[2]) versammelten sich die Gläubigen in einem unterirdischen Gemache. Hier fanden zur Mitternachtsstunde die Einweihungszeremonien statt. Bei Tagesgrauen verließ der Zug der Mysten das Adyton; vorangetragen wurde die Statuette eines Knäbleins als Symbol des eben neu geborenen Sonnengottes.[3]) Sobald die Strahlen des jungen Tagesgestirns auf die Gemeinde fielen, brach sie in den Ruf aus: „Die Jungfrau hat geboren, zunimmt das Licht", ἡ παρθένος τέτοκεν, αὔξει φῶς.[4]) Die Berichte über diese Feier stammen zwar erst aus der Kaiserzeit, aber der Name des Festes findet sich gleichlautend bereits viele Jahrhunderte vorher auf dem Kanopusdekret vom Jahre 239/8 v. Chr.[5]); alle Wahrscheinlichkeit spricht also dafür, daß auch das Datum in so frühe Zeit hinaufreicht. In der Tat läßt sich nun das hohe Alter dieses Festdatums durch ein Zeugnis erweisen, das in diesem Zusammenhang bisher noch nicht verwertet worden ist. Im Jahre 168 v. Chr. hatte Antiochos IV. Epiphanes den Tempel des Jahve,

1) Holl a. a. O. (o. S. 24, 1, 426 ff. gibt die Zeugnisse. Der Hauptgewährsmann ist Epiphanios. Vielleicht kommt hinzu ein Zeugnis des Claudianus: s. Anm. 3.

2) Das Datum ist durch eine von Fr. Boll (Griech. Kalender I, Sitz.-Ber. d. Heidelb. Ak. 1910, 16. Abh., S. 40ff.) hervorgezogene und in ihrer Bedeutung gleich gewürdigte Notiz im Kalendarium des Antiochos (etwa um 200 n. Chr.) gesichert: dort ist zum 25. Dezember notiert Ἡλίου γενέθλιον· αὔξει φῶς.

3) Macrobius Sat. I 18, 10 *hae autem diversitates ad Solem referuntur, ut parvulus videatur hiemali solstitio, qualem Aegyptii proferunt ex adyto die certa, quod tunc brevissimo die veluti parvus et infans videatur.* Ich vermute, daß sich auf dieses Fest beziehen folgende Verse des Claudianus (de IV cons. Honorii 570ff.): *numina Memphis in vulgus proferre solet: penetralibus exit effigies, brevis illa quidem, sed plurimus infra liniger imposito suspirat vecte sacerdos testatus sudore deum; Nilotica sistris ripa sonat Phariosque modos Aegyptia ducit tibia, summissis admugit cornibus Apis.* In dieser Vermutung bestärkt mich folgender Vers eines hexametrischen Hymnus an Luna (Anthol. lat. 723, 8), die mit Isis identifiziert wird: *tu sistro renovas brumam.* Der Hymnus ist verfaßt von einem 'Claudius'. Wer mag das gewesen sein? Ich denke: Claudius Claudianus. Inhalt, Sprachstil, Metrik passen zu ihm, und in alten Handschriften sowie Katalogen wird er öfters allein mit seinem Gentilnamen 'Claudius' genannt (Th. Birt, praef. zu seiner Ausgabe p. I).

4) Zeugnis eines Schol. zu Gregorios Naz. bei Holl S. 427, 4. Diese liturgische Formel ist der Sammlung im Anhang zu A. Dieterichs Mithrasliturgie (Lpz. 1903, mit Ergänzungen in der 2. Aufl. von R. Wünsch) hinzuzufügen.

5) Ditt. Or. Gr. I 56 Z. 64. Der (aegyptische) Name des Festes Κικήλλια (Κικέλλια Epiphanios haer. LI 52, 5) ist ungedeutet. Ob das Fest schon damals mit jener Feier verknüpft war, läßt sich nicht mit Gewißheit sagen. Da aber O. Weinreich, Arch. f. Rel. Wiss. XIX (1919) 189 erwiesen hat, daß Aἰών schon in ptolemaeischer Zeit in Alexandreia kultisch verehrt wurde, so besteht bei der Ähnlichkeit der Zeremonien des Festes am 24./25. Dezember mit dem Aionfeste am 5./6. Januar (s. weiterhin im Text) durchaus die Möglichkeit, daß auch die Zeremonien des Dezemberfestes in ptolemaeische Zeit hinaufreichen.

des „Himmelsgottes" von Jerusalem, in einen Tempel des olympischen
Zeus umwandeln und auf dessen Altar, der über dem jüdischen
Brandopferaltar errichtet wurde, ein Opfer darbringen lassen.
Drei Jahre später erfolgte die Reaktion des Judentums unter Führung
des Judas Makkabaeus: das Datum des Festes, an dem die Tempel-
weihe vollzogen und das Opferfeuer neu entzündet wurde, war der
25. Dezember.[1]) Wellhausen hat mit Recht und unter Zustimmung
Ed. Meyers betont[2]), daß dieses Datum sich aus dem jüdischen
Kultus unter keinen Umständen erklären lasse: die Wahl sei verständlich nur durch Anlehnung an ein heidnisches Wintersonnwendfest, das „entgiftet" worden sei, indem man es judaisierte. Es haftete
seitdem im jüdischen Festkalender als das „Lichtfest", φῶτα.[3]) Der
von Wellhausen versuchte Nachweis, daß das zugrundeliegende Fest
dem Dionysos gegolten habe, ist freilich nicht gelungen: das in Jerusalem gefeierte Dionysosfest, von dem die Tradition berichtet, war
mit dem „Lichtfeste" bestimmt nicht identisch.[4]) Der Gott, dem dieses
ursprünglich galt, braucht gar nicht ein reinhellenischer gewesen zu
sein. Jerusalem war, seit es unter ptolemaeischer, dann unter seleu-
kidischer Herrschaft stand, eine hellenistische Stadt, und das Völker-
gemisch daselbst war groß. Am vorsichtigsten werden wir sagen: das
Fest wurde, seinem Charakter entsprechend, einer Sonnengottheit gefeiert. Es kann sehr wohl wesensverwandt mit dem soeben besprochenen

---

1) Makk. II 10, 5 τῇ πέμπτῃ καὶ εἰκάδι τοῦ μηνὸς Χαcελεῦ (Kislew = Dezember);
übereinstimmend Makk. I 4, 52.

2) J. Wellhausen, Über den gesch. Wert des II. Makkabaeerbuches, Nachr. d.
Gött. Ges. d. Wiss. 1905, 130 f. Ed. Meyer, Urspr. und Anfänge des Christentums II
(Stuttg. 1921) 209, 5.

3) Josephus XII, 325 ἐξ ἐκείνου μέχρι τοῦ δεῦρο τὴν ἑορτὴν ἄγομεν καλοῦντες
αὐτὴν φῶτα. Der jüdische Name ist Chanukka 'Einweihungsfest', τὰ ἐγκαίνια 'Er-
neuerungsfest' (des Tempels), wie es in den LXX wiedergegeben wird.

4) Wellhausen stützt sich auf Makk. II 6, 7 ἤγοντο μετὰ πικρᾶς ἀνάγκης εἰς τὴν
κατὰ μῆνα τοῦ βαcιλέωc γενέθλιον ἡμέραν ἐπὶ cπλαγχνιcμόν. γενομένης δὲ Διονυcίων
ἑορτῆς ἠναγκάζοντο οἱ Ἰουδαῖοι κιccοὺς ἔχοντες πομπεύειν τῷ Διονύcῳ. Diese Angaben seien eine präzisere Fassung des in Makk. I 1, 58 f. stehenden Berichts ἐν ἰcχύϊ
αὐτῶν ἐποίουν οὕτως τῷ Ἰcραήλ. Καὶ τῇ πέμπτῃ καὶ εἰκάδι τοῦ μηνὸς (näml. des
vorher genannten Χαcελεῦ) θυcιάζοντεc ἐπὶ τὸν βωμὸν ὃc ἦν ἐπὶ τοῦ θυcιαcτηρίου.
Aber die an der ersteren Stelle erwähnte Dionysosprozession hat doch nicht das Geringste zu tun mit dem an der zweiten Stelle gemeinten Opfer auf dem Altar des
olympischen Zeus, denn diesem Gotte war der Altar errichtet (II 6, 2). Die Nachricht
in Makk. I 1, 58f. darf überhaupt nicht zu irgendwelchen Kombinationen verwertet
werden. Denn sie ist unhistorisch: das Datum des 25. Dezember für dieses Opfer ist
fingiert nur um des Tages willen, an dem drei Jahre später das Fest der Tempel-
weihe tatsächlich stattfand (vgl. Ed. Meyer a. a. O 159, 3). Dagegen besteht die Möglichkeit (vielleicht mehr als das), daß unter der Διονυcίων ἑορτή das Fest verstanden
ist, das, wie wir weiterhin sehen werden (u. S. 33), im Osten am 5./6. Januar gefeiert
wurde; als ein dionysisches Fest fiel es jedenfalls in die Winterzeit.

alexandrinischen Feste gewesen sein. Jedenfalls ist der Prozeß, der sich hier, dank dem Alter der uns erhaltenen jüdischen Berichte, greifbar deutlich erkennen läßt, religionsgeschichtlich von nicht geringer Bedeutung. Denn ein Wintersonnwendfest war es ja auch, das im vierten Jahrhundert als Fest des Sol Invictus von der Kirche übernommen und zum Geburtsfest des Heilands umgeprägt wurde: gleiche Voraussetzungen hatten zu gleichartigen Konsequenzen geführt.[1]) Aus Syrien und Arabien werden ähnliche Feiern des 25. Dezember berichtet.[2]) Aber auch

---

1) Hier sei eine Vermutung geäußert. Daß die jerusalemische Christengemeinde sich gegen die Einführung des Weihnachtsfestes so lange wehrte wie keine sonst (außer der armenischen), ist ein Problem, auf das auch Usener keine ihn befriedigende Antwort fand. Wie, wenn es damit zusammenhing, daß man in Jerusalem, wo der 25. Dezember ein alter jüdischer Gedenktag war, sich lange scheute das christliche Lichtfest auf dasselbe Datum zu verlegen, an dem seit vielen Jahrhunderten das jüdische stattfand?

2) Holl S. 428 (nach Cumont). Ferner: Wilh. Weber, Arch. f. Rel.-Wiss. XIX (1919) 330 ff., ein für alle diese Dinge wichtiger Aufsatz, dessen Erweiterung der Verf. verheißt. — Zu den interessantesten dieser orientalischen Vegetations- oder Sonnengötter gehörte Dusares, der Hauptgott der Nabataeer von Petra in Arabien, den die Hellenen dem Dionysos oder Helios anglichen. Der Aufsatz J. H. Mordtmanns über ihn (Ztschr. d. deutsch. morgenl. Ges. XXIX 1876, 99 ff.), dann vor allem auch Ed. Meyers Darlegungen (Die Israel. u. ihre Nachbarstämme, Halle 1906, 267 ff.) sind sehr lesenswert. Das Material ist seitdem vermehrt worden durch eine griech. Weihinschrift aus Milet, die ein Bruder des Nabataeerkönigs Obodas ἀνέθηκεν Διὶ Δου[cάρει] (Wiegand u. Mordtmann, Sitz.-Ber. Berl. Ak. 1906, 260 f.). Auch sein Fest fiel auf den 25. Dezember. Eine Inschrift des Δο]υcάρεος θε[οῦ μεγάλου] ἀνικήτου (Waddington, Inscr. de la Syrie 2312) ist durch das letzte Epitheton (vgl. Sol Invictus) bemerkenswert. Auf eine Glosse des Hesychios gehe ich kurz ein: Δουcάρην τὸν Διόνυcον Ναβαταῖοι, ὥc φηcιν Ἰcίδωροc. Diesen Isidoros identifizieren Mordtmann (nach anderen) und Ed. Meyer a. a. O. 267, 4 (nach Wellhausen) mit dem bekannten Schriftsteller dieses Namens aus Charax (im Euphrat- und Tigrisdelta) zu Beginn der Kaiserzeit. Das halte ich für wahrscheinlich. Was ging den Monographen des parthischen Reichs das Nabataeerland an? (In der Fragmentsammlung des Charakeners in Müllers Geogr. gr. min. steht die Hesychiosglosse nicht: sie wäre da auch nicht einzuordnen.) Vor allem aber: wir kennen einen Isidoros, der diese Gegend tatsächlich bereiste und theologisch stark interessiert war, den Platoniker Isidoros, dessen Biographen Damaskios der Patriarch Photios ausgiebig exzerpierte (cod. 242). Da wird nun er berichtet (p. 347 Bk.): ἀπεδήμηcεν (nämlich von Alexandreia aus) εἰc τὰ Βόcτρα τῆc Ἀραβίαc.. , ἔγνω δὲ ἐνταῦθα τὸν Θεανδρίτην, ἀρρενωπὸν ὄντα θεὸν καὶ τὸν ἄθηλυν βίον ἐμπνέοντα ταῖc ψυχαῖc. Neben diesem Gott zweiten Ranges wird er den Hauptgott schwerlich übergangen haben, dessen Angleichung an Helios ihn, den Verehrer des Iamblichos, interessieren mußte, aber Photios exzerpierte das nicht, vielleicht, weil ihm die Kongruenz des Festtages mit dem des Christengottes unangenehm zu erwähnen war. Die Hesychiosglosse wird also der dankenswerten Rekonstruktion der Isidorosvita des Damaskios durch R. Asmus (Byz. Ztschr. XVIII. XIX) hinzuzufügen sein. Ist diese Beobachtung richtig, so würde sie auch für die Zeitbestimmung des Hesychios von einigem Wert sein. Die Glosse gehörte dann zu den „sehr vielen", die er nach seiner Bemerkung in der Widmungsepistel an Eulogios seiner Hauptquelle (Diogenianos) selbst hinzugefügt hat. Damaskios schrieb die Vita etwa in justinianischer Zeit: diese wäre dann also für Hesychios die Zeitgrenze nach

in Rom wurde seit dem Jahre 274, in welchem der Kaiser Aurelianus dem Deus Sol Invictus einen Tempel bauen ließ, alle vier Jahre am 25. Dezember dem Gott mit gewaltigem Pomp ein Agon ausgerichtet.[1]) Als der Kaiser Julianus im Jahre 362 seine Predigt auf 'König Helios' schrieb, gedenkt er dieses Festes. Über das Datum bemerkt er: die Sonnenwende im Zeichen des Steinbocks bezeichne den Tag, an dem Apollon Helios die Natur zu neuem Leben erwecke.[2]) Diese Bestätigung für die Richtigkeit unserer obigen Deutung der Worte *iam regnat Apollo* werden wir gern annehmen; mag der Zeuge auch spät und mögen seine Aussagen oft unklar sein, er sagt doch mit Recht, die Kenntnis jenes Zeitpunkts und der sich daran knüpfenden Vorstellung sei alt.

Das Ritual der zweiten Feier war ganz ähnlich.[3]) Sie fand im alexandrinischen Κορεῖον, dem Tempel der Κόρη, statt. Auch hier Nachtzeremonien, Einholung eines Götterbildes aus einem unterirdischen Adyton, ein liturgischer Ruf. Aber der Unterschied ist ein dreifacher. Erstens war der Zeitpunkt der Feier die Nacht vom 5./6. Januar. Zweitens galt sie dem Aion; die Formel lautete: „Zu dieser Stunde gebar heute die Jungfrau den Aion", ταύτῃ τῇ ὥρᾳ cήμερον ἡ κόρη ἐγέννηcε τὸν Αἰῶνα. Drittens war das Götterbild, nach der Ausdrucksweise des Berichterstatters zu urteilen, schwerlich das eines Kindes: „ein hölzernes, an der Stirn, den Händen und Knieen mit goldenen Kreuzsiegeln[4]) geschmücktes, im übrigen nacktes Götterbild, das auf einer Tragbahre saß und siebenmal um den inneren Tempel herumgetragen wurde".[5]) Hier interessiert uns nächst dem

---

oben; er kann sehr wohl noch eben dieser Zeit angehört haben und so ein ungefährer Zeitgenosse seines Namensvetters, des Milesiers, gewesen sein.

1) G. Wissowa, Rel. u. Kult. d. Römer² (Münch. 1912) 367.

2) Iulianus or. 4, 156 A ὁπότε ὁ βασιλεὺс Ἥλιοс αὖθιс ἐπανάγει πρὸс ἡμᾶс ἀφεὶс τῆс μεсημβρίαс τὰ ἔсχατα καὶ ὥсπερ περὶ νύссαν τὸν αἰγοκέρωτα κάμψαс ἀπὸ τοῦ νότου πρὸс τὸν βορρᾶν ἔρχεται μεταδιδώсων ἡμῖν τῶν ἐπετείων ἀγαθῶν. 149 D Ἀπόλλωνι τῷ νομιζομένῳ μηδὲν Ἡλίου διαφέρειν.

3) Beschreibung bei Epiphanios haer. LI 22, 8 ff. Vgl. Holl a. a. O.

4) cφραγῖδέс τινεс сταυροῦ. Kreuzförmige Zeichen auf Vorderkopf oder Stirn der Isispriester sind von den letzten Jahren der Republik bis zum Ende des III. Jahrh. n. Chr. zahlreich gefunden. Nachweise mit einigen Literaturangaben: H. Greßmann in seinem soeben erschienenen aufschlußreichen Schriftchen 'Tod u. Auferstehung des Osiris' (Der Alte Orient XXIV. 1, Lpz. 1923) 23, 2. Die Fünfzahl der Siegel („Konsekrationszeichen" im Sinne der Darlegungen von E. Maaß, Arch. f. Rel.-Wiss. XXI, 1923, 241 ff.) scheint, da sie nicht aegyptisch ist, auf den Iran zu weisen, wo sie das Symbol des Aion war: H. Junker in der u. S. 29, 1 genannten Abh. S. 153. 160. 164.

5) Man wird sich Aion hier vielleicht etwa so vorstellen dürfen wie auf dem Gemälde, das Johannes von Gaza (ed. P. Friedländer, Leipz. 1912) beschreibt, als Mann in der Blüte der Jahre (ἀμφιθαλὴс Vers 139). Das würde der Altersstufe entsprechen,

Festdatum, dessen Besprechung wir noch etwas zurückstellen wollen, der Aionkult. Ein fast unübersehbares Feld der Betrachtung: um so mehr werden wir uns auf das für den unmittelbaren Zweck Notwendigste zu beschränken haben. Großes ist da in den letzten Jahren geleistet, viel bleibt zu tun, und mehrere Forscher sind am Werke[1]); immer weiter schweift der Blick, immer klarer stellt sich schon jetzt heraus, daß Aion eine der zentralen religiösen Ideen des Orients gewesen ist.[2]) Im Iran uralt, zur Achaemenidenzeit, wie es scheint, so umgestaltet, daß in ihr ein den dualistischen Mächten des Lichtes und der Finsternis übergeordnetes weltschöpferisches Prinzip in die Erscheinung trat, hat sich die Aionidee auf dem Boden des Zwischenstromlandes mit der chaldaeischen Theologie verbunden, nach deren Lehre die Zeit in allen ihren Abschnitten, Jahr, Tag und Stunde sowie die großen Perioden des Weltlaufs durch den Gang der Gestirne und durch die Astralgötter bestimmt waren.[3]) Diese iranisch-babylonische Aionmystik hat ihren Siegeszug über große Gebiete

---

von der es in der Ekloge heißt (37): *ubi iam firmata virum te fecerit aetas*, dann entfalte sich das neue Zeitalter zur vollen Blüte (38 ff.). — H. Greßmann a. a. O. meint, das Holzbild habe ein Kind vorgestellt. Aber dann hätte sich Epiphanios wohl anders ausgedrückt; daß die Nacktheit für die Beziehung auf ein Kind spreche, ist nicht recht einzusehen. Wir müssen m. E. vermeiden, die Unterschiede der beiden sich ohnehin so ähnlichen Feiern zu verwischen.

1) Reitzenstein ist in seinen Arbeiten seit dem Poimandres (1904) oft auf dies Thema zurückgekommen, hat das Problem in seiner Bedeutung für die hellenistische Religionsgeschichte zuerst scharf erkannt und Beträchtliches zu seiner Lösung beigetragen, an der O. Weinreich, J. Kroll und R. Eisler weitergearbeitet haben. C. Lackeit, der im ersten Teile seiner Dissertation (Aion, Königsb. 1916) das Sprachmaterial vorgelegt hat, verheißt für dessen Fortsetzung die religionsgeschichtliche Behandlung. In einem der nächsten Hefte des 'Arch. f. Religionswiss.' wird eine das Indische betreffende Abhandlung von Luise Troje erscheinen. Unmittelbar vor Abschluß meines Manuskriptes erhielt ich durch die Güte des Verfassers H. Junker die Korrekturbogen seines Vortrags Über iranische Quellen der hellenist. Aion-Vorstellung, in den 'Vorträgen der Bibliothek Warburg' I, Lpz. 1923, 125 ff.: tiefgreifende, auch für Nichtfachleute verständliche Darlegungen über die iranische Zervan-Religion, insbesondere ihre spekulative Begründung.

2) In den zwei folgenden Sätzen habe ich mich, stellenweise mit wörtlicher Herübernahme, an die lichtvollen Darlegungen G. Hölschers, Gesch. der israelit. u. jüd. Religion (Gießen 1922) 164 f. angeschlossen. Es ist nicht zu verwundern, daß ein so weitblickender Gelehrter in einer beiläufigen Bemerkung, die er der Ekloge widmet, sie richtig einordnet: S. 226 „Die Verbreitung eschatologischer Ideen in Rom um 40 v. Chr. zeigt die Weissagung von dem wunderbaren messianischen Kinde in der 4. Ekloge Vergils."

3) Eine Übersicht über das altorientalische Material gibt A. Jeremias, Hdb. d. altorient. Geisteskultur (Lpz. 1913) c. 9: 'Die Weltzeitalter', eine Darstellung, der gegenüber wenigstens da, wo ich nachzuprüfen vermochte, Vorsicht am Platze ist. — „Auch da, wo eine Herübernahme babylonischen Stoffes stattgefunden hat, kommt doch in der Weise der Verwendung dieses Stoffes die iranische Art voll zur Geltung": H. Junker a. a. O. (Anm. 1) 150.

der Oikumene angetreten. In dem hellenisierten Aegypten hat sie sich
gleich von Anfang an mit der Mystik, die in die Priesterlehre eingedrungen war, verbunden. Der Aionkult ist dort schon für die Anfänge der Ptolemaeerzeit gesichert, und die Zeugnisse für seinen Fort-
bestand reichen von da über das I. vorchristliche bis ins V. nach-
christliche Jh.[1]) Aionmotive verbanden sich dort mit der Verehrung
des Osiris und der Isis. Diese galt als „die Natur des Aion, aus der
alle entstanden sind und durch die alle existieren", als „uranfäng-
liche Erzeugerin der Weltzeiten".[2]) Die Aufschrift eines Thrones der
Isis oder Neith von Sais lautete: „Ich bin Gegenwart, Zukunft und
Vergangenheit. Die Hüllen meines Gewandes hat noch keiner ge-
lüpft. Die Frucht, die ich gebar, wurde die Sonne."[3]) Auch auf die

---

1) Aion, 'interpretatio graeca' eines aegyptischen Erd- und Erntegottes, Schutzgottheit der Stadt Alexanders, mit der Gründung eng verknüpft: Zeugnisse scharf-
sinnig gedeutet von R. Reitzenstein, Nachr. d. Gött. Ges. 1904, 317 ff. — Zwei Zeugnisse aus der Isidorosvita des Damaskios bei Suidas werden wir weiter unten
kennen lernen. Hier sei aus diesen erwähnt, daß Damaskios an beiden Stellen sich
weigert, das wahre Wesen des Gottes zu nennen (τὸ ἄρρητον ἄγαλμα τοῦ Αἰῶνος —
τελεῖται τοῦ Αἰῶνος ὃν ἔχων εἰπεῖν ὅστις ἐστὶν ὅμως οὐ γράφω): das paßt vortrefflich
zu Reitzensteins Deutung, denn über die Schutzgottheit einer Stadt darf man nach
verbreitetem Glauben der Mystiker sich nur vor Eingeweihten verlautbaren. — Das
wichtige neue Zeugnis über Aion, eine Inschrift aus Eleusis, herstammend von drei
Brüdern Pompei (Dittenberger-Hiller, Syll. inscr. III³ 1125) ist von O. Weinreich in
einem Aufsatz von weitreichender religionsgeschichtlicher Bedeutung interpretiert worden (Arch. Rel.-Wiss. XIX, 1918, 188 ff.). In einem Aufsätze 'Auguste et Athènes
III', der mir aus einem Referat (Berl.-phil. Wochenschr. 1922, 1048) bekannt ist, hat
P. Graindor (Revue Belge de phil. et d'histoire I 3, S. 429 ff.) die Vermutung ausgesprochen, die eleusinische Aionstatue sei anläßlich der saeculares ludi 17 v. Chr. geweiht und wegen der Beziehungen dieses Festes zu den Unterweltsgottheiten in Eleusis
aufgestellt worden; wie auf alexandrinischen Münzen vom J. 139 sich der Phoenix mit
der Legende ΑΙΩΝ finde, so sei hier die Statue bei der Geburt eines neuen Jahrhunderts
errichtet worden. Dieser Hypothesenbau bricht durch den Nachweis von C. Cichorius,
Röm. Stud. (Lpz. 1922) 187 f., daß die Inschrift aus dem J. 74/3 v. Chr. stammt, zusammen. — Hier eine Notiz zum Stil der Inschrift. Die Prädikationen des Aion schließen
mit rhythmisierten Kommata, etwa so (Ioniker, Kretiker, Kret.+Troch.): ἀρχὴν μεσο
($\smile\smile\smile\smile$)τητα τέλος οὐκ ἔχων ($\smile\smile\smile\ \smile\smile\smile$), μεταβολῆς ἀμέτοχος ($\smile\smile\smile\smile\ \smile\smile\smile\smile$), θείας
φύσε ($\smile\smile\smile\smile$)ως ἐργάτης ($\smile\smile\smile\smile$) αἰωνίου πάντα ($\smile\smile\smile\smile\smile$), dem Rhythmus zuliebe am
Schluß der freie Akkusativ (πάντα wie κατὰ πάντα).
2) Diodor I 11, 5 (Hekataios) τούτους τοὺς θεοὺς (Osiris u. Isis) ὑφίστανται τὸν
σύμπαντα κόσμον διοικεῖν τρέφοντάς τε καὶ αὔξοντας πάντα τριμερέσιν ὥραις ἀοράτῳ
κινήσει τὴν περίοδον ἀπαρτιζούσαις κτλ. Athenagoras pro Christ. 22 περὶ τῆς Ἴσιδος,
ἣν φύσιν αἰῶνος, ἐξ ἧς πάντες ἔφυσαν καὶ δι' ἧς πάντες εἰσίν, λέγουσιν. Apuleius m. XI 5
Isis   saeculorum progenies initialis. Auch Horapollon I 3 ἐνιαυτὸν δὲ βουλόμενοι
δηλῶσαι Ἶσιν . Ζωγραφοῦσιν wird man hierauf beziehen dürfen.
3) Proklos zu Plat. Tim. 21 E (vol. I p. 98 Diehl): Τὰ ὄντα καὶ τὰ ἐσόμενα καὶ
τὰ γεγονότα ἐγώ εἰμι. Τὸν ἐμὸν χιτῶνα οὐδεὶς ἀπεκάλυψεν. Ὃν ἐγὼ καρπὸν ἔτεκον, ἥλιος
ἐγένετο. (Etwas verkürzt, aber mit richtiger Voranstellung der Prädikationsformel
Plut. de Is. et Os. 9 p 354 C: Ἐγώ εἰμι πᾶν τὸ γεγονὸς καὶ ὂν καὶ ἐσόμενον, καὶ τὸν
ἐμὸν πέπλον οὐδείς πω θνητὸς ἀπεκάλυψεν: vgl. O. Weinreich, Arch. f. Rel.-Wiss. XIX
1918, 179). In dieser Selbstprädikation ist die Bezeichnung des Sohnes (Horus) als

Literatur des Judentums hat, wie seine apokalyptischen Bücher und die Sibyllinen[1]) zeigen, die Aionidee stark gewirkt; bedeutsamerweise ist bereits im Danielbuche (zwischen 168 und 165 v. Chr.) die orientalische Spekulation mit dem hellenischen Mythus vom goldenen und den weiteren Zeitaltern verquickt worden (c. 2). Nach Hellas gelangte die Kenntnis wie des religiösen Dualismus so der Weltperiodenlehre des Iranismus durch den Astronomen Eudoxos von Knidos, Platons Freund, der Aegypten bereist hatte. Aristoteles sprach in einem Dialog, Theopompos in seinem Geschichtswerke von dieser Lehre. Die berühmten Fragmente sind soeben von W. Jaeger[2]) in einen großen Zusammenhang hineingestellt worden: die Akademie sei damals geradezu der Brennpunkt einer orientalisierenden Strömung geworden, die als Vorzeichen des Alexanderzuges und der ihm folgenden Annährung zwischen hellenischem und asiatischem Geist von hoher Bedeutung gewesen sei. Die Aionidee ist dann durch die Stoa, deren bedeutendste Vertreter dem Osten entstammten, ein wesentlicher Faktor in den Systemen der hellenistischen Theologie geworden, die in ihr eine Bundesgenossin im Kampfe für die Lehre von der Schicksalsbestimmung begrüßte. Schon der Stifter der stoischen Schule hat eine vollkommene Zeitenmystik ausgeprägt: „Zeno schreibt einer durch die ganze Natur sich erstreckenden Vernunft göttliche Kraft zu. Dasselbe behauptet er von den Gestirnen, den Jahren, den Monaten und den Jahreszeiten"[3]); in dem irdischen Symbol der Ewigkeit, dem großen Weltjahre, offenbare sich die Göttlichkeit des Weltgeschehens am sichtbarsten[4]); die stoische Lehre von der Apokatastasis entspricht genau der iranischen von der „Wiederkehr des Gleichen".[5]) Für das Rom etwa der Zeit Sullas und Caesars, wo in theologischen Kreisen starker Hang zur Mystik herrschte, ist die Aionidee durch zwei wichtige Zeugnisse beglaubigt.[6]) Wo immer wir in

---

καρπός bemerkenswert. Sie findet sich auch bei dem Gnostiker Valentinos, wo der Soter κοινὸς τοῦ πληρώματος καρπός genannt wird (Hippol. ref. haer. VI 32 p. 378 Schn.); auch eine (erhaltene) Schrift des Astrologen Ptolemaios (nicht des berühmten Astronomen) führt den Titel Καρπός. Offenbar stammt der sakramental anmutende Ausdruck aus der graeco-aegyptischen Mystik.

1) Z. B. III 91 f. καὶ τότε δὴ μεγάλοιο θεοῦ κρίσις εἰς μέσον ἥξει αἰῶνος μεγάλοιο.

2) Aristoteles (Berl. 1923) 133.

3) Cic. de nat. deor. I 36. Es ist nicht zu billigen, daß die Erklärer darin eine Verdrehung der Lehre durch den Epikureer, den Cicero sie vortragen läßt, finden.

4) Cic. ebd. II 51 f.

5) H. Junker a. a. O. (o. S. 29, 1).

6) Lydus de mens. IV 1 p. 64, 12 W. (aus Labeo oder Praetextatus: Reitzenstein, Iran. Erlösungsmyst. 211, 4): ὁ Μεσσαλᾶς τοῦτον (den Ianus) εἶναι τὸν Αἰῶνα νομίζει· καὶ γὰρ ἐπὶ τῆς πέμπτης τοῦ μηνὸς τούτου ἑορτὴν Αἰῶνος ἐπετέλουν οἱ πάλαι (über das Datum s. u. S. 33 ff.). Macrobius s. I 9, 14 bringt (aus gleicher Quelle wie

irgendwelcher Sprache von dem großen Weltjahr und seinen Teilen,
den 'großen Monaten' (*magni menses*, Vers 12), denen die jüdischen
Apokalypsen die 'Weltwochen' hinzufügten, von geheimnisvoller Bindung des Weltgeschehens und des Menschenschicksals an Weltepochen
und an die diese regierenden Götter lesen, da stehen wir mitten in
diesem fast übermächtigen Strome. Mit Recht sieht O. Spengler[1])
in der schicksalhaften Zeitidee, in dem Postulat einer übersehbaren
Geschichte mit Weltanfang und Weltende, die zugleich Anfang und
Ende der Menschheit sind, einen wesentlichen Unterschied orientalischen Denkens und Fühlens vom abendländischen. Auch das Christentum ist durch Vermittlung des Judentums in diesen Strom hineingezogen worden: wie oft lesen wir schon in altchristlichen Urkunden
vom αἰών, von den αἰῶνες αἰώνων[2]), und dann gar in den theologischen Systemen der Gnosis, deren bedeutendste Persönlichkeiten
Aegypter waren. Wer sich dies alles vergegenwärtigt, der wird nicht
in Verlegenheit sein unserm Gedichte die ihm gebührende Stellung
anzuweisen. Es gibt — von rein technischer Literatur abgesehen, wie
dem chronographischen Büchlein des Censorinus, in dem, durch Zwi-
schenquellen vermittelt, auch die orientalischen Zeitsysteme dargelegt werden — **kein antikes Schriftwerk (und nun gar ein Gedicht)**[3]),
**das von Zeitbestimmungen in dem Grade durchzogen wäre wie die
Ekloge**; *aevum, aetas, magnus saeculorum ordo, menses magni*[4]), *decem
menses*, die Jahreszeiten, zyklische Periodik der Weltereignisse: das
sind seine Determinanten. Unsere alten Scholien, die gelegentlich auf
die Lehre der *magi* — das sind die Priester der iranischen Religion — und auf die stoische Spekulation vom **Kreislauf des Weltgeschehens** hinweisen[5]), waren auf der rechten Fährte, aber was sie,

Lydus) ein längeres Zitat aus Messala in feierlicher Prosa es betrifft Arcana aus der
Aionlehre (Reitzenstein a. a. O. 210f.). Dieser Messala ist der M. Valerius Messala
Rufus cos. 53, dessen Lebensgeschichte von C. Cichorius, Röm. Stud. (Lpz. 1922) 233 ff.
klargestellt ist. Leider wird sich kaum sicher entscheiden lassen, in welcher Epoche
seines langen Lebens (geb. spätestens 103, gest. 26) er jene Schrift verfaßte; außer
der caesarischen Zeit ließe sich auch an sullanische denken, in der Valerius Soranus
über Mystisches schrieb; betraf das Werk aber, wie das Lyduszitat glaublich erscheinen läßt, den Kalender, so gehörte es zu den unter Caesar beliebten über Sakralalter-
tümer. — Die neue Aioninschrift der Pompei ist aus dem J. 74/3 v. Chr. (o. S. 30, 1

1) Untergang des Abendlandes II (München 1922) 289ff.

2) Zwiefacher Hebraismus (Plural von αἰών in reingriechischer Literatur fehlend,
und Steigungsform durch den Genetiv): Lackeit a. a. O. (o. S. 29, 1) 39f.

3) Es sei denn daß man an die versifizierten Monatsspielereien denken wollte,
wie wir sie von Ausonius und anonym (P. L. M. I 201ff.) besitzen.

4) Auf *magnus* (Vers 5. 12) ist besonderes Gewicht zu legen; μέγας αἰών, μέγας
ἐνιαυτός sind konstante Verbindungen; zahlreiche Belege bei W. Bousset, Rel. d. Judentums[2] (Berl. 1906) 279f.

5) Servius (mit Erweiterungen) zu Vers 4. 10. 34.

denen fast alle Voraussetzungen religionsgeschichtlicher Erkenntnisse, soweit diese über den engbegrenzten Horizont der Antike hinausreichen, fehlten und fehlen mußten, nur ganz von ferne ahnten, eben dies gestaltet sich uns, die wir die Zusammenhänge zu überblicken vermögen, zu einem Ergebnis, das wir manchmal auch rein gefühlsmäßig erfassen. _Ultima Cumaei venit iam carminis aetas_, „Gekommen ist die Endzeit": wie feierlich tönt doch dieser Auftakt. Klingt er uns nicht vertraut ins Ohr? „Gekommen ist die Erfüllung (das Pleroma) der Zeit" sagt Paulus (Gal. 4, 4). „Erfüllt ist die Zeit": mit diesen Worten hebt (nach einer vorausgeschickten Einleitung) das Marcusevangelium an (1, 15). Und wenn der Evangelist dann fortfährt: „Nahe ist das Königreich Gottes", der Apostel: „Da entsandte Gott seinen Sohn", so entsprechen auch diese Sätze den weiteren Vorstellungsreihen der Ekloge „Schon hat Apollo seine Königsherrschaft angetreten" und „Ein Sohn des höchsten Gottes wird geboren" derartig genau, daß man geradezu von einer Identität der Gedankenführung, also von irgendeinem gemeinsamen Abhängigkeitsverhältnisse zu reden berechtigt ist. Wo Paulus mit Marcus übereinstimmt, dürfen wir zumal nach Ed. Meyers überzeugenden Analysen sicher sein, ältestes Traditionsgut der Urgemeinde zu besitzen. Eine derartige Kongruenz der Ekloge mit altchristlicher Überlieferung weist auf weit zurückliegendes religiöses Erbgut. In welcher Gegend wir es zu suchen haben, wird sich später ergeben; hier wollen wir uns mit der allgemeinen Bezeichnung: alte Prophetie begnügen.

3. Der Geburtstag des Aion

Das Helios- und das Aionfest wurden in Alexandreia, wie bemerkt, am 25. Dezember und 6. Januar gefeiert. Die lichtsymbolische Bedeutung des ersten Datums haben wir besprochen, aber auch das zweite gehört zu den bemerkenswertesten des religiösen Festkalenders. Wir müssen uns mit ihm als dem Datum des Aiongeburtstages, der, wie wir sahen, auch der Geburtstag des Knaben war, etwas näher beschäftigen.

In dem vorhin erwähnten Zeugnis für die Aionmystik etwa in caesarischer Zeit ist die ἑορτὴ Αἰῶνος auf den 5. Januar datiert[1]); dadurch ist offenbar der Beginn der Feier in der Nacht vom 5.—6. Januar bezeichnet, wie wir das oben (S. 28) in dem Festbericht ken-

---

1) Zeugnis des Lydus a. a. O. (o. S. 31, 6): ἐπὶ τῆς πέμπτης τοῦ μηνὸς τούτου (Januar) ἑορτὴν Αἰῶνος ἐπετέλουν οἱ πάλαι. Lydus entnahm das (aus einer Zwischenquelle) dem von ihm im vorgehenden Satze zitierten Messala; daher sagt er οἱ πάλαι. Vgl. Reitzenstein, Iran. Erlösungsmyst. 212.

nen lernten. Eine von Plutarch und Epiphanios überlieferte Legende
setzt den Geburtstag des Osiris auf den 6. Januar.[1]) Auf der Insel
Andros wurde in der frühen Kaiserzeit dem Dionysos ein Fest gefeiert, das am 5. Januar, also in der Nacht vom 5.—6. begann.[2]) Auch
in Jerusalem feierten nach einem Bericht aus dem J. 168 v. Chr. die
Hellenen ein Dionysosfest, an dem teilzunehmen sie die Juden zwan-
gen; es fiel jedenfalls in den Winter, möglicherweise also auf dasselbe Datum.[3]) Daß auf den gleichen Tag die Feste so vieler Gottheiten oder göttlicher Potenzen fielen, des Osiris, Dionysos, Aion und
Christus — denn auch dieser gesellte sich, wie gleich zu erwähnen
sein wird, hinzu —[4]), ist religionsgeschichtlich bedeutsam: in dem
kalendarischen Zusammenfallen der Feste kommt die Theokrasie besonders deutlich zum Ausdruck. Osiris wurde an Dionysos angeglichen,
dessen Mysterien, wie ein unlängst bekannt gewordenes Dokument
gelehrt hat, in dem hellenistischen Aegypten weit verbreitet waren.[5])

---

1) Plutarch de Is. et Os. 12. 355 E. Nachdem er die Tradition erwähnt hat,
nach welcher Osiris am ersten der Schalttage geboren sei, fährt er fort: ἔνιοι δὲ Πα-
μύλην τινὰ λέγουcιν ἐν Θήβαιc ὑδρευόμενον ἐκ τοῦ ἱεροῦ τοῦ Διὸc φωνὴν ἀκοῦcαι δια-
κελευομένην ἀνειπεῖν μετὰ βοῆc, ὅτι μέγαc βαcιλεὺc εὐεργέτηc Ὄcιρις γέγονε· καὶ διὰ
τοῦτο . τὴν τῶν Παμυλίων ἑορτὴν αὐτῷ τελεῖcθαι, Φαλληφορίοιc ἐοικυῖαν. Für die
Zeremonie des 'Wasserschöpfens' aus dem Nil ist durch Epiphanios haer. LI 30, 3
der 6. Januar bezeugt. Also fiel nach dieser Tradition der Geburtstag des Osiris auf
dieses Datum, das in dem Kalendarium des Philocalus (CIL I 1² S. 297) als *dies
Aegyptiacus* verzeichnet ist. Das ist eine wichtige Erkenntnis Holls (a. a. O. 435 ff.),
der auch den tieferen Sinn der Symbolik des ὑδρεύεcθαι zu der Geburt des Gottes festgestellt hat. Holl hat es nicht unterlassen Jablonskis (s. o. S. 24, 2) als Vorgängers in
Ehren zu gedenken.

2) Plin. n. h. II 231 *Andro in insula, templo Liberi patris, fontem nonis Ianuariis sem-
per vini sapore fluere Mucianus ter consul credit. dies* Θεοδαίcια *vocatur.* XXXI 16 *Mucianus ait Andri e fonte Liberi patris statis diebus septenis eius dei vinum fluere, si auferatur e
conspectu templi sapore in aquam transeunte.* Mucianus war cos. III im J. 72; das Jahr, in
dem er Andros besuchte, läßt sich angesichts seiner vielen Reisen und seines bewegten
Lebenslaufes (Prosop. imp. Rom. II 280 f.) schwerlich mit Sicherheit feststellen. Das
Fest fand nach den beiden Angaben des Plinius vom 5.—11. Januar statt. Der Name
des Festes Θεοδαίcια (weil dem Gotte bei seiner Epiphanie ein Mahl bereitet wurde)
ist nicht besonders signifikant, begegnet aber gerade für Dionysosfeste (M. P. Nilsson,
Griech. Feste, Lpz. 1906, 279 f.); Θεοδαίcιοc ist in Kalendern griechischer Staaten ein
oft bezeugter Monatsname (Bischoff, R. E. X 1599), womit die Hesychiosglosse Θεο-
δαίcιοc· Διόνυcοc zusammenhängen wird.

3) s. oben S. 25 f.

4) Auch an die auf das Wintersolstitium folgenden „Zwölften" der germanischen
Mythologie, die mit dem 6. Januar endigten, sei erinnert; an ihnen hielt Wodan mit
seiner Gattin Freya seinen winterlichen Umzug. Aber die Daten stammen erst aus der
Zeit der Christianisierung.

5) Erlaß des Ptolemaios Philopator (222—205/4) auf einem Papyrus, der 1917
von W. Schubart veröffentlicht und seitdem oft besprochen worden ist, zuletzt von
C. Cichorius, Röm. Studien (Lpz. 1922), 21 ff.

Für Plutarch, der sich auf das Theologische besonders gut verstand[1]),
verbanden sich diese beiden Götter fast zu einer Einheit. Er widmet
diesem Nachweise in seiner Schrift über Isis und Osiris ein ganzes
Kapitel, in dem er eine für den religiösen Synkretismus sehr bezeich-
nende Angabe macht: eine ihm befreundete delphische Dionysos-
priesterin war zugleich in die Osirismysterien eingeweiht.[2]) Kein
Wunder, daß die christliche Mystik Züge beider Götter in sich auf-
nahm.[3]) So schwer es auch für uns bei dem sehr fragmentarischen
Zustande der Überlieferung ist, die Fäden, die sich herüber und hin-
über spannen, säuberlich bloßzulegen, so klar ist doch zweierlei, was
den Kalender betrifft, dessen nackte Daten uns so oft Kenntnis der
Festfeiern selbst ersetzen müssen. In den christlichen Festkalender
ist der 6. Januar aus den Dionysos-Osirismysterien herübergenommen
worden.[4]) Und ferner: die Wahl gerade dieses Datums hing mit der
Sonnen- und Jahressymbolik zusammen. Allen diesen Feiern lag ja

---

1) 'Plutarch der Theologe' wäre ein Thema, dessen Behandlung sich lohnen
würde. Ein paar Beiträge dazu stehen in vorliegender Arbeit; sie zeigen aber nur,
wie dringend erwünscht eine systematische Darstellung ist.

2) Plut. de Is. et Os. 35. 364 E ὅτι μὲν οὖν ὁ αὐτός ἐστι Διονύςῳ (sc. ·Ὄϲιριϲ),
τίνα μᾶλλον ἢ ϲὲ γιγνώϲκειν. ὦ Κλέα, δὴ προϲῆκόν ἐϲτιν, ἀρχηγὸν μὲν οὖϲαν ἐν Δελφοῖϲ
τῶν Θυιάδων, τοῖϲ δ' Ὀϲιριακοῖϲ καθωϲιωμένην ἱεροῖϲ ἀπὸ πατρὸϲ καὶ μητρόϲ. (Plutarch
selbst war, wie seine Frau, Geweihter der Dionysosmysterien: cons. ad uxorem 10.
611 D.) Übrigens vergleicht Plutarch in der oben S. 34, 1 angeführten Stelle jener Schrift
das Pamylienfest, das der Feier der Osirisgeburt galt, mit dionysischen Φαλλικά, und
was er darüber c. 36. 365 B mitteilt, läßt diesen Vergleich gerechtfertigt erscheinen.
Die Annahme also, daß die Osirismysterien der graeco-aegyptischen Periode dionysische
Elemente in sich aufnahmen, kann nach allem, was hier und im Texte ausgeführt ist,
als sicher gelten. — Für die Angleichung des Osiris an Dionysos: H. Greßmann a. a. O.
(s. oben S. 28, 4).

3) Osiris heißt im Kalender des Philocalus zum 1. November: _ex se natus_.
Mommsen, der das erkannte (CIL I 1², S. 334), deutete es auf die jährliche Wiedergeburt ('quotannis ex se renascens', nämlich bei der 'heuresis'), was in jenen Worten
nicht liegen kann. Aus einem Hymnus des Synesios 3, 145 f. auf den Christengott
ergibt sich das Richtige: Πατέρων πάντων Πάτερ αὐτοπάτωρ, Προπάτωρ ἀπάτωρ,
Υἱὲ ϲεαυτοῦ. In Aegypten ist die Vorstellung von einer „urgöttlichen Vaterschaft"
des höchsten Gottes, der sein eigener Vater und Sohn ist, uralt: Roeder, R. E. X 1822.

4) Aus Arnold Meyer, Das Weihnachtsfest (Tübingen 1913), 15 f., 131 f. ersehe
ich, daß Useners Gedanken sich nach mündlicher Mitteilung auf dieser Richtlinie bewegten, die er zu verfolgen beabsichtigt haben soll. Es fragt sich aber, ob er über
Jablonski (s. o. S. 24, 2) dabei hinausgelangt wäre, der auch hier alles wirklich Entscheidende schon ausgesprochen hat, außer in dem genannten Dissertationen in zwei
anderen, die er der Berliner Societät der Wiss. vorgelegt hatte (1740 u. 1743): De
festo Osiridis inventi und De diebus Aegyptiacis in vetusto Kalendario Romano com-
memoratis, Opuscula II 243 ff. (Freilich die von Jablonski noch stark benutzte sog.
Tabula Isiaca hat sich inzwischen längst als ein ganz unzuverlässiges Fundament herausgestellt. Die kalendarischen Dokumente, die davon unabhängig sind, entnahm er
griech. und lat. Schriftstellern, unter denen er nur eine Plutarchstelle vergewaltigte,
alles übrige richtig beurteilte.)

ein und dieselbe Vorstellung zugrunde: mitten in der Zeit des winterlichen Todes verjüngt sich das Sonnenlicht; der Lichtgott, den die Dämonen der Finsternis zu töten trachteten, wird zu neuem Leben geboren. „Derselbe ist Hades und Dionysos" lautet ein tiefsinniges Wort Heraklits (15). Nach Plutarch begannen die Delpher den jährlichen Dionysoskult zu Wintersanfang (ἀρχομένου χειμῶνος), und die drei Wintermonate, etwa unserem November, Dezember, Januar entsprechend, waren ihm allein vorbehalten; die mystisch dargestellten „Leiden" des Gottes bedeuteten „Vernichtung und Verschwinden, Aufleben und Wiedergeburt."[1]) In einem Kalendarium sehr guter Tradition wird der 6. Januar als „Mittwinter" (μέcoc χειμῶν) bezeichnet.[2]) Nach dieser Rechnung fiel der Wintersanfang auf den 8. November.[3]) Auch dieser Jahrespunkt hat im christlichen Festkalender, wie Fr. Boll kürzlich erkannte, einmal einen Platz eingenommen: auf Cypern wurde die Taufe Christi am 8. November gefeiert.[4]) Nach den vorhin mitgeteilten Kongruenzen zu urteilen, dürfte es daher kaum auf Zufall beruhen, daß in Delphi das Geburtsfest des „Dionysos in der Wiege" (Διόνυcoc Λικνίτηc) in dem Monate gefeiert wurde, der den Wintersanfang bezeichnete und unserm November entspricht.[5]) Auch für dieses Datum scheint wieder der aegyptische Festkalender eine Analogie zu bieten. Im November fand das Fest der *Isia* statt, sein Hauptbestandteil war die Klage um den Tod und der Jubel über die Auffindung des Osiris am 19. Athyr; die Umrechnung dieses Datums schwankt zwischen dem 1. und 15. November[6]); es könnte also gerade der 8. dieses Monats gewesen sein.

1) Plut. de E ap. Delph. 9. 389 A—C, darin die bekannte wichtige Angabe: ἀρχομένου χειμῶνος .. τρεῖc μῆναc ἀντ' ἐκείνου (Apollon) τοῦτον κατακαλοῦνται τὸν θεόν. Es waren das die drei delphischen Monate Δᾳδοφόριοc, Ποιτρόπιοc, Ἀμάλιοc, die ungefähr den attischen Μαιμακτηριών, Ποcιδεών, Γαμηλιών und unseren November, Dezember, Januar entsprechen (C. Pomtow, Delphoi, R. E. IV 2532). Auch in Attika fielen die beiden ältesten Dionysosfeste (die später, nach Einführung der 'großen' oder 'städtischen' durch Peisistratos, sog. 'kleinen' oder 'ländlichen', sowie die Lenaeen) in die zwei letztgenannten Monate; von dem im ionischen Kalender üblichen Monatsnamen Ληναιών heißt es im Etym. M. 564, 10 οὗτοc ὁ μὴν ἀρχὴ μηνῶν ἐcτιν.

2) Fr. Boll, Arch. f. Rel. Wiss. XIX (1918) 190: μέcoc χειμών nach Euktemon bei Ps. Geminos in Lydus de ost. ed Wachsmuth² p. 189, 18. Vgl. A. Rehm, Das Parapegma des Euktemon (Heidelb. Sitzungsber. 1913, 3. Abh.) S. 21 Εὐκτήμονι μέcoc χειμών als Notat zu Steinbock 14' = 6. Jan. jul. Kal. — Selbst dieses versteckte Zeugnis verwendete Jablonski (II 271).

3) Fr. Boll a. a. O.: „Der 8. Nov. ist der Frühuntergang der Pleiaden und damit nach weitverbreitetem populären Kalender der Wintersanfang und damit zugleich der Anfang des Jahres" (es folgen Belege).

4) K. Holl a. a. O. (o. S. 24, 1) 407f. mit Bolls Ergänzungen a. a. O.

5) Plut. de Is. et Os. 35. 365 A. Vgl. C. Pomtow a. a. O. (Anm. 1) 2530.

6) G. Wissowa, Rel. u. Kult. d. Römer² 353f.

Vieles, ja man wird vielleicht sagen dürfen das meiste auf diesem Gebiete ist noch recht dunkel. Vor allen Dingen wäre die Aufarbeitung des aegyptischen Festkalenders notwendig. Diese Aufgabe, die bisher nur hier und da in Angriff genommen worden ist, wird nur ein Aegyptologe zu meistern vermögen, der nicht bloß die Urkunden in epichorischer Schrift, sondern auch so schwere griechische Texte wie Plutarchs Schrift über Isis und Osiris zu deuten imstande ist und zu diesem allem noch über beträchtliche Kenntnisse in der allgemeinen Religionsgeschichte verfügt. Die Aufgabe wird noch dadurch erschwert, daß in der vielfältig gespaltenen Überlieferung oft für ein und dasselbe Fest verschiedene Daten angegeben werden. Das mag teils mit Varianten beim Umrechnen aegyptischer Kalenderdaten zusammenhängen, teils aber auch mit Verschiebungen der Festzeiten im Laufe jahrhundertelanger Entwicklung, innerhalb welcher das Eindringen fremdländischer Kulte die alte Festordnung störte, endlich aber auch mit der noch deutlich erkennbaren Tatsache, daß die Feste nicht an allen Orten des weiten aegyptischen Landes zu denselben Zeiten gefeiert wurden: es hat ja so wenig eine panaegyptische wie eine panhellenische Religion gegeben, die lokalen Unterschiede waren vielmehr außerordentlich groß. Ein Beispiel für die Art der Benutzung kalendarischer Notizen läßt sich vielleicht gerade für die beiden alexandrinischen Feste des 25. Dezember und 6. Januar geben. Wir hörten vorhin, daß auf Grund einer durch Epiphanios bestätigten Nachricht Plutarchs der 6. Januar als Geburtstag des Osiris galt. Daneben berichtet aber Plutarch an einer anderen Stelle[1]): um die Wintersonnenwende, also um den 25. Dezember, habe ein Osirisfest stattgefunden, „das Suchen des Osiris", es sei mit einem siebenmaligen Umzug um den Tempel gefeiert worden, und wird von ihm deutlich als ein Fest mit Sonnensymbolik geschildert. Dieses Doppelfest des Osiris am 25. Dezember und 6. Januar hängt mit dem Nebeneinander der beiden Feste Ἡλίου γενέθλιον 25. Dezember, Αἰῶνος γενέθλιον 6. Januar ersichtlich zusammen[2]), fand doch auch bei

---

1) Plut. de Is. et Os. 52. 372 C τὴν βοῦν (die himmlische Kuh) ὑπὸ τροπὰς χειμερινὰς ⟨ἑπτάκις⟩ περὶ τὸν ναὸν περιφέρουσι· καὶ καλεῖται ζήτησις 'Ὀσίριδος ἡ περι-δρομή, τοῦ ἡλίου τὸ ὕδωρ (d. h. das Nilwasser, ἥλιος = Osiris) χειμῶνος τῆς θεοῦ πο-θούσης· τοcαυτάκιc δὲ περίειcιν, ὅτι τὴν ἀπὸ τροπῶν χειμερινῶν ἐπὶ τροπὰς θερινὰς περίοδον ἑβδόμῳ μηνὶ cυμπεραίνει (näml. ὁ ἥλιος). Die aetiologische Deutung der Sie. benzahl ist für uns unverbindlich.

2) Zwischen den Mysterien des Osiris und denen des Aion fand wenigstens die Spätzeit geheimnisvolle Beziehungen, wie Damaskios in der Isidorosbiographie (vgl. oben S. 27, 2) berichtete; die darauf bezüglichen Exzerpte bei Suidas, religionsgeschicht-lich interessante Dokumente aus der Zeit des Synkretismus, hat Reitzenstein, Iran. Erlösungsmyst. 196 ff. analysiert.

letzterem, wie wir in dem Berichte des Epiphanios lasen (o. S. 28),
ein siebenmaliger Umzug um den 'inneren Tempel' statt, und diese
Bauart ist als aegyptisch bezeugt.[1]) Aber jene beiden Feste des
Osiris gehören nach den Quellenberichten erst der hellenistischen Zeit
an, und wir haben kein Recht sie höher hinaufzurücken: offenbar
sind sie auf die zwei Daten erst zu einer Zeit gelegt worden, als
diese längst einen Bestandteil des Festkalenders bildeten. Eine Per-
spektive jedoch von ungewöhnlicher Tiefe eröffnet sich bei folgender
Betrachtung. In einer für das aegyptische Kalenderwesen grund-
legenden Abhandlung hat K. Sethe den Nachweis zu erbringen versucht[2]), daß dem alten, am 19. Juli jul. Kal. beginnenden Siriuswandel-
jahre, einer Schöpfung des Königs Menes, des Begründers des Reiches
von Memphis, in jüngerer Zeit Elemente aus einem Wintersonnen-
wendjahre eingefügt worden seien. Dies ergibt sich aus der kalendarischen Lage einiger Feste und ihren Namen, z. B. heißt eines „Die
Geburt der Sonne". Die Zeit, zu ' der jene nach dem Sonnenlauf
orientierten Elemente in das Siriusjahr eindrangen, ist nach Sethe
genau bestimmbar: es geschah bei der Neugründung des Reiches,
des sog. mittleren, durch den König Amenemhet I. von Theben im
J. 1996 v. Chr.[3]) Zu dieser Zeit fiel, wie Sethe sicher errechnete, die
Wintersonnenwende etwa auf den 6. Januar jul. Kal. Dies ist ja nun
aber, wie wir wissen, das durch mehrere Angaben beglaubigte Datum
des Aiontages. Fast scheue ich mich es auszusprechen, aber alle
Anzeichen scheinen dafür zu sprechen — Sethe selbst macht eine
darauf zielende Andeutung —, daß wir hier an der Wiege eines
Festes stehen, das sich dann in einem vielleicht beispiellosen Siegeszuge die Oikumene eroberte, Völker und Religionen verbindend,
Jahrtausende umfassend, als Epiphania bis auf den heutigen Tag von
der Kirche gefeiert. Eine neue Aera des Festkalenders hub mit jener
Reform des mächtigen Neubegründers des aegyptischen Reiches an,
so recht dafür geschaffen späterhin den kalendarischen Ausgangspunkt
einer Weltzeitreligion zu bilden, wie es die des inhaltsschweren theologischen Begriffs Aἰών zu werden bestimmt war.

Auf diesem Wege wird sich nun endlich auch das alte Problem,
welches das Nebeneinander zweier sich so ähnlicher Feste noch

---

1) Holl a. a. O. 426f. mit Berufung auf A. Erman.

2) K. Sethe, Die Zeitrechnung der alten Aegypter im Verhältnis zu der der anderen Völker, in: Nachr. d. Gött. Ges. 1919, 287 ff.

3) Das Jahr gehört — mit der geringen Schwankung von vier Jahren nach oben
— zu den „absoluten Daten" der aegyptischen Chronologie· Ed. Meyer, Gesch. d. Alt.
I 2³ (1913), § 163.

immer darbietet, seiner Lösung entgegenführen lassen. Aus ihrer Ähnlichkeit gewinnt man den Eindruck, daß es sich im Grunde um ein und dasselbe Fest handelt, das sich aus einem besonderen Anlaß gespalten hat. Die Erklärung, das Heliosfest des 25. Dezember sei das ursprüngliche, man habe aber ein Fest am 6. Januar daneben treten lassen, da um diese Zeit der Lichtzuwachs sichtbarer werde, ist doch gar zu dürftig: denn um von allen sonstigen Einwänden abzusehen, wäre doch die Frage berechtigt, warum gerade dieses Datum für die Feier gewählt wurde. Meiner Ansicht nach wird man jetzt, wo das außerordentliche Alter des Aiondatums feststeht, nicht die Kalenderlage des Festes vom 6. Januar aus der des Festes vom 25. Dezember zu erklären, sondern den umgekehrten Weg einzuschlagen haben. Das Datum des 6. Januar galt als das der Wintersonnenwende nur für die Zeit seiner erstmaligen Fixierung um die Wende des dritten und zweiten Jahrtausends. Im Laufe der Jahrhunderte wich es zurück, und zwar ungefähr alle 128 Jahre um einen Tag. Etwa von 400 bis 300 v. Chr. fiel es auf den 25/4. Dezember.[1]) Sollte es da nun nicht nahe liegen die Spaltung des Festes in Zusammenhang mit dieser Verschiebung der Wintersonnenwende zu bringen? Das Datum des 6. Januar wurde als ein durch uralte Tradition geheiligtes festgehalten, dem tatsächlichen Sonnenstande aber dadurch Rechnung getragen, daß neben jenes Datum das neue des 25./4. Dezember gestellt wurde. So trat neben die Feier der Weltzeit die des Jahreslaufs, neben Aion Helios. Diese Kombination dürfte an folgende Erwägung eine nicht unbeträchtliche Stütze finden. Die beiden Feste sind zuerst für Alexandreia nachweisbar und sind hier Jahrhunderte lang nebeneinander gefeiert worden. Das Gründungsjahr nun von Alexandreia (331) fiel inmitten der Periode, innerhalb welcher, wie bemerkt, die Wintersonnenwende auf dem 25/24. Dezember lag. Man könnte sich also etwa dieser Formulierung bedienen: neben das nationale altaegyptische Datum des 6. Januar sei in der Zeit des hellenisierten Aegyptens das Datum des 25/24. Dezember getreten. Da Aion als der besondere Schutzgott von Alexandreia galt (o. S. 30, 1), so ließe sich denken, daß diese Neuordnung des Festkalenders eben im Gründungsjahre der Stadt erfolgt wäre.

Die Geschichte der beiden Feste reicht, wie sich ergeben hat, in frühe Zeit hinauf. Sie läßt sich dann weit hinab verfolgen, und der Länge ihrer Geschichte entspricht die weite Verbreitung der Feste.

---

1) Vgl. die Tabelle bei F. Ginzel, Hdb. d. math. u. techn. Chronologie I (Lpz. 1906) 101. Die Tabelle betrifft die Lage des Frühlingspunktes, läßt aber, wie der Verf. bemerkt, auch auf die ungefähre Lage der anderen drei Hauptpunkte schließen.

Es wurde schon gesagt (o. S. 27, 2), daß das Fest des 25. Dezember
auch für Petra in Nordarabien aus dem Altertum bezeugt sei. Aber
erst ganz neuerdings ist ein arabischer Text veröffentlicht worden,
der in überraschender Weise die aus griechischen Quellen bekannten
Zeugnisse ergänzt.[1]) Da die enge Zusammengehörigkeit der beiden
Feste, auch ihre Wesensart nirgendswo sonst so deutlich zum Ausdruck kommt, mag die Stelle hier in einer Übersetzung Platz finden.
Der arabische Schriftsteller berichtet um das J. 904 n. Chr. von gewissen Anhängern des vorislamischen Heidentums Folgendes:

„Sie nennen sich selbst Asketen und Gottesdiener und besuchen
die Gotteshäuser nicht, außer an den Festen. Und es gibt unter
ihnen solche, die sie nur an den zwei großen Festen besuchen,
dem Fest der Geburt, welches ist am 24. des ersten Kânun (= Dezember), und dem Fest des Haupts (Anfangs) des Jahres. Und
(diese) sagen: Wir nehmen teil an der (religiösen) Versammlung
der Leute nur an diesen beiden Festen, weil das eine von ihnen
das Fest der Geburt der Zeit ist und das ihrer Erneuerung und
(das andere) das Fest des Jahreshauptes, weil es sich ebenfalls
auf die Sonne bezieht. So sind also diese beiden die vortrefflichsten
der Feste, und deshalb meinen sie, wir wohnen ihnen beiden bei.
Und ich sah einen Mann von ihnen im Tempel der Sonne am Tage
des Festes der Geburt der Zeit im ersten Kânunmonate ..., nachdem die Sonne untergegangen war und wir mit dem zweiten Gebet fertig geworden waren."

Die christliche Kirche hat beide Daten mit Beschlag belegt, zunächst das zweite, den Aiontag, indem sie auf den 6. Januar die Ge-
dächtnistage der leiblichen und geistlichen Geburt Christi, Geburtsfest und Taufe, vereinigte, dann das frühere, indem sie das Geburtsfest auf den Heliostag, den 25. Dezember, verlegte, so daß nun auch
sie, wie heidnische Kultgemeinschaften, zwei Feste in kurzem Ab-
stande voneinander begehen konnte, Weihnachten und Epiphanien.
Die Tatsache, daß sie sich zunächst den Aiontag aussah, bestätigt
unsere soeben dargelegte Ansicht vom höheren Alter dieses Datums
gegenüber dem des Heliostages. Aber die von K. Holl endgültig
aufgeklärte Relation der beiden Feste innerhalb der Kirche geht uns
nicht näher an. Wir wollen nun zusehen, ob aus der skizzierten Geschichte der beiden Festdaten ein Gewinn für die Ekloge erwächst.

---

1) Der Hinweis wird R. Eisler verdankt im neuesten Hefte des Arch. f. Rel.
Wiss. S. 631 f.

4. Helios, Aion und Kind

Der erste Gewinn betrifft die Chronologie. Der Geburtstag des
Helios fällt auf den 25. Dezember; der Doppelgeburtstag des Aion und
des Knaben auf ein späteres Datum: soweit waren wir oben (S. 22 ff.)
auf Grund von Andeutungen des Gedichtes selbst gelangt. Jetzt können
wir einen Schritt weiter gehen. Auch über den Aiontag macht der
Dichter eine Angabe: *teque adeo decus hoc aevi, te consule inibit,
Pollio, et incipient magni procedere menses* (11 f.). Hierin ist *inibit* geradezu technisch: *ineunte anno* ist eine Verbindung, mit der Livius
gern Ereignisse zu Jahresbeginn einleitet; mit derselben, gar nicht
mehr als solche empfundenen Metapher sprechen wir vom „Eintritt"
(*initium*) eines Zeitalters: *inibit* und *incipient* sind also dem Sinne
nach synonym. Daraus folgt, daß auch *decus hoc aevi*[1]) eine chronologische Bestimmung enthalten muß; *aevum* (αἰών) ist der weiteste,
allgemeinste Zeitbegriff, ihm ist *decus hoc* als ein Teil untergeordnet:
jenes ist das Weltalter, der *magnus saeclorum ordo* (5), der nun neu
beginnen wird, dieses sein erster Abschnitt, das *saeculum aureum*,
dessen 'Zierde' in den Versen 6 f. kurz hervorgehoben war.[2]) Der Tag
also, an dem Pollio sein Konsulat antreten wird, ist das früheste Datum für den Aiontag. Hätten wir keine andere Überlieferung, so
würden wir vielleicht sagen: der Aiontag sei eben der 1. Januar.
Nun aber haben wir das Datum des 6. Januar als ein ganz festes
kennen gelernt: für Rom ist er, wie bemerkt (o. S. 31,6), durch ein Zeugnis etwa aus caesarischer Zeit beglaubigt. Da dieses Datum ferner in
so engen Beziehungen zum Heliostage, dem 25. Dezember, stand, daß
man es geradezu als seine komplementäre Ergänzung bezeichnen muß,
so haben wir das Recht es auch für den Aiontag der Ekloge in Anspruch zu nehmen. Schon zu Beginn dieser Darlegungen wurde zu
zeigen versucht, daß sie in den Schreckenswinter 41—40 gehöre und
als Festgedicht für den Konsul Pollio möglichst nahe an den Zeitpunkt
seines Amtsantrittes heranzurücken sei. Jene historischen und literarischen Erwägungen erhalten jetzt auf Grundlage der religionsgeschichtlichen ihre Bestätigung: der 1. Januar liegt in der Mitte jener

---

1) Vgl. Seneca ep. 87, 10 *o quantum erat saeculi decus* (daß dies und jenes geschah). Konkret von einer Person Ovid ex P. II 8, 25 *saecli decus . . nostri*. Man
darf sich aber durch letztere Stelle nicht verleiten lassen, *decus aevi* auf den Knaben
zu beziehen; abgesehen davon, daß *inibit* dann weniger passend wäre, widerspräche
es dem Zusammenhang: vgl. die folg. Anm.

2) Die Architektonik der beiden Heptaden 4—10 und 11—17 beruht auf ihrem
Parallelismus: 11—14 (*decus aevi*) beziehen sich auf 4—7 (*aetas, magnus saeclorum
ordo*), 15—17 'ille' auf 8—10 (*puer*).

beiden Festzeiten. Ἡλίου γενέθλιον (25. Dezember) und γενέθλιον Αἰῶνος (6. Januar), das waren kosmische Weltereignisse, die den irdischen Ehrentag des römischen Konsuls glanzvoll einfaßten. Noch heller hätte dieser Tag gestrahlt, wenn sein Datum dasselbe wie das des Weltzeitalterbeginns gewesen wäre. Aber grade dieses Auseinanderfallen bestätigt bei genauerem Nachdenken die vorgetragene Kombination: die Helios- und Aiondaten waren graeco-aegyptischen, das Konsuldatum römischen Ursprungs, die Übertragung jener auf dieses konnte keine kalendarische Kongruenz bieten; es war schon etwas Besonderes, wenn sie in seiner unmittelbaren Nachbarschaft lagen, es umrahmend.[1]) In seinem schon anfangs (S. 7, 1) erwähnten Gedicht auf den Konsulatsantritt des Kaisers Domitianus sagt Statius, das nach dem neuen Konsul benannte Jahr hebe an *a sole novo*: das war die technische Bezeichnung des Wintersolstitiums[2]); der Dichter überträgt also ohne Bedenken das astronomische Datum des 25. Dezember auf das bürgerliche des 1. Januar. Es stände daher der Möglichkeit nichts im Wege, daß die Ekloge dem Pollio am Tage seines Konsulatsantritts überreicht worden wäre, sei es durch einen gemeinsamen Bekannten (wie späterhin Horaz bei der Überreichung der Odenbücher an Augustus verfuhr), sei es durch einen Tabellarius, den der Dichter nach Gallia Transpadana, der Provinz Pollios, entsandt haben könnte.[3]) Dann hätte der Adressat an seinem Ehrentage die Widmung gelesen: *silvae sint consule dignae* (Vers 3) und die Verkündigung: *te ... consule decus hoc aevi ... inibit* (Vers 11).

Die von der herkömmlichen Auffassung abweichende Annahme, die Ekloge gehöre ganz an den Anfang des Jahres, läßt sich durch eine Analogie, deren Bedeutung über das Chronologische sogar hinausgreift, unterstützen. Claudianus, der alexandrinische Poet, hat ein großes Festgedicht zur Feier des Konsulatsantrittes seines Gönners Stilicho im J. 400 verfaßt. Das zweite Buch beschließt er mit einer Szene von eigener Großartigkeit. Der Sonnengott besucht den Aion, der als Urgreis in einer Höhle haust (diese *spelunca* stammt, wie längst erkannt ist, aus der diesem Dichter vertrauten Mithrasreligion).

---

1) Besonders deutlich tritt diese durch Verbindung von Verschiedenartigem hervorgerufene Differenz der beiden Daten in dem Lyduszeugnis hervor, das uns schon wiederholt begegnete (o. S. 31, 6 u. 33, 1): „Messala hält diesen (den Ianus) für den Aion, denn am fünften dieses Monats feierte man vor alters dem Aion ein Fest". Für römisches Fühlen hätte es n... der erste dieses Monats sein können. Die Formulierung bei Plinius XXXIV 33 *Ianus aevi deus* klingt bemerkenswert an die des Longinus bei Lydus a. a. O. an: Ἰανὸς αἰῶνος πατήρ.

2) Censorinus de d. n. 21, 13 *a novo sole, id est a bruma.* Servius z. Aen. VII 720 *sol novus est VIII Kal. Ian.*

3) Wo Virgil sich Ende 41 aufhielt, ist nicht sicher zu sagen.

In der Höhle befinden sich unter anderen „Geheimnissen des Aion"
(*Aevi arcana*) auch die nach Metallen gesonderten Zeitalter. Sol führt
das goldene ans Tageslicht und läßt Stilicho das erste Jahr des saeculum aureum inaugurieren.[1]) Kein Leser des Epos kann auch nur
auf den leisesten Gedanken kommen, die virgilische Ekloge sei das
Vorbild dieser Szene gewesen. Sie bietet vielmehr ein unabhängiges
Zeugnis für die auch die Ekloge beherrschende Vorstellung, daß
Helios aus dem Urgrunde der Ewigkeit das goldene Zeitalter als
erstes der neuen Weltperiode emporführt. Wenn der alte Dichter
und der bedeutende Epigone beide den Beginn der neuen Zeit mit
den Konsulaten ihrer Gönner anheben lassen, so werden wir auch
dies Motiv aus einer weit zurückliegenden Vorlage abzuleiten haben.
Denn auch Cicero läßt in seinem Zeitgedichte die neue Epoche der
römischen Geschichte *se consule* beginnen — *te consule* heißt es in
der Ekloge (11) von Pollio — und hebt das Motiv ebenfalls in eine
uranische Sphäre. Das weist auf ein hellenistisches Vorbild, in
welchem dann freilich die neue Aera würdiger als mit einem neuen
Magistratsjahre, und sei es selbst das eines römischen Konsuls, mit
einem neuen Königsregiment angehoben haben wird. Die Annahme
wird sich uns in einem späteren Abschnitte vielleicht noch greif-
barer gestalten. Schon hier sei für das Nachwirken der Vorstellung
auf ein Zeugnis wie dieses hingewiesen: „Jetzt ist für die Menschen
der süßeste Aion eingetreten" heißt es auf einer kleinasiatischen Inschrift zur Feier des Regierungsantrittes des Kaisers Gaius.[2])

Chronologische Feststellungen, so bedeutungsvoll sie für den
geschichtlichen Hintergrund der Ekloge auch sein mögen, sind für
das Verständnis ihres künstlerischen Aufbaus ziemlich belanglos. Ihr
Dichter hat in allen seinen Werken die Gleichgültigkeit des Gegen-
ständlichen für die poetische Wirkung richtig bewertet: auf das Allgemeine, das über Zeitliches, also Zufälliges Erhabene zielte er ab:
gerade einzelne mit Zeitereignissen verwobene Gedichte der bukolischen Sammlung hat er mit solchem Bedacht in die Sphäre des
Ideellen emporgehoben, daß die Erklärer seit dem Altertum bei Versuchen die zeitlichen Andeutungen genau zu fixieren in die größte
Verlegenheit geraten. Wichtiger daher als die Ermittlung chrono-

---

1) O. Greßmann, Z. f. Kirchengesch. N. F. IV (1923) 175 scheint die zugrundeliegende Vorstellung richtig erkannt zu haben: „Es handelt sich ursprünglich um das
goldene Saeculum, und nur die Rücksicht auf das Konsulatsjahr hat das Zeitalter in
ein Jahr verwandelt. Ebenso deutlich ist auf den ersten Blick, daß Stilicho den
Sonnengott verdrängt hat; in der Vorlage war Sol der endzeitliche Messias."

2) Inschrift aus Assos (Ditt. 364) ὡς ἂν τοῦ ἡδίστου ἀνθρώποις αἰῶνος νῦν ἐνε-
cτῶτος.

logischer Daten ist der Gewinn, der sich aus der religionsgeschichtlichen Analyse für die Erkenntnis des eigenartigen, bisher noch immer
ungeklärten Kompositionsplanes der Ekloge zu ergeben scheint.[1]) Der
Dichter läßt den Knaben in den Lauf der Welt, die er beherrschen
soll, hineinwachsen.[2]) Die Vorstellung, daß der χρόνος, als Begleiter
des Menschen gedacht, mit ihm geboren wird und mit ihm altert,
ist dem Hellenentum geläufig[3]), erhält aber hier, auf das Zeitalter-
motiv angewendet, ein neues, fremdartiges Gepräge. Der Knabe
ist mit dem Zeitalter jung, er wächst und reift mit ihm zum
Manne heran. In den vorvirgilischen Schilderungen des goldnen
Zeitalters ist dessen Segensfülle auf einmal vorhanden, sie betreffen
einen Zustand, etwas Fertiges; aber in der virgilischen entfaltet es
sich, und zwar 'allmählich' (*paulatim* 28), gemäß dem Heranwachsen
seines Repräsentanten.[4]) Der Segen beginnt schon während seines
Knaben- und Jünglingsalters in die Erscheinung zu treten (18—25,
26—30), wird aber in seiner ganzen Fülle erst über seinem Mannesalter leuchten (37—45). Denn erst dann ist der Friede, der bis dahin — eine Folge alter Schuld — noch Störungen durch Kriege
und Rückfälle in die alte Weltordnung erlitt (31—36), voll gesichert,
sodaß der Friedensherrscher sein gnadenreiches Regiment antreten
kann, in dem es nur *facta* der Kultur geben wird.[5]) Dann ist die
nova progenies, die vom Himmel gesandt wurde, mit ihrem ersten
Vertreter, dem Knaben, herangewachsen: über Himmelskinder wird
der Sündenreine herrschen. Nun wird wohl auch erst klar, weshalb

---

1) Beispielsweise versuchte F. Marx, N. Jbb. I (1898) 105 ff., einer echt scholastischen Bemerkung des Servius trauend, als Leitmotiv der Disposition das Schema
eines λόγος γενεθλιακός zu erweisen. Dieser Hypothese dient nicht zur Empfehlung,
daß ihr Vertreter sich gezwungen sieht, dem Dichter Verwirrung, Verzerrung, Unklarheit — ich gebrauche M.s' eigene Ausdrücke — vorzuwerfen. Der Vers 49 *cara
deum suboles, magnum Iovis incrementum*, den ich weiterhin als einen für die Idee
des Gedichts zentralen zu erweisen suchen werde, sinkt dabei zu einem „rhetorischen
Accidenz" herab.
    2) Dies Moment hebt P. Lejay, Rev. de Phil. XXXVI 1912) 11 hervor.
    3) L. Radermacher zu Sophokles Oed. Col. 7 χρόνος ξυνὼν μακρός, vgl. aus
den Tragikern etwa noch Aisch. Eum. 286 χρόνος καθαιρεῖ πάντα γηράσκων ὁμοῦ,
Soph. O. T. 1082 οἱ δὲ συγγενεῖς μῆνες, aus sonstiger Literatur: Fr. Boll, Die Lebensalter, Neue Jhrb. 1913, 89 ff. Dagegen gilt von der Vorstellung, daß der Kreislauf im
Leben eines göttlichen Wesens dem Leben der Natur parallel geht, was Wilh. Weber,
Arch. f. Rel. Wiss. XIX (1919) 331, 1 sagt: sie sei orientalisch.
    4) Auf diese Besonderheit weist auch K. Witte a. a. O. (S. 7, 2) 23 hin.
    5) 54 *tua dicere facta*. Es können nur Taten des Friedens gemeint sein (17
pacatum reget orbem), also im Sinne der Schlußode des Horaz über die pax Augusta.
Dagegen sind unter den *facta parentis* (26), die ja in die vergangene Epoche fallen,
kriegerische verstanden, die als Vorbedingung der Befriedung des orbis nötig waren.
Darüber weiterhin Näheres.

in der alexandrinischen Feier, die doch, wie die liturgische Formel
zeigt, ein Geburtsfest des Aion war, Aion nicht als Knabe, sondern
als vollkräftiger Mann in der Mystenprozession getragen wurde
(o. S. 28, 5): *ubi iam firmata virum te fecerit aetas*, wie es in der
Ekloge (37) von dem Knaben heißt.

Das Einfühlen in den Vorstellungskomplex, der durch die gleich-
laufende Entwicklung der Zeit und des Knaben bezeichnet ist, wird
uns nicht leicht, da Zeit und Ewigkeit für uns abstrakte Begriffe
sind; wir müssen uns daher mit Umschreibungen helfen wie den erwähnten, der Knabe sei der Repräsentant des Aion oder der Aion
manifestiere sich in ihm. Dem konkreteren Denken der Antike
setzte sich das begrifflich Abstrakte leicht in eine Persönlichkeits-
realität um. „Aion ist ein Knabe, spielend, Brettsteine schiebend —:
Knabenregiment" lautet ein berühmtes Fragment Heraklits (52). Hier
hat einmal die Sprach- und Denkkraft freilich eines der Allergrößten
eine religionsphilosophische Gestaltung späterer Zeit vorweggenommen, ein Vorkommnis, das bei seiner Logosidee allgemein zuge-
standen ist. Αἰὼν Χρόνου παῖς sagt Euripides (Heraklid. 900). Aus-
sprüche wie diese[1]), die großartige von platonischem Geiste erfüllte Aiontheologie, die Aristoteles in der Schrift Über den Himmel entrollt[2]), zeigen, daß der Boden bereitet war die orientalischen Samenkörner aufzunehmen, um sie zum hellenistischen
Aionkulte sich entfalten zu lassen: nur durch die Grenzenlosigkeit
seines Reichtums erwies sich der hellenische Genius so beispiellos
anschluß- und aufnahmefähig. Die liturgische Formel des alexandrinischen Aionfestes am 6. Januar „Heute gebar die Jungfrau den
Aion" lernten wir schon kennen und erfuhren, daß in dem gleichartigen, ebenfalls alexandrinischen Heliosfeste am 24/25. Dezember
die Statuette eines Kindes, als Symbol des eben geborenen Sonnen-

---

1 Andere Personifikationen des Aionbegriffs in reinhellenischer Literatur (vgl.
C. Lackeit, Aion, R. E. Suppl. III, 1918, 65) sind nicht so bemerkenswert wie die
beiden erwähnten, über die Wilamowitz zu Eurip. Herakles S. 154f. Tiefes gesagt hat.
R. Eisler Weltenmantel und Himmelszelt (Münch. 1910) 507 weist für das Heraklit-
fragment eine interessante indische Parallele nach. Im Vishnu-Purana heißt es nach
einer englischen Übersetzung: 'Vishnu being thus discrete and indiscrete substance,
spirit and time *(Kâla)*, sports like a playful boy, as you shall learn by listening
to his frolics *(lilá).'* Eisler verwendet die Kongruenz zur Ermittlung weittragender
religionsgeschichtlicher Zusammenhänge. Da er aber selbst sagt, die Bezeichnung der
Weltschöpfung als *lilá* 'Kinderspiel' sei in der indischen Literatur ein Gemeinplatz,
so wird es richtiger sein die Parallele eben nur als solche zu werten, ohne eine Ver-
bindungslinie zu ziehen.

2) Aristoteles Περὶ οὐρανοῦ Α 9 nach dem Dialog Περὶ φιλοσοφίας: W. Jaeger
a. a. O. (o. S. 31, 2 318.

gottes, in der Prozession der Mysten getragen wurde. Das wollen
wir jetzt durch einen den Religionshistorikern wohlbekannten Bericht des Macrobius (Sat. I 18, 9) über graeco-aegyptische Sonnen-
theologie[1]) ergänzen: „Am Wintersolstitium tragen die Aegypter aus
dem Adyton das Bild eines kleinen Knaben, weil die Sonne dann
einem Kinde im frühesten Lebensalter gleicht. Darauf nimmt sie
Zuwachs und wird im Frühlingsaequinoktium als Jüngling an Kraft
und Gestalt gebildet." Entsprechendes wird dann von den beiden
weiteren Jahrpunkten im Sommer und Herbst berichtet, um die
Parallelität des Sonnenlaufes und des Menschenlebens zu versinn-
bildlichen. Es ist dieselbe Vorstellung von dem in das Weltzeitalter
des Helios hineinwachsenden Kinde, die unser Gedicht beherrscht.
Mag auch das Ritual jener Festfeier erst hellenistischer Zeit angehört
haben: wie hoch hinauf die zugrunde liegende Vorstellung reicht,
zeigen die Worte eines Gebetes Königs Amenophis' IV. zum Sonnengott: „Du bist die Lebenszeit selbst."[2]) Der Siegeslauf dieser religiösen Idee ist örtlich und zeitlich in der Tat fast unbegrenzt gewesen. „Du bist der neue Tag, der neue leuchtende Monat, das neue
gepriesene Jahr" wird Mani in einem jüngst bekannt gemachten
Hymnus angerufen[3]): das geht auf die Vorstellung von Zarvan zurück, dem höchsten Gotte der Zeit und des Lichts, der iranischen
Manifestation des Aion (vgl. o. S. 29).

5. Erneuerung der Welt und der Menschheit.

Die Eigenart des Themas bringt es mit sich, daß wir gelegentlich Seitenblicke auf christliche Religionsurkunden werfen müssen:
stellt sich uns doch immer mehr heraus, daß das Gedicht, um ganz
verständlich zu werden, in den mächtigen Strom der Tradition hineingestellt werden muß, der auf dem unerschöpflichen religiösen
Quellgebiet des Orients entspringend auch den neuen Glauben trug.
Der neue Aion bringt ein neues Geschlecht. Die „Erneuerung" von
Weltzeit und Menschheit wird [mit offenkundiger Absicht stark betont: 5 *magnus ab integro saeclorum nascitur ordo*, 7 *iam nova
progenies caelo demittitur alto*. Ja man kann sagen, daß das Gedicht
in seiner Gesamtheit von der Erneuerungsidee beherrscht wird. Düster

---

1) Der Anfang ist schon o. S. 25, 3 zitiert. Dann geht es weiter: *exinde autem
procedentibus augmentis aequinoctio vernali similiter atque adulescentis adipiscitur
vices figuraque iuvenis ornatur.*
2) G. Roeder, Urk. z. Relig. d. alt. Ägyptens (Jena 1915) 65.
3) Hymnus aus Turfan in alttürkischer Sprache, hrg. von A. v. Le Coq, Abh.
d. Berl. Ak. 1922, Nr. 2 S. 26 u. 28. Es ist dies dieselbe Hymnensammlung, die
uns ein Fragment des Aesop („Yosipas") bei den Uiguren in Turfan beschert hat.

ragt die abgelaufene Weltperiode mit ihrer *prisca fraus* (31), ihren *sceleris vestigia* (13) in das Glanzbild der neuen hinein. Nun soll an Stelle der „Generation verfluchten Blutes" (mit Horaz epod. 16, 9 zu reden) ein neues, sündenreines Geschlecht treten. Das wollen wir geschichtlich zu verstehen suchen. Der Anbruch einer „neuen" Weltperiode ist ein Zentralgedanke schon der jüdischen Apokalypsen seit dem zweiten vorchristlichen Jahrhundert[1]), dann ein Grundakkord der Evangelien; im Matthaeusevangelium (19, 28) begegnet sogar der technische Ausdruck παλιγγενεcία·(den die anderen meiden): ebendies meint das *ab integro nasci* des Gedichts. Ἡ καινὴ κτίcιc ist ein Lieblingsausdruck des Apostels Paulus, worunter er „die neue Menschheit" versteht (so Kor. II, 5, 17): das ist die *nova progenies.* Wo Paulus in einer Grundidee mit der evangelischen Überlieferung übereinstimmt, stehen wir auf dem Boden der Urgemeinde (o. S. 33). Auch die Mystik, mit der im paulinischen Schriftum der „neue Mensch", ὁ καινὸc ἄνθρωποc, umkleidet wird, ist erwiesenermaßen keine Begriffsprägung des Apostels (und der unter seinem Namen schreibenden Epistolographen) sondern ein sakramentales Wort, das auch in anderen, von Paulus unabhängigen Religionsurkunden begegnet.[2]) „Und es sprach der auf dem Throne Sitzende: Siehe ich mache alles neu" heißt es in der johanneischen Apokalypse (21, 5) bei Begründung des neuen Aion. „Neuheit" ist ein Schlagwort auch der Gnosis gewesen, der *novus deus* spielte in ihr eine bedeutsame Rolle.[3]) „Es meldet sich" — sagt ein genauer Kenner dieser Dinge[4]) — „eine weitverbreitete Grundstimmung hellenistischer Frömmigkeit zu Wort. Es ist die Sehnsucht nach dem ganz Neuen. Alle alten Formen der Religion haben gründlich abgewirtschaftet. Man erwartet das Heil von einem absolut neuen Anfang. Mit dem neuen Aion erscheint der neue Gott-Heiland (Θεὸc cωτήρ)." Es ist, als ob wir in diesen Worten die Paraphrase eines Grundgedankens unseres Gedichtes läsen.[5])

---

1) W. Bousset, Rel. d. Judentums[2] (Gött. 1906) 321 ff. mit zahlreichen Belegen.
2) A. Jülicher, Komm. zum Römerbrief, 5, 12 ff. (Schr. d. N. T. II[3] 251 ff.). Reitzenstein, Iran. Erlösungsmyst. 153, 2.
3) W. Bousset, Kyrios Christos (Gött. 1913) 228 f.
4) Bousset a. a. O.
5) In der Tat ist Bousset der richtigen Deutung des Gedichts ganz nahe gekommen, wenn er in seinem Werke Die Religion des Judentums[2] (Gött. 1906) 259 folgende Worte schrieb: „Mit der Idee eines kommenden rettenden Heros verbindet sich hier (in der Ekloge) die aus dem Orient stammende, mit astronomischen Spekulationen verbundene Erwartung eines goldenen Zeitalters, dessen Anbruch die Dichtung als unmittelbar bevorstehend erwartet. Das Sonnenregiment, der Sonnenkönig, die neue Weltperiode soll kommen: *tuus iam regnat Apollo".* Sogar dies hat er also richtig verstanden, nur daß er sich dann mit dem 'Polliosohne' (einem Sonnenkönig!) auf das philologische Glatteis hat führen lassen.

Daher werden wir auch die besondere Art, mit der das Erscheinen des „neuen Geschlechts" bezeichnet wird (Vers 7), in diesen
Zusammenhang hineinbeziehen dürfen:

caelo demittitur alto.

Wohl begegnet auch in antiker Rede gelegentlich ein Ausdruck
wie: „ich komme wie vom Himmel gesandt"[1]), aber doch nur in
sprichwörtlich hyperbolischer Rede, niemals — es sei denn an Stellen,
die auch ihrerseits schon nicht mehr rein antikes Gepräge zeigen[2]), —
so wie hier als eine in feierliche Worte gekleidete, durch ihre gesamte Umgebung ins Erhabene emporgetragene Begebenheit.[3]) „Ich
bin der Gottessohn, der vom Himmel Niedergestiegene", ἐγώ εἰμι ὁ
υἱὸς τοῦ θεοῦ, ὁ ἐκ τοῦ οὐρανοῦ καταβάς: diese Anfangsworte einer so-
teriologischen Ansprache angeblich des Simon, des Archimagus der
Gnosis[4]), kann uns auf den richtigen Weg leiten. Es liegt hier,
wie mich dünkt, wieder ein Fall vor, wo alle Gelehrsamkeit dieser
Welt, die sich mit gar nicht hergehörigen Zitaten bläht, vor schlichter
Einfalt, die aber den Vorteil hat noch in alter Tradition zu wurzeln,
die Segel streichen muß.

> Die leste zeît soll komen,
> dâ von Sibillâ hât gesaget..
> Sâturnus rîche komet wider,
> ûz dem himel hô her nider
> wirt ein nûwez kint gesant.

1) Wie Tibull I 3, 90 *sed videar caelo missus adesse tibi*. Einiges derart bei
A. Otto, Sprichw. d. Röm. (Lpz. 1890) 62.

2) Daß sich der aus dem hellenisierten Orient übernommene Kaiserkult in
vergleichbaren Phrasen bewegte, ist nicht verwunderlich: so wenn Calpurnius (ecl. 4,
137 f.) von Nero sagt *di, precor, hunc invenem, quem vos — neque fallor — ab ipso
aethere misistis, post longa reducite vitae tempora*. Dergleichen ließe sich schon aus
augusteischen Dichtern anführen, ja schon, so befremdlich es auch klingen mag, aus
Cicero: de imp. Cn. Pomp. 41 *omnes nunc in eis locis* (den Städten des Ostens) *Cn.
Pompeium sicut aliquem non ex hac urbe missum sed de caelo delapsum intuentur*.
Darin steckt mehr als eine bloße 'Hyperbel'. Den Pompeius haben viele glauben
machen, er sei ein zweiter Alexander; die Adulation des Ostens kannte keine
Grenzen. Das wußte Cicero auch, als er im Jahre 59 seinem Bruder, dem Prokonsul
der Provinz Asia, schrieb (ad Q. fr. I 1, 7): *Graeci quidem sic te.. intuebuntur ut
quendam ex annalium memoria aut etiam de caelo divinum hominem esse in provin-
ciam delapsum putent*.

3) Kurze Erwähnung verdient eine merkwürdige Stelle des Lucrez II 1153f.
haud, ut opinor, enim mortalia saecla superne aurea de caelo demisit funis in arva.
Die Polemik richtet sich, wie Munro erkannte, gegen eine stoische Allegorese der
ϲειρή χρυϲείη Θ 19, wovon sich bei Themistios or. 32. 363 D eine Spur erhalten hat.
Für den virg. Vers wird es niemand verwerten wollen.

4) Die Worte werden dem Simon in den Mund gelegt im martyrium Petri et
Pauli (acta apocr. ed. Lipsius-Bonnet I 132) c. 15; eine Gewähr für die Echtheit besteht nicht (vgl. Agn. Theos 190. 300). Aus derselben Tradition ev. Joh. 8, 13 ὁ ἐκ τοῦ
οὐρανοῦ καταβάς, ὁ υἱὸς τοῦ ἀνθρώπου.

Der unbekannte Verfasser dieser Verse eines Gedichtes etwa aus dem
XIII. Jahrhundert[1]) hat das Ethos des virgilischen Ausdrucks richtig
wiedergegeben. Und in einer rührenden, dem Jacopone de Todi
(† 1306) zugeschriebenen Sequenz 'Stabat mater speciosa' kommt
der Vers vor:

Tui nati caelo lapsi.[2])

Den beiden Dichtern[3]) trete ein großer Theologe zur Seite, Abaelard,
der „Doctor Palatinus". In einem Briefe an Héloise schreibt er (bald
nach 1132) nach einem Zitat aus einem Sibyllinum bei Lactantius[4]):

> „Diese sibyllinische Weissagung hat, wenn ich nicht irre, der größte unserer
> Dichter, Virgilius, gehört und in sich bewegt; denn in seiner vierten Ekloge ver-
> kündigt er für das Konsulat des Pollio die wunderbare Geburt eines Knaben, der
> vom Himmel auf die Erde gesandt werden solle, der ... auch ein neues Zeitalter
> wunderbar über die Welt heraufführen werde . Seine Worte klingen so, als wollte
> er alle Menschen auffordern sich mit ihm zu freuen, mit ihm zu singen und zu
> schreiben von der Geburt dieses Kindes."

Wie tief und warm ist dies empfunden, wie treffsicher dringt er in
den religiösen Wesenskern des Gedichts, wie richtig weiß er die
Worte *caelo demittitur alto* zu deuten. Nur in einem Punkte irrte er
wie die beiden mittelalterlichen Dichter: sie verstanden die *nova
progenies* von dem himmlischen Kinde statt von der neuen Generation,
deren Erscheinen durch die Geburt des göttlichen Knaben inauguriert
wird.[5]) Da war auch für sie der Faden der Tradition gerissen.

Paulus ermöglicht es uns auch hier sie wieder anzuknüpfen. An
einer durch ihren Tiefsinn berühmten Stelle (Kor. I 15, 47 f.) vergleicht
er die alte Zeit mit der neuen, den ersten Menschen (Adam) mit dem
zweiten (Christus). „Der erste Mensch ist von der Erde, der zweite
vom Himmel. Wie der irdische Mensch so sind auch die irdischen
Menschen, und wie der Himmelsmensch so sind auch die Himmels-

---

1) Ich kenne sie aus Piper a. a. O. (o. S. 1, 2, 52. Er bemerkt (S. 55 f.), daß sie
ursprünglich in einem Weihnachtsspiele standen und von Virgil selbst gesprochen
wurden.

2) Notiz aus E. Vacandard, Les fêtes de Noel et de l'Épiphanie in seinen Études de critique et d'histoire religieuse, IIIᵉ série, Par. 1912, 38.

3) Auch Dante hat an der anfangs genannten Stelle den Vers richtig so paraphrasiert: „E progenie scende dal cielo nuova".

4) Ich gebe die Worte aus Brief 7 nach einer deutschen Übersetzung des lateinischen Textes. Auf das Zitat bin ich von befreundeter Seite hingewiesen worden.

5) Dem Irrtum bin ich auch in moderner Literatur begegnet. Selbst R. S.
Conway a. a. O. (o. S. 3, 1) 3, 1 bemerkt: „*nova progenies* denotes the exspected child
who is to be the first of the new and better generation." Sprachlich wäre das ja
möglich — *progenies* wird von V., wie von anderen Dichtern, oft in dem konkreten
Sinne 'Abkömmling' gebraucht —, aber die gleich darauf folgenden Verse widerraten es durchaus. Der Gedankenzusammenhang ist: „ein neues Geschlecht kommt,
vorausgesetzt, daß (*modo*: s. o. S. 22 f.) die Geburt des Knaben, seines Archegeten, glücklich von statten geht".

menschen." Wie hiernach der eine Himmelsmensch (ἄνθρωπος ἐξ οὐρανοῦ) [1] ein ganzes Geschlecht von seinesgleichen (ἐπουράνιοι) im
Gefolge hat, so leitet auch in der Ekloge die Geburt des Himmels-
kindes die Sendung eines neuen Geschlechtes hoch vom Himmel her
ein. Der Apostel hat an dieser Stelle, wie kein Exeget bezweifelt,
eine ältere Lehre vom alten und neuen Aion in seiner Weise benutzt[2]: ebendiese Vorstellung vom Wandel der Weltzeiten liegt
unserm Gedichte zugrunde. Alte Mystik führt hier das Wort, der
Osten hat die Führung. „Und dann — nämlich in der neuen Weltzeit — wird Gott vom Himmel her einen König senden" prophezeite
die Sibylle[3]: der Vers steht in dem ältesten Teile unserer Sammlung (etwa Mitte des 2. Jahrh. v. Chr.) und würde allein Protest erheben gegen jede Mißdeutung des *caelo demitti*.

Diesen Abschnitt beschließe ein eindrucksvolles Zeugnis, in dem
die hier dargelegten Helios-, Aion- und Geburtsvorstellungen wie in
einem Brennpunkte sich vereinigen. „Herrin, sprach eine Stimme,
der große Helios hat mich abgesandt zu dir als Verkünder der Zeugung, die er an dir vollzieht ... Mutter wirst du ... eines Kindleins,
dessen Name ist 'Anfang und Ende'."[4] Das ist die evangelische Geschichte, aber umrankt von dem Schlingwerk fremdartiger Blumen,
die eine gnostische Sekte demselben Zaubergarten der Mystik entnahm, in welchem die Wiege auch des virgilischen Sonnenkindes
gestanden hat. Denn 'Anfang und Ende', der Name des Kindes, ist
nur eine Umschreibung von Aion — ἀρχὴ καὶ τέλος ist eine alte, weit
verbreitete Aionformel[5] —, und auch der Knabe der Ekloge ist Ge-
burtstagsgenosse des Aion.

---

1) Über das Kommen des Gottessohnes vom Himmel: G. P. Wetter, Der Sohn
Gottes (Gött. 1916) 82 ff.
2) W. Bousset in Schr. d. N. T. II² 156. — Ἄνθρωπος γήϊνος und ἄ. οὐράνιος:
Philon leg. alleg. I 12 (I 50 M.).
3) Or. Sib. III 286 καὶ τότε δὴ θεὸς οὐρανόθεν πέμψει βασιλῆα.
4) Die Worte stammen aus dem von H. Usener recht eigentlich entdeckten,
dann oft behandelten sog. 'Religionsgespräch am Hofe der Sassaniden' Ich habe
sie in etwas verkürzter Gestalt wiedergegeben.
5) Zahlreiche Belege bei O. Weinreich, Arch. f. Rel.-Wiss. XIX (1918) 180 ff.,
darunter die Worte eines Gebets an den θεὸς τῶν Αἰώνων in einem Zauperpapyrus:
χαῖρε, ἀρχὴ καὶ τέλος. Die bekannten Worte der johanneischen Apokalypse 21, 6. 22, 13
(vgl. 1, 8) stehen mitten in dieser Tradition.

III. SOTER

Wir müssen nun versuchen, das so gewonnene Gesichtsfeld zu er-
weitern. Worte abermals aus einer gnostischen Lehrschrift[1]) mögen
im Anschluß an die vorstehenden Ausführungen den Übergang zu
den folgenden bilden. „'Dieses ist die Jungfrau, die schwanger ist
und einen Sohn gebiert' —, keinen irdischen, keinen leiblichen, sondern einen seligen Aeon der Aeone." Die erste Hälfte des Satzes
ist eine Paraphrase aus Jesaja (7, 14); in dem zweiten ist unter dem
μακάριος Αἰών der Soter verstanden, der erst nachträglich dem Christus
gleichgesetzt wurde.

Das fast in die Mitte des Gedichts gestellte liebliche Bild —
der Knabe in der Wiege, hineingebettet in die blumenprangende
Flur, auf der die Herdentiere sorglos weiden — hat die Erklärer seit
frühester Zeit an weltbekannte Prophetien des Alten Testaments erinnert. Bald nach dem J. 738 v. Chr. hatte das Königreich Juda eine
schwere Krise zu bestehen. Ein syrisches und ein nordisraelitisches
Heer hatten, von ihren Königen geführt, die Nordgrenze Judas über-
schritten. Von Süden und Westen brachen Edomiter und Philister
ins Land. Die feindlichen Heere lagen bereits vor Jerusalem, die
Entthronung des Königs Ahas aus dem Geschlechte Davids schien
bevorzustehen. Da wurde Jahve mächtig in seinem Propheten Jesaja.
Dieser sprach zu Ahas also (c. 7): „Sieh das junge Weib: es ist
schwanger und gebiert einen Sohn.[2]) Dem gibt sie den Namen
Immanuel. Sahne und Honig wird er essen. Wahrlich, ehe der
Knabe weiß, das Böse zu verwerfen und das Gute zu wählen, wird
das Land verödet sein, vor dessen beiden Königen dir graut." Diese
prophetische Rede wird ergänzt durch zwei weitere, in denen die
Taten des Kindes selbst verkündet werden:

c. 9 „Ein Kind ist uns geboren, ein Sohn ward uns beschert,
Auf dessen Schulter senkte sich die Herrschaft.
Sein Name ward genannt: 'Wunder im Rat, ein Gott im Streit, Vater für ewig
und Vogt des Friedens.'
Weit reicht seine Macht zu endlosem Frieden über dem Throne Davids, über
seinem Königreich,
Daß er es baue und festige durch Recht und Gerechtigkeit von nun an in
Ewigkeit."

---

1) Hippolytos ref. haer. V 8 p. 166 (Naassener). Ähnlich die Doketen: ebd.
VIII 9 p. 416. Vgl. Reitzenstein, Iran. Erlösungsmyst. 199.

2) H. Greßmann hatte die Güte, den Grundtext mit mir durchzusprechen.
Nach hebräischem Sprachgebrauch kann man auch übersetzen: „Eine junge (mann-
bare) Frau". Neuere Versuche, die junge Frau allegorisch von der jetzigen Generation, Immanuel von der künftigen zu verstehen, sind nach G. völlig abzulehnen.

4*

„Es bricht auf ein Sproß aus dem Stumpfe Isais,
   ein Schoß aus seiner Wurzel sprießt empor.
Darauf läßt sich nieder der Geist Jahves,
   der Geist der Weisheit, des Verstandes und der Heldenkraft
Da geht der Wolf zu Gaste bei dem Lamm,
   da legt sich der Pardel mit dem Böckchen zur Ruhe;
Da weiden bei einander das Kalb und der junge Löwe,
   ein kleiner Knabe ist ihr Hirte
Am Schlupfloch der Otter spielt der Säugling,
   und nach dem Feuerauge des Basilisken streckt ein Entwöhnter sein Händchen".

Alle Versuche das virgilische Gedicht in unmittelbare Beziehung
zu diesen Reden des Propheten vom Kommen eines göttlichen Hei-
landskindes zu setzen sind — auch abgesehen von der Unvorstell-
barkeit eines derartigen Zusammenhangs — daran gescheitert, daß
der Dichter an Stelle des Motivs vom Tierfrieden ein anderes hat:
das Aussterben der wilden Tiere.[1]) Aber auch der Ausweg, die
Prophetenstelle sei dem Dichter etwa in der Umbildung eines judaeischen Sibyllengedichts vermittelt worden, wäre nicht gangbar: denn
in der jüdisch-christlichen Sibyllistik ist jenes jesajanische Motiv vom
Tierfrieden unverändert festgehalten worden.[2]) Überhaupt aber wäre

---

1) V. 22 *nec magnos metuent armenta leones* 24 *occidet et serpens.* Auf diesen
Unterschied hat — in scharfer Polemik gegen Marx a. a. O. (2, 1) — S. Sudhaus, Jahr-
hundertfeier in Rom u. messian. Weissagungen, Rh. Mus. LVI (1901) 45 ff. hingewiesen
(zweifelnd J. Kroll, Herm. LVII, 1922, 610,. Das ist um so stichhaltiger, als das Motiv des Tierfriedens antiker Anschauung, ja Virgil selbst (buc. 8, 27 f.) durchaus nicht
fremd war, also für ihn kein Anlaß vorlag es zu beseitigen, wenn er es in seiner Vorlage fand: Aristoph. Fried. 1075 f. 'Orakelpoesie, οὐ γάρ πω τοῦτ' ἐcτì φίλον μακάρεccι
θεοῖcιν, φυλόπιδος λῆξαι, πρίν κεν λύκος οἶν ὑμεναιοῖ, Theokrit, Herakliskos 86 f. ἔcται
δή τοῦτ' ἆμαρ, ὁπηνίκα νεβρὸν ἐν εὐνᾷ καρχαρόδων cίνεcθαι ἰδὼν λύκος οὐκ ἐθελήcει.
Diese Verse wurden in früheren Ausgaben der Bukoliker verkehrterweise als Interpo-
lation eben aus der Prophetenstelle gestrichen (als ob es ein derartiges Vorkommnis
in antiker Poesie gäbe), aber es ist ein Fabelmotiv, das Babrios 102 hat. Daß die
Verse im Munde des Teiresias (also ebenfalls Orakelpoesie) und in der vorliegenden
Situation — Herakles wird eben an·dem Tage in den Olymp eingehen, wenn durch
seine Taten die ganze Welt befriedigt ist — vortrefflich passen, hat Wilamowitz, Text-
gesch. d. griech. Buhol. (Berl. 1906) 239 bemerkt. — Nun hat freilich Fr. Kampers,
Die Geburtsstunde der abendländ. Kaiseridee, Hist. Jhb. 1915, 253, 4 die Abhängigkeit
der virg. Verse von alttestamentlicher Prophetie (anklingend übrigens schon Hosea
2, 20) doch aufrechthalten wollen, indem er auf Ezechiel 34, 25 hinwies (die von ihm
außerdem angeführte Jesajastelle 27, 1 ist ganz andersartig, καὶ διαθήcομαι τῷ Δαυὶδ
διαθήκην εἰρήνης, καὶ ἀφανιῶ θηρία πονηρὰ ἀπὸ τῆς γῆς, καὶ κατοικήcουcιν ἐν τῇ
ἐρήμῳ καὶ ὑπνώcουcιν ἐν τοῖc δρυμοῖc. Allein dieser Annahme ist auch abgesehen
davon, daß von dieser in den Sibyllinen nicht zitierten Prophetenstelle erst recht kein
kenntlicher Weg in die Ekloge führen würde — der Umstand nicht günstig, daß das
Motiv des Fehlens wilder Tiere sich auch bei Horaz epod. 16, 51 f. und bei Virg.
selbst georg. II 151 f. (in den 'laudes Italiae') *at rabidae tigres absunt et saeva leonum
semina* findet: es war also in der Schilderung eines Idealzustandes geläufig.

2 Or. Sib. III 748 ff. (in dem ältesten Stück der Sammlung, wozu Geffcken in
seiner Ausgabe andere Stellen jüdischer Literatur anführt.

die Annahme einer judaeischen Vorlage — die Möglichkeit als solche, wozu sich niemand verstehen wird[1]), einmal zugegeben — mit dem Grundcharakter des Gedichts so unvereinbar, daß es sich nicht lohnt auf diese Hypothese, die wirklich einen Vertreter[2]) fand, näher einzugehen. Durch unsere Betrachtungen sind wir wohl in den Stand gesetzt, das Problem tiefer zu erfassen. Die alttestamentliche Forschung hat sich daran gewöhnt die messianischen Zukunftshoffnungen des jüdischen Volkes nicht mehr in ihren obenhin sichtbaren Erscheinungsformen zu betrachten, sondern sie bis auf ihre Wurzeln zu verfolgen. Mag darüber vielleicht noch nicht das letzte Wort gesprochen sein: die Annahme, daß die großen Propheten — denn die Stimme Jesajas ist nur eine unter ihnen, freilich die mächtigste — einem Urtypus nur das nationale Siegel ihres Volkstums und das persönliche ihrer religiösen Individualität aufgedrückt haben, ist unbestritten.[3]) Dieser Urtypus hat auch in der von Virgil benutzten Prophetie einer heidnischen Sibylle seinen Ausdruck gefunden. Klänge wie diese haben Ewigkeitsdauer, sind auch nicht an Völkergrenzen gebunden, sondern finden überall da, wo sie vernommen werden, ihren Widerhall.

In Aegypten sind Verkündigungen auf einen gottgesandten König, der die Urzeit wiederbringen wird, so alt, daß demgegenüber auch das sonst Älteste fast jung erscheint.[4]) Über aegyptische Prophetieen sagt Eduard Meyer[5]): „Das ständige Schema ist, daß ein Weiser das Hereintreten schweren Unheils verkündet, den Umsturz aller Ordnungen.... Dann aber wird die Erlösung folgen durch einen gerechten, göttergeliebten König.. Das ist genau dasselbe Schema

---

1 Die judaeischen Sibyllinen strotzen von pöbelhaften Ausfällen gegen Rom.

2) In F. Marx a. a. O. (oben S. 2, 1) 125. Aber die Kombination F Ungers, durch die er sich dazu verführen ließ ein angeblich von Alexander Polyhistor in seinem Werke περὶ 'Ιουδαίων angeführtes judaeisches Sibyllinum als Quelle anzunehmen, wird von E. Schwartz, R. I 1449 abgelehnt und von F. Jacoby, ebd. III 1228 als rein phantastisch bezeichnet.

3, Über die geschichtlichen Zusammenhänge äußert sich mit einer gewissen Zurückhaltung R. Kittel, Gesch. des Volkes Israel II (Gotha 1922 256, 3, aber den Grundsatz, daß die alttestamentl. Prophetieen sich nicht restlos aus dem Judentum ableiten lassen, vertritt auch er. Viel wichtiges Material zur Beurteilung der Abhängigkeitsverhältnisses findet sich bei H. Gunkel, Zum religionsgesch. Verständnis des N. T 'Gött. 1903, 23 f. und H. Greßmann, Der Urspr. der jüd.-israel. Eschatologie, Gött. 1905.

4) Man findet diese prophetischen Texte in Übersetzungen H. Rankes vereinigt in: Altorient. Texte u. Bilder zum A. T. hrsg. von H. Greßmann I (Tübing. 1909) 204 ff. Neuere Literatur s. in den folg. Anm. Auch H. Lietzmann a. a. O. (o. S. 15, 1) 23 ff. hat diese Prophetieen verwertet.

5) Sitz.-Ber. Berl. Ak. 1905, 651 f. Vgl. Gesch. d. Alt. I 2³ (1913) S. 297.

wie bei den israelitischen Propheten. Je öfter ich mir das Problem
überlegt habe, desto weniger kann ich mich der Einsicht verschließen,
daß hier nicht nur analoge Bildungen vorliegen, sondern ein wirk-
licher geschichtlicher Zusammenhang, d. h. daß der Inhalt der Zu-
kunftsverkündigung genau so gut aus Aegypten übernommen ist, wie
etwa die Geschichte von Joseph und der Frau seines Herrn. Daß
das Schema einschließlich der messianischen Zukunft nicht etwa von
Amos oder Jesaja geschaffen, sondern überkommenes Gut ist, bedarf
keines Beweises, wenn es auch oft nicht genügend beachtet wird;
die gewaltige Vertiefung der zugrunde liegenden Gedanken dagegen
ist das Werk der großen Geister, welche Israel mit dem 8. Jahrhundert hervorgebracht hat." Zwei Stücke aegyptischer Prophetieen,
von denen das erste, in nationaler Schrift, aus dem Anfang des mittleren Reiches stammt[1]), das dritte, in griechischer, erst aus späthellenistischer Zeit[2]), sind die denkwürdigen Überreste eines Literatur-
zweiges, der in viel reicherer Blüte stand, als die Zufälligkeit des uns
Überlieferten erkennen läßt; aber auch so zeigt sich die Unverwüst-
lichkeit des Typus, denn die Zeitspanne von dem ersten bis zum
zweiten Stück umfaßt annähernd $1^3/_4$ Jahrtausende. Das Grundmotiv
ist dies: In der Zeit höchster Not tritt ein Prophet vor den König,
entwirft in grellen Farben ein Bild der gegenwärtigen Bedrängnis
und prophezeit Rettung eben durch den regierenden König, an den
die Rede sich richtet. So heißt es in dem zweiten Stück nach
Schilderung des Unglücks, in das Aegypten geriet: „Ein König wird
von Süden kommen, der Ameni heißt, der Sohn einer Frau aus
Nubien und gebürtig aus Oberaegypten(?). Er wird die weiße Krone
nehmen und wird die rote Krone tragen; er wird die beiden Mächtigen[3]) vereinigen und wird die beiden Herren[4]) mit dem was sie
lieben erfreuen ... Freuet euch, ihr Menschen seiner Zeit. ‖ Der Sohn
eines Mannes wird sich einen Namen machen für alle Ewigkeit (folgt
die Prophetie von Siegen über äußere und innere Feinde). Das Recht
wird wieder an seine Stelle kommen, und das Unrecht ist herausge-
jagt. Es freue sich wer dies sehen wird." Der König, der hier so
als Heiland seines Volkes aus höchster Not gepriesen wird, ist Ame-

---

1 Letzte Übersetzung von A. Erman, Lit. d. Aegypter (Lpz. 1923) 151 ff.; hiernach
das im Text weiterhin folgende Zitat. — Es gibt noch ein drittes Stück dieser Art
(bei Erman S. 131 ff.), aber R. Weill, La fin du moyen empire Égyptien I (Paris 1918)
22 ff. hat seinen prophetischen Charakter mit wohl beachtenswerten Gründen bestritten;
ich lasse es daher außer Betracht.
  2) Zuletzt besprochen von U. Wilcken, Herm. XL 1905 544 ff.
  3) Die beiden Diademe (A. Erman).
  4) Horus und Seth als Schutzpatrone der beiden Teile Aegyptens (A. Erman).

nemhet I. von Theben, der mächtige Gründer des Reiches (des sog.
mittleren) nach den Katastrophen, in denen das alte Reich von Memphis untergegangen war. Diesen Herrscher kennen wir schon aus
einem früheren Abschnitt unserer Untersuchungen (S. 38) als Reformator des aegyptischen Kalenders im J. 2000/1996 v. Chr.[1]), einem Jahre,
an dessen solaren Fixpunkt (= 6. Januar jul. Kal.) die Aionreligion,
wie wir erkannt zu haben glauben, anknüpfte. Die Bedeutung der
Tatsache, daß die älteste uns kenntliche Prophetie gerade diesen
König betrifft, wird nicht hoch genug zu bewerten sein: die Aion-,
Helios- und Soterideen, deren Geschichte wir über Völker und Religionen bis hinein in die Prophetie der Ekloge und weiter bis in das
Evangelium verfolgen, fassen wir hier an ihrem nach Jahr, Monat und
Tag bestimmten Ausgangspunkte. – Auch das zweite Stück bietet
Interesse. Einmal durch seine Form. Die Prophetie ist, so wie sie uns
vorliegt, hellenistische Prosa, läßt aber Hexameter durchschimmern,
Orakelpoesie von sibyllinischem Typus, wichtig für die Geschichte
der Sibyllinen: die Worte „Wann von Helios her ein König kommen
wird als Spender des Segens, eingesetzt von der höchsten Göttin
Isis" finden sich in judaisierter Form wieder in dem ältesten Abschnitt
unserer Sibyllinensammlung.[2]) Zweitens durch ihren Inhalt. Der An-

---

1 Die Datierung ist gesichert. s. o. S. 38, 3.

2) Das im Text Gesagte möge hier begründet werden. Das merkwürdige, in
vielem noch rätselhafte Stück trägt die Subskription: Ἀπολογία κεραμέως μεθηρμηνευμένη πρὸς Ἀμενῶπιν τὸν βασιλέα κατὰ τὸ δυνατὸν περὶ τῶν τῇ Αἰγύπτῳ μελλόντων.
Von den beiden erhaltenen Kolumnen ist die zweite dank Reitzensteins und Wilckens
Bemühungen gut lesbar. Es ist gespreizte Prosa annähernd vom Typus der Inschrift
des Antiochos von Kommagene; das stimmt zu dem Ansatz der Abfassung in späthellenistischer Zeit. Aber ich glaube nicht zu irren, wenn ich gelegentlich hexametrische Fetzen wahrnehme. Z. B. II 10 φυλλοφορήσει 15 ἐκλάμψει δὲ δίκην 2 ψθγμ᾽
ἁλιέων ἔσται 13 εὔτακτοι δ᾽ ἀνέ[μων] πνοιαί; I 32 lassen sich die Worte ἥ τε τῶν
ζωνοφόρων πόλις ἐρημωθήσεται ἀν[δρῶν] leicht etwa so umformen: ζωνοφόρων τε πόλις
⟨τότ'⟩ ἐρημωθήσεται ἀνδρῶν (zum Gedanken: or. Sib. III 333 γαῖα δ᾽ ἔρημος ἅπασα
κέθεν καὶ ἔρημα πόληες). Die Worte II 4 αὕτη πόλις (gemeint ist Alexandreia) ἣν
παντοτρόφος, εἰς ἣν κατοικείσθη πᾶν γένος ἀνδρῶν verglich Reitzenstein mit der
Alexander gegebenen Prophetie (Plut. Alex. 26) πολυαρκεστάτην γὰρ οἰκίζεσθαι πόλιν
ὑπ᾽ αὐτοῦ καὶ παντοδαπῶν ἀνθρώπων ἐσομένην τροφόν: in jenen Worten klingen
παντοτρόφος und πᾶν γένος ἀνδρῶν daktylisch. Zu bemerken ist auch zweimaliges
(II 5. 12) καὶ τότε: typischer Anfang hexametrischer Orakel, auch in unserer Sibyllinensammlung. In I 4 fängt ein vorn verstümmelter Satz an: τάλαινα Αἴγυ[πτε], womit man or. Sib. III 732 ἀλλά, τάλαιν᾽ Ἑλλάς vergleiche: es könnte also [ἀλλά] τάλαιν᾽
Αἴγυπτε gewesen sein, jedenfalls tragen die erhaltenen Worte sibyllinisches Gepräge.
Eine noch bemerkenswertere, schon von H. Lietzmann a. a. O. (o. S. 15) 54 notierte
Kongruenz dieser Art: col. II 6f. καὶ τότε ., ἐπὰν ὁ εὐμενὴς ὑπάρχων ἀπὸ
ἡλίου παραγένηται βασιλεὺς ἀγαθῶν δοτήρ (καθιστάμενος ὑπὸ θεᾶς μεγίστης Ἴσιδος):
or. Sib. III 652f. καὶ τότ᾽ ἀ π᾽ ἠελίοιο θεὸς πέμψει βασιλῆα, | ὃς πᾶσαν γαῖαν παύσει
πολέμοιο κακοῖο, wonach sich jene Worte beispielsweise so zurückbilden ließen: καὶ
τότ᾽ ἀπ᾽ ἠελίοιο δοτήρ᾽ ἀγαθῶν βασιλῆα, | Ἴσι θεά, πέμψεις Isis zweimal in unseren

fang der neuen Zeit wird an den Eintritt eines kosmischen Epochen-
jahres geknüpft, möglicherweise den Beginn einer neuen Sothis-
periode.[1]) Hinter dem Königsdrama nun dieser Prophetieen hat, wie
wir in einem späteren Teile der Untersuchungen sehen werden, ein
Götterdrama gestanden: in dem neuen König manifestierte sich Horus,
der Spender alles Segens.

Die Atmosphäre des alten Orients war sozusagen soteriologisch
geladen[2]); allenthalben spüren wir das Knistern dieses elektrischen
Funkens. 'Uroffenbarung Gottes'? Formulieren wir es lieber diesseitig:
religiöse Disposition, die sich entlud im Ausdruck ewiger Gefühle.
Gerade wenn wir dies Allgemeine zugeben, werden wir uns das
Recht geschichtlicher Betrachtung des Einzelnen nicht nehmen lassen.
Aristoteles, noch immer ein großer Lehrmeister wissenschaftlicher
Forschung, der den Urgründen menschlicher Veranlagung auch auf
religiösem Gebiete nachspürte, ließ das Allgemeine, das Ideelle, das
Typische sich im Einzelnen, Realen, Individuellen zur Daseinserschei-
nung entfalten und es in dieser seiner Manifestationsform dem Ent-
wicklungsprinzip unterliegen. Mögen uns die Stationen, die der Zug
einer Idee durchläuft, die Verbindungslinien, auf denen sie von der
einen zur andern gelangt, noch nicht alle kenntlich sein: wir postu-
lieren sie und dürfen bei einer Vermehrung des Beobachtungsmate-
rials und einem Zuwachs geschichtlicher Einsicht in den Gang der
Völkerverhältnisse hoffen unsere Kenntnisse auch auf ideengeschicht-
lichem Gebiete zu vertiefen und zu verfeinern. Die Heilandsidee ist,
freilich nicht mit solcher Deutlichkeit wie in Aegypten, auch im babylonischen Schrifttum nachweisbar[3]); aber in den hellenistischen

Sibyllinen, beidemal im Vokativ, V. 53. 484, an erster Stelle von Geffcken hergestellt.
Nimmt man dies alles zusammen, so wird man der Vermutung geneigt sein, daß der
Verfasser der aegyptischen Prophetie seine bombastische Prosa durch Anlehnung an
Orakelpoesie aufgeputzt habe. Das können dann aber, dem Inhalte der Prophetie
gemäß (Unheil über Aegypten hereinbrechend, Erlösung daraus in einem neu herauf-
ziehenden Zeitalter), nur Orakel der Σίβυλλα Αἰγυπτία gewesen sein. Diese ist gut bezeugt (die Stellen jetzt bei A. Rzach, R. A. II A 2102 in dem Art. 'Sibyllen'); sie war
bisher aber so wenig faßbar, daß manche die völlig einwandfreien Zeugnisse lieber
anzweifelten. Ihre Zeit bestimmt sich, wenn die vorgetragene Kombination richtig
ist, zwischen Alexander und der späthellenistischen Zeit, und das würde zu dem allgemeinen Bilde, das wir uns dank Geffckens Forschungen von der Geschichte dieser
Literaturgattung machen können, gut passen.

1) Wilcken a. a. O. 555.

2) M. Dibelius, Die urchristl. Überlieferung von Joh. d. Täufer (Gött. 1911, 131
„Die Erlösererwartung des Orients ging durch die Länder des röm. Reiches, und mit
ihren schimmernden Farben schmückte sogar im fernen Westen der Römer Vergil
seine vierte Ekloge."

3) A. Jeremias a. a. O. o. S. 29, 3. c. 10: 'Die Erlösererwartung als Ziel der
Weltzeitalterlehre'

Orakeln der babylonischen (chaldaeischen) Sibylle muß sie, wie aus
Überarbeitungen seitens der judaeischen zu ersehen ist, stark hervor-
getreten sein. In der Religion Zarathustras hat sie einen wichtigen
Platz eingenommen. Das Israel der Königszeit, dann das hellenisierte
Judentum und die urchristliche Gemeinde sind mächtig von ihr ergriffen worden. Sohn des Rê, Saosjant („der Errettende"), Messias,
Soter, Kyrios Christos: es sind alles urverwandte, aber national diffe-
renzierte und religiös besonders geprägte Erscheinungsformen dieser
**Idee gewesen. Sehr frühzeitig wurde sie mit der im Orient ebenfalls
weitverbreiteten Vorstellung kyklischer Weltperioden** verknüpft.
Irgendwo und zu irgendeiner, sicher sehr weit zurückliegenden Zeit
ist dann der Eintritt eines neuen Weltalters an die Geburt eines
himmlischen, mit keiner alten Sündenschuld belasteten Kindes geknüpft worden; wo und wann das geschehen ist, den Versuch diese
Frage zu beantworten sparen wir uns für eine andere Stelle auf.

Ein an sich unscheinbarer Einzelzug muß in diesem Zusammenhange Erwähnung finden. Untrennbar von dem Weihnachtsevangelium ist für unser Gefühl die Freude. „Siehe, ich verkünde euch,
sagt der Engel zu den Hirten, große Freude, welche dem ganzen
Volke widerfahren wird, denn euch ist heute der Heiland geboren."
„Nun ist gekommen, so läßt der Apokalyptiker eine Stimme im Himmel
rufen, das Heil und das Reich unseres Gottes und die Vollmacht
seines Christus. Darum seid fröhlich, ihr Himmel." Auch bei der Ankündigung der Geburt Johannes des Täufers sagt der Engel:
„Viele werden sich freuen, denn er wird groß sein vor dem Herrn"
(Luk. 1, 14). Man wird vielleicht sagen, daß ein Motiv wie dieses sich
mit einer gewissen Selbstverständigkeit einstellen mußte (obwohl das
Jubeln der Himmel in jenen Worten der Apokalypse über das Selbst-
verständliche doch hinausgeht). Aber es gehörte doch zur Tradition.
Schon in jener altaegyptischen Prophetie (o. S. 54) heißt es am Schluß
des Preises der neuen Zeit, die der König des Heils herauffuhren wird:
„Freuet euch, ihr Menschen" und „Es freue sich wer dies sehen wird."
In dem ältesten Stück unserer Sibyllinen, das um 150 v. Ch. ange-
setzt zu werden pflegt, heißt es: „Freue dich, Jungfrau, und sei hei-
teren Sinns, denn dir gab der Schöpfer des Himmels und der Erde
ewige Freude[1]), und darauf folgt unmittelbar eine ausführliche Paraphrase der Prophetie des Jesaja von dem Glück der neuen Zeit.
In demselben Abschnitt: „Dann wird Gott dem Menschen große Freude

---

[1]) III 785 εὐφράνθητι, κόρη, καὶ ἀγάλλεο· σοὶ γὰρ ἔδωκεν εὐφροσύνην αἰῶνος, ὃς
οὐρανὸν ἔκτισε καὶ γῆν. Die beiden ersten Worte nach dem Propheten Sacharja 2, 10
τέρπου καὶ εὐφραίνου, θύγατερ Ζιών.

geben"[1]), worauf die Ausmalung des Erdensegens folgt (Früchte, Getreide, Wein, Milch, Honig, Herden). Dementsprechend wird in dem virgilischen Gedicht der Knabe angeredet: „Siehe wie das All sich freut über das kommende Zeitalter".[2]) Diese Worte stehen in einem bemerkenswerten Zusammenhange, denn es gehen ihnen diese voran: „Sieh, wie der schwere Kuppelbau der Welt hin- und herschwankt, Erde, Meer und Himmel."[3]) Also die Welt bebt vor Freude über den neuen Aion[4]), der Knabe wird aufgefordert, dies kosmische Schauspiel im Moment seiner Geburt zu betrachten. Er ist nicht Aion selbst, aber dessen gleichzeitig geborener irdischer Repräsentant, der den Segen des neuen Zeitalters herauführt. Dies ist, wie wir gesehen haben, die alte Vorstellung; Spätere machten den Soter zur Inkarnation des Aion (o. S. 50) und ließen nun folgerichtig die Huldigung der Welt dem Knaben selbst gelten. In einem christlichen Sibyllinum wird das hübsch so ausgedrückt: „Bei der Geburt des Knäbleins hüpfte die Erde vor Freude, es lachte der Himmelsthron, und die Welt jubelte."[5])

1) III 619 καὶ τότε δὴ χάρμην μεγάλην θεὸς ἀνδράσι δώσει, also wie im ev. Luc. 2, 10 εὐαγγελίζομαι ὑμῖν χαρὰν μεγάλην, ἥτις ἔσται τῷ λαῷ.

2) V. 51 *aspice, venturo laetentur ut omnia saeclo*. Daß wir *omnia* als 'das All' verstehen müssen, zeigt georg. IV 221f. *deum namque ire per omnia, | terrasque tractusque maris caelumque profundum*. S. die folg. Anm.

3) V. 49 f. *aspice convexo nutantem pondere mundum terrasque tractusque maris caelumque profundum*.

4) Crusius a. a. O. (o. S. 13,2) 556 f. verglich eine Stelle der Weltschöpfungslehre eines aegyptischen Zauberbuchs (Dieterich, Abraxas S. 19, 88): τοῦ δὲ (der Drache) φανέντος ἐκύρτανεν ἡ γῆ καὶ ὑψώθη πολύ, ὁ δὲ πόλος ηὐςτάθηςεν und bemerkte, dieselbe fremdartig-grandiose Phantasie habe jene Verse Virgils inspiriert, die ganz orientalisch-hellenistisches Gepräge trügen. In letzterem wird man ihm beistimmen, aber jene Stelle hat er nicht richtig verstanden (sie bezieht sich auf das 'Aufbäumen' der Materie gegen die Lichtwelt: Reitzenstein, D. Göttin Psyche, Sitzungsber. d. Heidelb. Ak. 1917, 10. Abh. S. 39). Zutreffender läßt sich dagegen aus demselben Traktat vergleichen, was von der Geburt der Psyche gesagt wird: ἐγένετο Ψυχή, καὶ πάντα ἐκινήθη, ὁ δὲ θεὸς ἔφη· 'πάντα κινήσεις καὶ πάντα ἱλαρυνθήσεται Ἑρμοῦ ce ὁδηγοῦντος. τοῦτ' εἰπόντος τοῦ θεοῦ πάντα ἐκινήθη καὶ ἐπνευματώθη ἀκατασχέτως. Boll, Offenb. Joh. 13 vergleicht mit den virgilischen Versen passend eine Stelle aus dem Alexanderroman (Ps. Kall. I 12): „als das Neugeborene aus dem Schoß der Mutter zur Erde fällt. σεισμὸς ἐγένετο, ὥςτε τὸν πάντα κόσμον συγκινηθῆναι" und bemerkt ebd. S. 83, 4: „Erdbeben ist nicht etwa an sich schon ein übles Vorzeichen: oft bringt es vielmehr Frieden und Glück, z. B. Catal. astrol. VII 170 4 ἡλίου ὄντος ἐν σκορπίῳ εἰ σεισμὸς γένηται ἐν ἡμέρᾳ, γένηται εἰρήνης σημεῖα πρόδηλα καὶ ἀπὸ δυσχερῶν πολέμων εὐφροσύνας τοῖς βροτοῖς δηλοῖ oder VIII 3, 197, 1 εἰ δὲ καὶ σεισμὸς γένηται, χαρὰ πολλὴ καὶ ἀγαθὰ πολλά — die Erde bebt dem Glück einer neuen Zeit entgegen wie bei Virgil die Welt".

5) VIII 474 f. τικτόμενον δὲ βρέφος ποτὶ δ'ἔπτατο γηθοσύνη χθών, οὐράνιος δ'ἐγέλασσε θρόνος καὶ ἀγάλλετο κόσμος. Gefficken erinnert in seiner Ausgabe der Sibyllinen passend an das Prooimion des Theognis, wo es in der Schilderung der Geburt des Apollon heißt: ἐγέλασσε δὲ γαῖα πελώρη, γήθησεν δὲ βαθὺς πόντος ἁλὸς

IV. DAS LACHENDE SONNENKIND UND DER HIMMLISCHE BRÄUTIGAM.

Der Schluß der Ekloge (60—63), dem wir uns nun zuwenden, ist vielleicht der schwierigste Teil des Gedichts; wenn es gelingen sollte, die in ihm enthaltenen Gedanken in Einklang mit den oben entwickelten zu setzen, so wäre das ein Prüfstein für die Gewähr unserer Gesamtauffassung. Sicher ist zunächst nur, daß von dem Lachen des Kindes und von seiner Mutter die Rede ist. Wir müssen daher an dieser Stelle abermals die Elternfrage berühren, wollen uns aber über den Vater vorläufig ganz kurz fassen. In dem Augenblick, da das Kind das Licht der Welt erblickt, redet der Dichter es an: *cara deum suboles, magnum Iovis incrementum* (49). Die zwei letzten Worte werden uns weiterhin genau zu beschäftigen haben, aber soviel darf aus dem Gesamtcharakter des Verses schon hier geschlossen werden, daß so nur ein Kind angeredet werden kann, dessen Herkunft nicht die eines gewöhnlichen Sterblichen ist. Daß man sich dieser Annahme verschloß, erklärt sich aus dem Widerspruch, in den sie mit anderen Worten des Gedichts zu geraten schien: wenn der Knabe heranwächst, so wird er, heißt es (26 f.), *heroum laudes et facta parentis* lesen, und erkennen was *virtus* sei. Wie denn, wird hier von den Exegeten gefragt[1]), weisen diese Worte nicht auf einen sterblichen Vater? Und wie ist es möglich, daß das Kind dennoch „lieber Sprößling der Götter" angeredet wird? Und zu allem übrigen: ein „lesendes" Götterkind? Da macht man nun dem Dichter den Vorwurf der Unklarheit oder sagt, um ihn zu entlasten, jene Anrede sei nur hyperbolisch gemeint; *legere* brauche hier nicht „lesen" zu bedeuten, überhaupt: die Worte dürften nicht so „gepreßt" werden. Worte bedeuten, mag man sie nun „pressen" oder nicht, doch nur was sie aussagen, und ein Verbot scharfer Interpretation in Schriften eines Dichters bester Zeit und genauer Wortwahl würde ein Todesurteil gegen die philologische Kunst bedeuten. In vorliegendem Falle hätte eine Lösung des angeblichen Widerspruchs, wenigstens in allgemeinen Zügen, wohl nahegelegen: Göttlichkeit und Menschentum bezeichneten für antikes Denken nicht überall eine unüberbrückbare Kluft, ἀθάνατοι θνητοί, θνητοὶ ἀθάνατοι lautet

πολιῆς. Verblaßt ist der Gedanke or. Sib. VI 20 ἔσσεται, ἡνίκα γαῖα χαρήσεται ἐλπίδι παιδός.

1) Eine Ausnahme macht S. Reinach a. a. O. (o. S. 14, 1) 374: „Les mots *patriae virtutes*, comme plus loin ceux de *facta parentis* ne font allusion qu'aux exploits de Jupiter"

ein viel zitiertes, viel abgewandeltes Wort Heraklits. Aber wir sind in unserer Untersuchung noch nicht weit genug gelangt, um eine Lösung auf diesem Wege ausreichend begründen zu können, und wollen uns hier nur an das berühmte oder berüchtigte Buch des Euhemeros mit dem Titel Ἱερὰ ἀναγραφή erinnern, worin berichtet war, daß die von den Menschen so genannten Götter ihre Taten (πράξεις) aufschrieben, damit die Nachwelt sie zu ihrem Nutz und Frommen „lesen" könne. Auch wenn also der Vater ein „Gott" war, so hinderte das nicht, daß der Sohn die *facta parentis* gelesen hätte. Was sich hier nur so ganz obenhin andeuten ließ, wird sich uns, wie ich hoffe, später und zwar in viel genauerer Weise bewähren. Bis dahin wollen wir die Suche nach dem Vater einstellen, insonderheit auch die Frage, welcher „Jupiter" denn gemeint sei – der Name war ja vieldeutig, und Varro kannte dreihundert –, in der Schwebe lassen, um zunächst zu prüfen, ob sich den Angaben des Dichters über die Mutter etwas abgewinnen läßt.

Die Mutter bleibt bis zu den Schlußversen ganz im Hintergrunde – erst hier (60) steht *mater* –, aber der Idee nach bildet sie doch den Mittelpunkt, insofern als alles Interesse auf die Geburt des Kindes gerichtet ist. Der Dichter läßt uns deren Abschnitte gewissermaßen miterleben, eine poetisch nicht leicht zu behandelnde Aufgabe, die er dadurch meistert, daß er die Pausen des sich über das ganze Gedicht erstreckenden Geburtsakts durch Prophetieen auf die Zukunft des Kindes ausfüllt. Die bevorstehende Entbindung ist durch den Anruf an Lucina bezeichnet (8—10). Es folgt eine lange Prophetie der Segenslaufbahn des Knaben, der in den Werdegang des neuen Weltzeitalters hineinwachsen wird (11—45). Während die Parzen noch am Werke sind, die Fäden des kommenden Aion anzuspinnen (45—47), erfolgt die Geburt des Knaben. Wir sind auf dem Höhepunkt der Aktion angelangt: das zeigt sich auch in dem Wechsel der Anrede. War der Knabe bisher nur mit *puer* angeredet, so erfolgt jetzt mit feierlichster Apostrophe (*cara deum suboles, magnum Iovis incrementum*) die Aufforderung an ihn, seine große Ehrenlaufbahn anzutreten (48—49). Das erste Schauspiel, auf das sein Blick fallen soll (*aspice*), sind die Huldigungen der Welt vor dem kommenden Aion (50—52). Während das All vor Freude bebt, erfolgt ein Ausruf des verzückten Dichters: möchte es mir beschieden sein als Hochbetagter die volle Entfaltung des Segens zu erleben und deine Taten in Liedern zu preisen (53—59). Das wäre noch kein rechtes Ende gewesen: wie hätte er ein solches Gedicht mit einem eignen Wunsche abschließen dürfen. So kehrt er über das kleine persönliche Intermezzo hinweg in den letzten vier

Versen (60—63) zu dem Knaben zurück, indem er die Anrede an ihn wieder aufnimmt. Jetzt sollen seine Augen sich von dem kosmischen Schauspiel auf ein irdisches wenden: sie blicken auf die Mutter. „Fange an, Knäblein, durch Lachen deine Mutter zu erkennen — der Mutter haben die zehn Monate[1]) langes Unbehagen gebracht —, ja fang an, Knäblein":

> incipe parve puer risu cognoscere matrem —   60
> matri longa decem tulerunt fastidia menses —
> incipe parve puer.

Übersetzen wir nun nach der in den meisten Ausgaben stehenden Textgestalt weiter, so würde es lauten: „Wem die Eltern nicht zulachen, den würdigt kein Gott seines Tisches, keine Göttin ihres Lagers":

> cui non risere parentes,
> non deus hunc mensa, dea nec dignata cubili est.

Das kann nicht richtig sein. Die Gedankenfolge würde sich zwiefach verschieben. Neben die mit solcher Emphase in den zwei ersten dieser Verse (60 f.) genannte Mutter träte im dritten unvermittelt der Vater. Ferner: der Lachende wäre nun nicht mehr der Knabe, sondern das Elternpaar (grammatisch ausgedrückt: zwischen *risu* und *risere* fände ein Wechsel des logischen und des grammatischen Subjekts statt)[2]),

---

1) Über die *decem menses* ist viel Ungereimtes gesagt worden, zuletzt von W. Deonna, La légende d'Octave-Auguste, Dieu, Sauveur et Maitre du Monde (Extr. de la Revue de l'Historie des Religions, T. LXXXIII/IV 1921) 43 ff. Er sucht zu be. weisen, daß in der Zehnzahl der Monate eine symbolische Beziehung liege, und mißbraucht dafür die Worte Suetons Aug. 94,4 *Augustum natum mense decimo et ob hoc Apollinis filium exist.matum.* Er hat diesen Satz aus seinem Zusammenhange gerissen: es war kurz vorher erzählt, die Empfängnis habe *in templo Apollinis* stattgefunden, also darauf weist *ob hoc* zurück, *mense decimo* ist eine harmlose Datierung; entscheidend ist ein Hinweis Ed. Fraenkels auf den Parallelbericht zu Sueton bei Dio Cassius XLV 1, 2 ὅτι καταδαρθοῦσά ποτε ἐν ναῷ αὐτοῦ (Apollons) δράκοντί τινι μιγνυσθαι ἐνόμισε καὶ διὰ τοῦτο τῷ ἱκνουμένῳ χρόνῳ ἔτεκε. Diesem Versuche des Hineingeheimnissens und ähnlichen gegenüber sei einfach auf ein paar Stellen der hippokratischen Schrift περὶ φύσιος παιδίου c. 30 (Littré VII 532 ff.) verwiesen· ἐν δὲ τῇσι μήτρῃσιν ἐὸν ἐγκρατὲς (sc. τὸ παιδίον) μᾶλλον γίνεται ἐς τῶν ὑμένων τὴν κατάρρηξιν ἅμα δεκάτῳ μηνὶ ὅτε ὁ τόκος τῇ μητρὶ παραγίνεται   Ἀλλ' ὅσαι δὴ ἔδοξαν πλείονα χρόνον δέκα μηνῶν ἔχειν — ἤδη γὰρ τοῦτο πολλάκις ἤκουσα —, κεῖναι διεβλήθησαν τρόπῳ τοιῷδε ᾧ μέλλω ἐρεῖν κτλ. Nach Censorinus de die nat. 11 ist der *decemmestrius partus* der gewöhnliche, er legt die Rechnung genau vor (40 Wochen minus 6 Tage, da die Geburt am ersten Tage der 40. Woche erfolgt). Der Dichter will also nur sagen: die Geburt ging *certa die* vor sich, das Kind war voll ausgetragen.

2) Dieser Anstoß ließe sich nur durch die Annahme beseitigen, *risu cognoscere matrem* sei zu verstehen 'am Lachen die Mutter erkennen'. Aber dieser Ausweg ist, wie aus Seite 64, 2 hervorgeht, verschlossen, und Th. Birt, Berl. phil. Wochenschrift 1918, 187. 1923, 678 vergleicht gut Hieronymus epist. 107, 4 *patrem risibus recognoscat*, 130, 16, 3 *matram risu et vultus hilaritate cognoscat.*

und doch verlangt die Gedankenfolge unabweislich, daß auch im zweiten Gliede das Lachen des Knaben verstanden werde, denn die Eindringlichkeit des Befehls an ihn mit dem Lachen zu beginnen (zweimaliges *incipe*) erfordert eine Begründung. Aber über alle diese Erwägungen hinaus: die Vorstellung selbst verliefe ins Absurde. Es ist doch wahrlich das Gewöhnliche, daß die Eltern sich über ihr neugeborenes Kind freuen und ihm zulächeln[1]) – und doch soll es, wenn dieses nicht geschieht, himmlischer Ehren verlustig gehen? 'Zum höchsten Glück ist nur berufen, wem die Eltern beglückt zulachen': den Interpreten, der sich so vernehmen läßt — es ist der neueste, aber er wiederholt nur was die Meinung der meisten ist — möchte man fragen, ob sich nicht auch nach seiner Ansicht der Himmel doch zu reichlich bevölkerte, wenn jedes von den Eltern mit frohem Lachen begrüßte Kind dereinst Aufnahme an der Göttertafel und im seligen Brautbett fände. Doch angesichts einer sehr nüchternen textritischen Tatsache ziemt es sich nicht zu scherzen. Wir kennen nämlich Spuren einer Textgestalt, die derjenigen unserer Handschriften, so alt sie auch sind (übrigens haben wir für diese Verse nur zwei, und nicht die ältesten), noch um mehrere Jahrhunderte vorausliegt. Nach ihr lauten die fraglichen Worte in der Übersetzung so: „Wer seiner Mutter nicht zulacht, den . . .":

qui non risere parenti,

Durch diese Lesung, deren nähere Begründung man in der Anmerkung[2]) nachlesen wolle, wird der erwähnte doppelte Anstoß be-

---

1) Wozu Belege? Aber der niedlichen Kinderstubenszene aus dem Schluß von Statius silvae gedenkt man immer gern. Dort sagt der Pflegevater (es ist der Dichter selbst): „Das erste Wort, das der Kleine sprechen konnte, war mein Name, und es machte ihm Vergnügen, wenn ich ihm mit dem ganzen Gesichte zulachte". Fr. Vollmer tritt (S. XVI seiner Ausgabe) auf Grund dieser Verse für die Richtigkeit der hs. Überlieferung in der Ekloge ein; warum ich ihm darin nicht zu folgen vermag, wird sich aus dem Folgenden ergeben.

2) Kein Fachgenosse kann wünschen, daß das Labyrinth der Exegese dieser Verse in allen seinen Windungen nochmals betreten werde; die umfangreiche Literatur der letzten Zeit ist von D. Stuart, Class. Phil. (1921) 209 ff. genau besprochen worden. Ich beschränke mich auf Darlegung des Tatbestandes, der in Ausgaben und Kommentaren nirgendswo mit genügender Schärfe zum Ausdruck kommt, und auf Erörterung des Wesentlichsten. Die Lesart der Hss. (PR), auch des Servius und der Vorlage der von Kaiser Constantinus veranlaßten griechischen Übersetzung ist: *cui non risere parentes*, aber Quintilianus sagt in dem Kap. über die 'Wortfiguren' IX 3, 8 *est figura et in numero, vel cum singulari pluralis subiungitur:* 'gladio pugnacissima gens Romani', gens enim ex multis, vel ex diverso: 'qui non risere parentes, nec deus hunc mensa dea nec dignata cubili est': ex illis enim 'qui non risere' hic quem non dignata.* (Die Hss. Quintilians geben freilich an erster Stelle nicht *qui*, sondern *cui*; aber das ist belanglos, da seine Erklärung das pluralische *qui* betrifft, das denn auch an der zweiten Stelle richtig überliefert ist; ein Fall wie dieser, wo im Lemma die

seitigt: nach wie vor ist in diesen Schlußversen nur von der Mutter

vulgäre Lesart steht, obwohl die Erklärung eine von dieser abweichende betrifft, ist ja in grammatisch-exegetischer Literatur häufig.) Der erste, der diesen Sachverhalt erkannte, war Politianus (Angeli Politiani miscellaneorum centuria una [Florentiae 1489] c. 89): 'Quod dicimus *qui* legendum non *cui*, docet idem Quintilianus in nono figuram esse declarans hic in numero sic ut plurali singularis subiungatur'. Ohne sich an Politianus als Vorgänger zu erinnern, war J. Scaliger derselben Ansicht (dieses Zeugnis hat W. Fowler, Harvard Studies in class. phil. XIV, 1903, 28 hervorgezogen). In seinen Castigationes in Catullum 1577 notiert er zu den Worten Catulls 61, 216f. *Torquatus volo parvulus.* *dulce rideat ad patrem:* 'Apud Virgilium est ἐναλλαγή numerorum *qui non risere*, et postea dicit *hunc*', und fügt hinzu; 'Manifesto hortatur (Virgilius) puerum ut ad matrem rideat, non contra ut illi parentes'. Scaliger faßte also in dem Zitat *qui non risere parentes* das letzte Wort als Objekt zu *ridere*. Aber *ridere* c. acc. heißt überall sonst 'jemanden auslachen', nicht 'ihm zulachen': letzteres erfordert auch im Lateinischen den Dativ. Das erkannte der von Lachmann und Haupt hochgeschätzte holländische Kritiker Joh. Schrader (XVIII. Jahrh.). Seine Observationen zu Virgil gelangten aus dem Nachlaß in den Besitz Heynes und werden jetzt in der Universitätsbibliothek zu Göttingen aufbewahrt (Näheres P. Sormani, Spec. litt. de Ioann. Schraderi philologi vita et scriptis, Diss. Groning. 1886, 27). Zu unserem Verse notierte er, wie Reitzenstein mir freundlichst mitteilte: 'Cur non: *qui non risere parenti*' und verwies für den Dativ *parenti* auf *matri* im vorigen Vers. Diese Konjektur ist notwendig und richtig aus folgenden Gründen. 1. Der Gedankenzusammenhang erfordert, wie im Text ausgeführt wurde, die Bezugnahme nur auf die Mutter. 2. Die Grammatik erfordert, wie bemerkt, *ridere* c. dat., denn der Versuch Th. Birts, Berl. phil. Wochenschr. 1918, 186 f. die Überlieferung des Akkusativs zu deuten — es sei ein 'possierliches Grinsen' des Kindes über die Eltern gemeint, das Kind lache, 'als wär es ein Spaß beim Anblick der Eltern' —, wird so wenig Gläubige finden wie seine weitere Behauptung, in den drei letzten Versen herrsche 'Ammenlatein'. 3. Dagegen hat Birt das Entstehen der Verschreibung *cui* für *qui* richtig erklärt (vgl. auch seine Bemerkungen zum Catalepton, Lpz. 1910, 50 f.) Seit etwa 200 n. Chr. wird der Dativ des Relativpronomens wahllos *qui* neben *cui* geschrieben (auch in virgilianischen Hss., z. B. georg. II 204 *cui* M, *qui* P). Hält man dies als Tatsache fest, so ergibt sich das Weitere fast mit Zwangsläufigkeit. Das Nebeneinander des pluralischen *qui* und des singularischen *hunc* wollte den Schreibern nicht in den Kopf und in die Feder. Abhilfe war leicht zu schaffen, indem man, der Orthographie der Zeit entsprechend, *qui* als *cui* deutete. Dann aber standen zwei Dative, *cui* und *parenti*, nebeneinander, und nun wurde der zweite dem ersten geopfert, *parenti* in *parentes* geändert. Dagegen führt, soviel ich sehe, kein Weg von der La. unserer Hss. zu der Quintilians. — Meiner Ansicht nach dürfte das Problem, was der Dichter geschrieben habe, wohl als gelöst gelten. Interesse hat m. E. nur noch die von Quintilianus notierte Figur: singularisches *hunc* neben pluralischem *qui*. Scaliger (und vor ihm Politianus) bezweifelte ihre Zulässigkeit (also die Richtigkeit von Quintilians Deutung) nicht, und ich unterschreibe die Worte Fowlers a. a. O. „Where Quintilian and Scaliger did not hesitate to go, we need hardly fear to follow." Das Relativum ist kollektivisch gebraucht, aber im Nachsatz wird das Allgemeine auf den Einen, um den es sich handelt, appliziert. Birt hat für die interessante, psychologisch, nicht logisch zu erklärende Spracherscheinung zahlreiche dem virgilischen einigermaßen vergleichbare Beispiele aus dem Griechischen und Lateinischen beigebracht; hier sei nur eines wiederholt: Cic. de or. I 226 *quae vero addidisti non modo senatum servire posse populo sed etiam debere, quis hoc philosophus... probare posset;* noch Kühneres notiert O. Plasberg zu Cic. Acad. 1, 2. Das Herausheben einer Einheit aus der Vielheit ist auch beim Vokativ nicht selten (Aen. I 140 *vestras, Eure, domos* IX 525 *vos, o Calliope, precor;* griech. Beispiele bei Wackernagel, Vorl. über Syntax,

und ihrem Kinde die Rede[1]), und der Lachende ist und bleibt der Knabe. Aber, wird man fragen, tauschen wir nicht so eine Absurdität für eine andere ein? Was für ein wunderlicher Gedanke ist das: 'ein Kind, das seiner Mutter nicht zulacht, wird keiner göttlichen Ehren teilhaftig'. Gewiß, aber es kommt auf den Zeitpunkt dieses Lachens an. Die alten Physiologen haben beobachtet, daß die Neugeborenen bis zum vierzigsten Tage, weil sie bis zu diesem Zeitpunkte dafür zu schwächlich seien, nicht lachen (es sei denn manchmal im Schlafe); von diesem Tage an „gewinnen sie die Fähigkeit des Lachens und fangen an ihre Mutter zu erkennen"[2]); dieser Tag wurde sogar festlich begangen, weil Mutter und Kind dann als der Gefahrzone entrückt galten[3]). Die Beobachtung ist übrigens sehr genau; in dem bekannten Werke eines Physiologen[4]) heißt es: „In der sechsten... Woche erschien das Lachen des Kindes, welches seiner Mutter Antlitz fixierte, manchmal wie ein Zeichen des Jubels über einen bekannten, angenehmen Eindruck" — nebenbei bemerkt eine ganz erwünschte Bestätigung für die Richtigkeit der soeben vorgetragenen Personenverteilung, und zwar vonseiten eines Beobachters, dessen Unbefangenheit außer Frage steht. Hat nun das virgilische Kind sich an diese Frist gehalten, so war es ein Normal-

---

Basel 1920, 85. 101). Zu beachten ist vielleicht auch, daß die singularischen Subjektsbegriffe *deus* und *dea* den pluralischen Objektsbegriff *hos* zu *hunc* sich attrahiert haben könnten.

1) Joh. Schrader (s. vorige Anm.) begründete seine Emendation *parenti* durch den kurzen Hinweis: „Cf. *matri longa decem*".

2) Vgl. z. B. Lydus de mensibus IV 21, p. 85 W. μετὰ τὴν κύησιν ἐπὶ τῆc τρίτηc τεχθὲν ἀποcπαργανοῦcθαι τὸ βρέφοc φαcίν, ἐπὶ δὲ τῆc ἐνάτηc ἰcχυροποιεῖcθαι καὶ ἀφὴν ὑπομένειν, ἐπὶ δὲ τῆc τεccερακοcτῆc προcλαμβάνειν τὸ γελαcτικὸν καὶ ἄρχεcθαι ἐπιγινώcκειν τὴν μητέρα. (Diese Stelle, von allem sonst abgesehen, würde zur Widerlegung derjenigen genügen, die *risu* auf die Mutter statt auf den Knaben beziehen und 'an ihrem Lachen' statt 'durch dein Lachen' übersetzen: das logische Subjekt von *risu* ist der *puer*, nicht die *mater*, vgl. o. S. 61, 2). Unter denen, die dies behaupteten, war auch Aristoteles h. a. H 10. 587 b 5 τὰ δὲ παιδία ὅταν γέ-νωνται τῶν τετταράκοντα ἡμερῶν ἐγρηγορότα μὲν οὔτε γελᾷ οὔτε δακρύει, νύκτωρ δ' ἐνίοτε ἄμφω (andere Stellen: W. Süß, Neue Jahrb. 1920, 29). Plinius h. VII 2 *risus praecox ille et celerrimus ante XL diem nulli datur*. Vgl. folg. Anm. — Übrigens ist diese Theorie schon in der antiken Exegese V.s herangezogen worden: 'Philargyrius' zu Vers 60 *dicuntur infantes post quadragensimum diem matribus adridere [agnoscere], sin vero ante quadragensimum, indicium est mortis*. (Zu dem Glossem: Nonius 276 *cognoscere: agnoscere. Vergilius*, folgt Zitat dieses Verses.) Diese auf ein altes Scholion zurückgehende Doktrin ist bei Servius zu Vers 1 töricht so verwertet: *quem* (Saloninus, der jüngere Sohn Pollios) *constat natum risisse statim, quod parentibus omen est infelicitatis, nam ipsum puerum inter ipsa primordia periisse manifestum est*. Vgl. o. S. 11, 1.

3) Censorinus de d. n. 11.

4) W. Preyer, Die Seele des Kindes [4](Lpz. 1895) 195.

und kein Wunderkind, — und der Dichter, der ihm daraufhin himmlische Wonnen verhieß, hat Unsinn geredet. Aber das Kind hat dies
eben nicht getan, sondern — gleich bei seiner Geburt hat es die
Mutter angelacht, wie es ja im Moment seines Erscheinens auch die
Huldigungen des Weltalls vor dem neuen Aion anzuschauen vermag.
Der Dichter selbst gibt, wenn wir nur seinen Andeutungen zu folgen
willens sind, seine Absicht zu verstehen. *Matri longa decem tulerunt
fastidia menses*: wozu sagt er das überhaupt, weshalb gerade hier,
inmitten der Aufforderung an das Kind zu lachen? Sein Lachen
soll der Mutter Lohn für die zehn beschwerlichen Monate sein.
Das ist sinnvoll, wenn die Zeit der Schwangerschaft durch die Geburt soeben beendet ist, verliert dagegen seine Beziehung, wenn
seit der Entbindung $1^1/_3$ Monate (40 Tage) verstrichen sind. Aber
auch abgesehen davon: diese Plattheit würde das feine Gewebe des
Gedichts zunichte machen. Es durchläuft, wie wir sahen, die Phasen
der Geburt von den Wehen bis zu dem Augenblick, da die Mutter
das Kind in ihren Armen hält, in einem Zuge; man lasse auf die
erfolgte Geburt jene Frist folgen — und man hört einen matten
Nachhall aus der Ferne anstatt eines abschließenden Vollklangs aus
dem Akte selbst.

So weit ließe sich rein auf Grund einer den Andeutungen des
Dichters nachgehenden Gedankenanalyse gelangen; weiterer Erkenntnis ·wäre ein Riegel vorgeschoben, wenn uns nicht ziemlich entle-
gene Zeugnisse, deren Zahl nicht groß, aber deren Gewicht beträchtlich ist, zu Hilfe kämen.[1] „Ein einziger Mensch hat, wie wir
hören, an seinem Geburtstage selbst gelacht: Zoroaster".[2] Er war

---

1) Die meisten von ihnen hat O. Crusius a. a. O. (o. S. 13, 2) gefunden, aber da
er ein wichtiges übersah, für ein anderes gleichwichtiges die inzwischen festgestellte
richtige Überlieferung noch nicht kannte, so blieb ihm die entscheidende Erkenntnis
versagt, und seine doch immer aufschlußreichen Andeutungen wurden von den
meisten Späteren als unbeträchtlich beiseite geschoben oder gar spöttisch behandelt,
als habe er abstruse Gelehrsamkeit unzeitgemäß in die Exegese hineingetragen. —
Birt a. a. O. (o. S. 61, 2) glaubte die Belege von Crusius um einen vermehren zu können.
Lukian. deor. dial. 7, 1 ἑώρακας, ὦ Ἄπολλον, τὸ τῆς Μαίας βρέφος τὸ ἄρτι τεχθέν;
ὡς καλόν τ' ἐστι καὶ προςμειδιᾷ πᾶσι καὶ δηλοῖ ἤδη μέγα τι ἀγαθὸν ἀποβησόμενον.
Aber das weiter Folgende zeigt, daß es sich nicht um das Lachen in dem Moment
der Geburt handelt: Hermes hat seine Kinderstreiche bereits vollführt. Dagegen ist
dankenswert der Hinweis Birts auf Rückerts Rostem uud Suhrab I c. 11, wo es vom
Wunderknaben Suhrab heißt: „Der Knabe weinte nie; er hatte neugeboren gelächelt
schon".

2) Plinius VII 72 *risisse eodem die quo genitus esset unum hominem accepimus
Zoroastren.* Diese Stelle notierte schon J. H. Voß a. a. O. (o. S. 11, 1), doch ohne sie
richtig zu werten. — Stuart a. a. O. (o. S. 62, 2) weist auf die Legende hin, die in der
Donatusvita von Virgil selbst erzählt wird (Vitae Vergilianae ed. I. Brummer, Lpz. 1912,
p. 2): *ferunt infantem ut sit editus neque vagisse et adeo miti vultu fuisse ut haud*

der älteste Religionsstifter, von dem wir geschichtliche Kunde haben, seine Lehre die älteste mit einer religiös ausgeprägten Heilandsvorstellung. Daß man dieses Wunder gerade von ihm erzählte, wird sich uns gleich bedeutsam erweisen; denn der Hauptkultus seiner Gemeinde galt der · Sonne als der sichtlichsten Offenbarung des Lichtprinzips in der Welt. „Siebenmal lachte Gott, und auf sein Lachen wurden die sieben weltumfassenden Götter geboren… Beim siebenten Male lachte er Freudentränen, und geboren wurde Psyche." Diese Worte stehen in einem graeco-aegyptischen Weltschöpfungstraktate.[1]) Unter den sieben niederen Göttern, die hier als Emanationen des höchsten erscheinen, wird Helios in dem Traktat der vornehmste genannt. Aber Helios erhielt sogar eine zentrale Stelle in einem anderen orientalisierenden Weltschöpfungsmythus. „Deine Tränen sind das schmerzensreiche Geschlecht der Menschen[2]); lachend brachtest du der Götter heiliges Geschlecht zur Welt." So heißt es in dem hexametrischen Hymnus eines Platonikers auf Helios.[3]) Demselben Vorstellungskreise entstammen die zwei Hexa-

---

dubiam spem prosperioris geniturae iam tum daret (ausgeführt in der Vita des Grammatikers Focas, ebd. S. 51). Freilich ist zwischen dem „nicht Schreien" bei der Geburt und dem „Lachen" ein Unterschied. Auch Dionysos ist bei der Geburt ἀδάκρυς und lacht bald nachher zu den Sternen (Nonnos IX 26. 35f., ebenfalls von Stuart notiert).

1) A. Dieterich, Abraxas (Lpz. 1891) S. 17, 30. 18, 74, verbessert von R. Reitzenstein, Die Göttin Psyche (Sitzungsber. d. Heidelb. Ak. 1917, 10. Abh.) S. 30. Ob˙ich in den Worten ἕβδομον καγχάcαντοc τοῦ θεοῦ ἐγένετο Ψυχή, καὶ καγχάζων ἐδάκρυcε die beiden letzten im Text richtig paraphrasiert habe, ist mir nicht ganz sicher; vielleicht ist gemeint: der Gott, der dereinstigen Leiden Psyches kundig, sei mitten im Lachen in Tränen ausgebrochen.

2) Aegyptisch: A. Erman, Lit. d. Aegypter ˙Lpz. 1923) 78, 1 „Nach einer Sage, die auf einem Wortspiel beruhte, weinte das Sonnenauge, und aus diesen Tränen entstanden die Menschen". Vgl. folg. Anm.

3) Proklos zu Plat. Pol. ed. W. Kroll I 1 25

δάκρυα μὲν cέθεν ἐcτὶ πολυτλήτων γένοc ἀνδρῶν,

φηcίν τιc τὸν ῞Ηλιον ὑμνῶν. I 128 wird der zweite Vers hinzugefügt.

μειδήcαc δὲ θεῶν ἱερὸν γένοc ἐβλάcτηcαc.

Dieser Vers ist erst durch Kroll aus der Überlieferung der einzigen Hs. dieses Werkes des Proklos so zum Vorschein gekommen (in den Orphica fr. 236 Abel stand er in einer Mißgestalt, die die Beziehung auf Helios nicht erkennen ließ). Den Gedanken des ersten der beiden Verse deutet Proklos auf die weinenden Heliaden des Phaethonmythus, aber es liegt viel tiefer. „Ich weinte…, und die Menschen entstanden aus den Tränen, die aus meinem Auge kamen", sagt der aegyptische Schöpfergott in einem großartigen Hymnus (übersetzt von G. Roeder, Urk. z. Relig. d. alt. Aegyptens, Jena 1915, 108). Der griechische Vers ist ersichtlich eine genaue Wiedergabe der aegyptischen Worte, nur ist aus der Rede des Gottes selbst eine Anrede an ihn gemacht. — Wir brauchen, wenn es erlaubt ist bei dieser Gelegenheit einen Wunsch auszusprechen, dringend eine Sammlung aller in Büchern, Zauberpapyri und Inschriften weithin verstreuten, zur Zeit ganz unübersehbaren Reste der 'Hymnen' der meter: „Helios ist Lachen: ihm lacht ja der sterbliche Sinn und das Weltall".[1]) Diese aus einer offenbar viel reicheren Überlieferung uns zufällig kenntlichen Spuren scheinen zum Verständnis des Schlußgedankens der Ekloge zu führen. Das Kind, das an seinem Geburtstage lacht, verrät eben dadurch seine übernatürliche Abstammung: es ist aus Helios', des lachenden Gottes, Geschlecht. Hier verknüpfen sich die Fäden unserer Untersuchung. Das Kind, am Aiontage geboren, der Repräsentant des goldenen Zeitalters, in dem **Helios das Regiment übernimmt —, mit lachenden Augen schaut es in die neue Welt, ein Sonnenkind.**[2])

Das Geburtstagsgedicht klingt in ein Hochzeitsmotiv aus: wer nicht mit lachenden Augen auf die Welt kam,

nec deus hunc mensa dea nec dignata cubili est.

Worauf der Dichter hier anspiele, sei unklar, heißt es in den Kommentaren, soweit in ihnen nicht, wie schon in denen des Altertums selbst, Irrtümliches steht.[3]) In der Tat dürfte es nicht leicht sein den

---

astrologischen und Orakelverse von der hellenistischen Zeit an bis auf Proklos und Dionysios Areopagita. Ein solches Unternehmen, dessen Ausführung ich selbst einst im Anschluß an mein Buch 'Agnostos Theos', wo ich gelegentlich mit solchem Material operieren mußte, geplant, dann aber aufgegeben habe, wäre eine Ehrung für die Manen des Verfassers des 'Aglaophamus'; als Muster wären etwa zu nennen: G. Wolff, Porphyrii de philosophia ex oraculis haurienda librorum reliquiae; K. Buresch, Klaros; W. Krolls Sammlung der 'chaldaeischen' Orakel; O. Kerns Orphica.

1)   'Ἥλιός τε γέλως· τούτῳ γὰρ ἅπασα δικαίως
                καὶ θνητὴ διάνοια γελᾷ καὶ κόσμος ἀπείρων.
Stobaeus ecl. 5,14 (p. 77 Wachsm.) mit der Autorensignatur: Ἑρμοῦ. Auf diese Verse bin ich aufmerksam geworden durch ihr Zitat in Fr. Bolls Abhandlung über die Lebensalter, N. Jahrb. XXXI (1913) 126. Brieflich teilte mir Boll mit, daß auch er die Bedeutung der Verse für das Verständnis der Schlußworte des virgilischen Gedichts erkannt habe. — Übrigens ist τούτῳ Dativ wie Lucr. 18 *tibi rident aequora ponti.* Die Kongruenz ist bemerkenswert: das lucrezische Prooemium schließt sich an religiöse Formelsprache ganz an (Agn. Theos 150. 172f. 350). — In der reichen Stellensammlung für metaphorischen Gebrauch des 'Lachens' bei C. Hense, Poet. Personification (Halle 1868) 260 ff. findet sich aus hellenischer Literatur kein Beispiel für das Lachen des Helios, was schwerlich Zufall ist, da diese Metapher von dem Meer, der Erde, der Luft, dem Frühling, den Blumen ganz geläufig ist; aber aus Hölderlin ist angeführt: „So steht und lächelt Helios über uns" sowie (Antikem schon näher): „freudig sah | des Sonnengottes Auge die Neulinge, | die Pflanzen, seiner ewgen Jugend | lächelnde Kinder" (*ridenti ... acantho* Virgil selbst in dieser Ekloge 20).

2) S. Reinach sagt in dem o. S. 14, 1 zitierten Aufsatz S. 371 „Le pacificateur est, en quelque sorte, *le fils du Soleil.*" Seine Begründung ist ganz andersartig und so, daß ich nicht mitzukommen vermag, aber die Verwandtschaft seiner Ansicht mit der meinigen ist mir erfreulich.

3) Das muß m. E. auch von Scaligers Versuche gelten, den Fowler a. a. O. (o. S. 62, 2) bekannt gemacht und zu unterstützen unternommen hat: 'Nascentibus putabant adesse, mari Genium qui est deus mensae, feminae Iunonem quae est dea

5*

Gedanken innerhalb der Verbindung, in der er hier erscheint, aus
antiker Literatur zu belegen, während das bei den zitierten Worten
selbst, löst man sie aus dieser ihrer Verbindung, nicht besonders
schwierig wäre. Schöne pindarische Stellen[1]) tauchen da in der
Erinnerung auf: „Er werde wahrlich in Frieden allezeit immerfort
Ruhe erlosen, der großen Mühen auserwählten Lohn, in seligen
Häusern, empfangen die blühende Hebe zur Gattin, und Hochzeit
schmausend bei Zeus dem Kroniden." „Jetzt aber wohnt er beim
Aigishalter und pflegt des schönsten Glückes, ist geehrt bei den Unsterblichen, die ihn lieben, hat Hebe zur Gattin, goldner Häuser
Fürst und Eidam Heras." „Es ist kein so barbarisches noch fremd-
züngiges Volk, das nicht von des Heros Peleus Ruhm gehört hat, des
gesegneten Schwagers der Götter." Die Annahme, daß Stellen dieser Art die Ausdrucksweise des Dichters beeinflußt haben könnten
— wie es doch gewiß in Horazens Versen *Iovis interest optatis epulis
inpiger Hercules* der Fall ist —, schiene mir durchaus im Bereiche
der Möglichkeit zu liegen; aber das beträfe eben doch nur die
sprachliche Formung des Gedankens. Der fremdartige Zusammenhang, in dem er hier auftritt, würde durch eine solche Annahme
kaum berührt, und dasselbe würde zu gelten haben, wenn man etwa
das hübsche Märchenmotiv aus Persius (2, 37) heranziehen wollte:
„Diesen Knaben sollen sich zum Eidam küren König und Königin."
Näher würden wir die Gedankenverbindung streifen, wenn wir uns
an den Schluß des Märchens von Eros und Psyche erinnerten —
das Mädchen, in den Himmel emporgehoben und an der Tafel der
Olympier dem Gotte angetraut —, und da kämen wir denn auch in
eine Gegend, in der wir im Verlaufe dieser Untersuchungen immer
heimischer geworden sind: denn daß der Orient, gerade auch was
das Hochzeitsmotiv betrifft, in jenes Märchen irgendwie hineinspielt,
darf nach Reitzensteins Forschungen als sicher gelten. Aber in den
Kern des Problems dringen wir doch erst ein, wenn wir einer
Heilandshochzeit gedenken. „Halleluja, weil unser Gott der Herr,
der Allherrscher, vom Königtum Besitz ergriffen hat. Wir wollen
uns freuen und jubeln..., weil die Hochzeit des Lammes gekommen
ist und sein Weib sich geschmückt hat... Er (der Engel) sagte

---

cubilis. Qui, inquit, non risere ad parentes, non Genius illum accipit mensa nec dea
cubili'. Es liegt auch hier der, wie mir scheint, grundsätzliche Fehler vor, das Besondere des Wunderkindes auf das Niveau des Alltäglichen herabzudrücken. — Neuestens
ist gar die Deutung aufgestellt worden, der Schluß des Verses beziehe sich auf das
Zubettebringen des Kindes durch eine Göttin (Birt a. a. O.).

1) N. 1, 69. I 3 (4), 58. 5 (6), 24. Ich gebe die Stellen in Fr. Dornseiffs Prosa-
übersetzung.

mir: 'Selig die zum Hochzeitsmahle des Lammes Geladenen'«. Für den Apokalyptiker (19, 7 f.) war das schon eine Allegorie, die er dann weiterhin ausführt, auf älteren neutestamentlichen Stellen dieser Art fußend. Aber hinter der symbolischen Deutung stand ein Mythus, der die Hochzeit des Soter schilderte; und die Braut war, ehe sie zum himmlischen Jerusalem oder zur Kirche Christi oder (in der Gnosis) zur Sophia umgedeutet wurde, eine Göttin.[1]) Wie sie geheißen habe, bleibe dahingestellt; am besten (weil das die Möglichkeit der Verflüchtigung in die Allegorie erklären würde), wenn sie keinen bestimmten Namen trug[2]), sondern eine Himmlsjungfrau von der Art war, wie sie Aristophanes, die kultische Hochzeit der βαcίλιννα mit Dionysos parodierend, am Schluß seiner 'Märchenkomödie', der Vögel, dem athenischen Philister angetraut werden läßt. Die Schriften der Väter, in denen der Einzug Christi ins Brautgemach (die παcτάc) geschildert, er als der ideale *sponsus* gepriesen wird, sind gar nicht vergnüglich zu lesen, erst recht nicht wenn sie, wie das Symposion des Methodios, sich platonisch schminken; aber religionsgeschichtlich interessant sind sie doch, weil sie einen alten Mythus, wenn auch verdorben durch Symbolik und verhüllte Sinnlichkeit, weitergeben. Dieser Hochzeiter ist, bevor ihn christliche Mystik zum Seelenbräutigam wandelte, ein Bruder des virgilischen Knaben gewesen, der einst das Lager mit einer Göttin teilen wird. Dieses Glück blüht ihm wahrlich nicht erst nach seinem 'Tode', von dem in der Ekloge nirgends, auch nicht andeutungsweise geredet wird — solches ἀπρεπέc, solches ἄκαιρον schieben erst die Exegeten einem Gedichte, das doch der Geburtsfeier dient, unter —, sondern als Krone des Lebens. Es braucht, um einleuchtend zu erscheinen, wohl nur ausgesprochen zu werden, daß der Schlußvers, der dem Gepriesenen das Schmausen an der Göttertafel und die Ehe mit einer Göttin verheißt, der Idee nach zusammengehört mit den Versen 15—17, wonach er das Leben der Götter empfangen, in den Verein der Seligen aufgenommen und zum Weltherrscher eingesetzt werden wird. Mit diesen Versen werden wir uns weiterhin genau beschäftigen; der Beweis, daß sie den Höhepunkt seiner Lebenslaufbahn, seine Inthronisation als Gottkönig bezeichnen, wird sich erbringen lassen. Nun bilden in den vorhin angeführten Worten des Apo-

---

1) Seit H. Gunkel ('Die Hochzeit des Christus', Teilabschnitt seiner Abh. 'Zum religionsgesch. Verständnis des N. T.', Götting. 1903, 59) dies durch eine Fülle von Material bewiesen hat, gilt es als wichtiges und gesichertes Besitztum. Vgl. auch Ed. Meyer, Urspr. u. Anfänge d. Christentums II (Stuttg. 1921) 390.

2) In babylonischer Tradition hieß sie Aja, d. i. 'die Braut': Gunkel a. a. O. Vgl. A. Jeremias a. a. O. [o. S. 29, 3] 313 f.

kalyptikers (19, 7f.) Regierungsantritt und Hochzeitsfeier des Soter
eine Einheit, und auch an einer weiteren Stelle (21, 2) läßt er die
Braut sich schmücken, als der Soter sich anschickt die Königsherrschaft über die neue Welt anzutreten. Ebenso war es in dem zu-
grundeliegenden babylonischen Mythus.[1]) Hier wie dort bildet das
Doppelmotiv eine Einheit und krönt die ganze Handlung als Schluß.
Wenn sich also in der Ekloge die beiden Motive ebenfalls finden,
aber örtlich getrennt, so muß der Dichter aus Kompositionsgründen
die Einheit gelöst haben. In der Tat gibt er — dies beobachteten
wir schon öfters und werden es immer wieder bestätigt finden —
die Lebensgeschichte des Gepriesenen nicht in Form eines zeitlich
geordneten Berichts, sondern greift aus dem Vollbilde, das sein künst-
lerischer Sinn sich aus der Vorlage schuf, einzelne Züge heraus, die
er dem Gesamtplane seiner Schöpfung an den ihm passend erscheinenden Stellen einfügt. Diese Anordnung des Stoffes war, wie wir
durch einen Vergleich mit erhaltenen Sibyllinen sehen werden, seine
künstlerische Tat: die Reihenfolge im Chronologischen wurde von
ihm aufgehoben zugunsten einer die Einbildungskraft stets von neuem
anregenden Komposition. So auch hier. Der Antritt des Königs-
regiments wird in drei weihevollen Versen (15—17) verkündet; dieses Ereignis wird als Höhepunkt der Entwicklung allen anderen,
zeitlich darauf folgenden vorweggenommen: es steht genau an der
Stelle, wo zum ersten Male von der künftigen Ehrenlaufbahn des
Knaben die Rede ist. Hier, wo nun zunächst die Kindheitsge-
schichte einsetzt (18 ff.), schon die himmlische Hochzeit zu erwähnen
— man braucht sich das nur auszudenken, um die Unmöglichkeit
einzusehen. Dem Hochzeitsmotiv beließ er seinen in Mythus und
Märchen althergebrachten Platz am Schluß.[2]) So vereinigt es sich
mit dem am Anfang der *honores* stehenden Königsmotiv zu einer
ideellen Einheit; es war eben im ursprünglichen Wortsinne die 'hôch-
gezît' des Gepriesenen, die ihm Krone und Braut zugleich bescherte.
Es dünkt mich hübsch, daß das Brautmotiv als einziges in dem vom
Zukunftstempus beherrschten Gedicht (35 Futura) in ein perfektisches
Tempus gekleidet ist: 'nur Sonnenkinder haben das Hochzeitsmahl
an der Tafel der Seligen geschmaust und eine göttliche Braut
heimgeführt' Hierdurch wird der Knabe mit seinen Brüdern aus
der Vorzeit in eine glanzvolle Reihe gestellt.

—

1) Gunkel a. a. O.
2) Pindar schließt sein märchenreichstes Gedicht, Pyth. 9, mit dem Brautmotiv
eines kyrenaeischen Märchens. Von den drei oben S. 68, 1 zitierten pindarischen
Stellen bildet die erste ebenfalls den Schluß des Gedichts.

So kann die Märchenwelt Wirklichkeit werden. Wir wollen deshalb kurz bei einem über das irdische Maß erhöhten Hochzeiter verweilen, einem wohlbekannten, dem allerdings auf der Freite nach einer seligen Braut zu begegnen wir uns gar sehr verwundern müssen. Das Prooemium des ersten Buches der virgilischen Georgica schließt mit einer hymnenartigen Anrufung des *Caesar iuvenis*. Noch ist er im Osten, aber nach seiner Rückkehr wird er als Weltherrscher das Zeitalter, in dem das Oberste zu unterst gekehrt ist, wieder aufrichten.[1] Sicherlich werde er als irdische Manifestation eines Gottes kommen; nur das sei noch ungewiß, auf welche kosmische Region seine Wahl dabei fallen werde, Erde oder Meer oder Himmel. Wenn auf das Meer, 'so wird ihm Tethys, die Gemahlin des Okeanos, eine ihrer Töchter zur Frau geben, und als Brautgeschenk wird sie dem Schwiegersohne ihr ganzes Wogenreich anbieten'. Dieser Vers (31) steht gegen Ende einer sich über fast siebenunddreißig Verse erstreckenden Periode sakralen Stils und religiöser Rede (wohl der längsten, die es in Poesie gibt und in Prosa nur vergleichbar dem Gebet, mit dem Cicero seine Rede de domo sua ad pontifices 144f. beschließt). Kein Gedanke also daran, daß das Hochzeitsmotiv tändelndem Spiele diene: vielmehr gehörte es offensichtlich zum hieratischen Bestande solcher Vorstellungsreihen, daß dem Soter beim Antritt des Weltregiments ein ἱερὸς γάμος die Weihe gibt. Die Meermaid als Braut bei der Wahl einer Manifestation als Meeresgott: das ist eine besondere Huldigung für den Caesar, der sich gern als Wiederhersteller der Sicherheit auf den Meeren preisen hörte und auf Münzen als sein Horoskop das Zeichen des Capricornus, 'des Beherrschers der Hesperischen Gewässer', prägte.[2] Wie aber, wenn die Wahl, was als Möglichkeit eingehend erwogen wird, doch auf den Himmel fiele? Es scheint mir einleuchtend: die Wahlfreiheit zwischen den Reichen des Kosmos ist ein sekundäres Motiv, von dem Dichter um jener Huldigung willen erfunden; das

[1] Der letzte Gedanke — *hunc saltem everso iuvenem succurrere saeclo ne prohibete* (sc. *di patrii*) — steht im Epilog (500), der sich mit dem Prooemium zu einer imposanten Einheit zusammenschließt. Also im Großen die gleiche Technik einer örtlichen Trennung von sachlich Zusammengehörigem, die wir in kleinerem Rahmen soeben innerhalb der Ekloge beobachteten.

[2] Näheres darüber gegen Schluß dieser Untersuchungen. Die Worte der Georgica 29f. *an deus immensi venias maris ac tua nautae numina sola colant* lassen sich durch die hübsche, mitten aus dem Leben genommene Erzählung Suetons (Aug. 98, 2) von den *nautae de navi Alexandrina* illustrieren, die dem Augustus in Puteoli opferten und ihn priesen: *per illum se vivere, per illum navigare, libertate atque fortunis per illum frui*, worüber der Kaiser sich ausbündig freute.

primäre war dies, daß der Soter als Weltherrscher in Himmelsmajestät erscheint. Dann bekommt er also eine Himmelsbraut.

Σὺ δὲ νυμφίε χαῖρε.
Νυμφίε χαῖρε.
Χαῖρε νέον φῶς.

Diese liturgische Formel aus Dionysosmysterien, die ein abscheulicher christlicher Eiferer (natürlich ein ausgepichter Renegat) verraten hat[1]), um sie den Mysterien des 'Bräutigams Christus' entgegenzustellen, kann uns etwa die Stimmung vermitteln, in die der Dichter des auf einen hochfeierlichen Ton gestimmten Georgica-Prooemiums den Leser versetzen wollte. In den Schlußversen der Ekloge ist der Ton vom Mythischen ins Märchenhafte, vom Erhabenen ins Tändelnde gesenkt. Das entspricht der Altersstufe des Angeredeten — das Segenskind in der Wiege — und dem Stil dieses bukolischen Liedes mit seinem Programm (Vers 1): *paulo maiora canamus*. Die nächsten Kapitel werden den tieferen Grund für diesen Wechsel der Tonart zu ermitteln suchen[2]); das vorliegende möge eine Frage beschließen. Gern wüßte ich, welcher apokryphen Quelle der junge Schiller folgte, als er in seiner 'Phantasie an Laura' diese Strophen dichtete (Saekular-Ausgabe I, 223):

> Mit der Liebe Flügel eilt die Zukunft
> in die Arme der Vergangenheit,
> Lange sucht der fliehende Saturnus
> seine Braut — die Ewigkeit.

> Einst — so hör ich das Orakel sprechen —,
> einsten hascht Saturn die Braut:
> Weltenbrand wird Hochzeitsfackel werden,
> wenn mit Ewigkeit die Zeit sich traut. [3])

1) Firmicus Mat. de errore prof. rel. c. 19 (p. 47, 4 Ziegler). Die Formel ist oft behandelt, nicht in allem richtig, wie mir scheint. In der (einzigen) Hs. ist der Anfang des Kapitels lückenhaft, dann folgen die Worte δενυνφε χαιρε νυνφε χαιρε νεον φωc. Am Anfang hat H. Diels (bei A. Dieterich, Mithrasliturgie[2], Nachträge zu S. 214) cὺ ergänzt. Diesen Vers sang wohl der ἔξαρχος, dann fiel die Gemeinde ein νυμφίε χαῖρε. Durch dieses ‘χαῖρε wurde ein abermaliges χαῖρε verdrängt, also: ⟨χαῖρε⟩ νέον φῶς. Diese Ergänzung scheint mir gesichert durch Plut. qu. conv. VII 2, 3 p. 705 D Θεοδέκτην ἐκεῖνον εἰπόντα ‘χαῖρε φίλον φῶς’ κτλ. und den Anfang der 3. Rede des Himerios: χαῖρε φίλον φάος (aus Anakreon fr. 124 Bgk.). Die 3 Kurzverse, die wir so gewinnen, sind im Grunde alle gleichwertig die zwei letzten sind ‘Adonei’ (Typus: ἄξιε ταῦρε), die auch sonst in Verdopplung begegnen (Wilamowitz, Gr. Versk. 389), der erste ebenfalls, aber mit ‘Anakrusis’, ein sog. ‘Reizianum’ (Typus: ἰήιε παιάν).

2) Ähnlich stilisiert ist der entzückende Vers 23 *ipsa tibi blandos fundent cunabula flores*. Gar nicht unmöglich, daß auch dieses Wunder eine große Vergangenheit gehabt habe. Von vielen ist damit zusammengestellt worden Eurip. Phoin. 649 f. Βρόμιον ἔνθα τέκετο μάτηρ Διὸς γάμοιcι, κιccὸc ὃν περιcτεφὴc ἑλικτὸc εὐθὺc ἔτι βρέφος χλοηφόροιcιν ἔρνεcιν καταcκίοιcιν ὀλβίcac ἐνώτιcεν, und für das hier fehlende Motiv der Wiege mag man an den Kult des Διόνυcοc λικνίτηc denken. Aber vorschnelle Schlüsse widerrät der dionysische Efeu im Gegensatz zu den *flores* der Wiege in der Ekloge.

3) Αἰών - Χρόνος - Κρόνος (Saturnus) kann letzthin wohl nur iranischen Ursprungs sein.

V. DAS GÖTTLICHE KIND

Gibt es nun — das ist eine weitere, bedeutungsvolle Frage — eine Möglichkeit, dem virgilischen Gedichte oder seiner Vorlage innerhalb des Kreises all dieser in so hohem Grade merkwürdigen Vorstellungen einen irgendwie bestimmten Platz zuzuweisen? Reinhellenisch sind sie nicht, also müssen wir im hellenisierten Orient suchen. Bei dem Kinde der Gnade und des Segens denken wir gewöhnlich nur an das Christkind, und in der Tat sahen wir wiederholt, daß wir ihm das Sonnenkind an die Seite stellen dürfen. Aber um die Trias voll zu machen, fehlt noch der weitaus älteste dieser Lieblinge der Menschheit. Wir dürfen, wie mir scheint, auf der Suche nach dem Kindlein der Ekloge, das so unbestimmt, und doch wieder mit so geheimnisvoller Bestimmtheit *puer, parve puer*, als müßte es jeder kennen, angeredet wird, eines 'Kindes' nicht vergessen, das schon in seinem Namen eben diese Bezeichnung trug. Es ist für die Aegypter seit Urzeiten „die Personifikation des idealen Kindes schlechthin"[1]) gewesen: „Horus das Kind" = aegyptisch Har-pe-chrot, graecisiert Harpokrates[2]), παιδίον, *infans, parvulus*, wie er von griechischen und römischen Schriftstellern oft genannt wird: denn mit der Verbreitung der Isisreligion über große Teile der griechisch-römischen Welt wurde in ihr auch das 'Kind', wie wir weiterhin noch sehen werden, so bekannt und beliebt wie kaum irgend etwas sonst aus einer fremdländischen Kultur. „Kein Gott", sagt A. Erman[3]), „hat dem Volke mehr am Herzen gelegen als der kleine Harpokrates, und die Figuren, die ihn kindlich spielend darstellen, zeigen, was die Leute an diesem Bambino so besonders freute. Aber daneben zeigt er sich doch auch als göttliches Wesen. Er thront als Nachfolger des Sonnengottes im Schiffe oder in der Blume und reitet auf dem Widder, den sonst Amon gehabt hatte.... Auch bei seiner Mutter Isis betont man gern die menschliche Seite und stellt sie mit ihrem Säugling dar, zuweilen in einer Haltung, die auffällig

---

1) G Roeder 'Horos' in R.-E. VIII, 2435. Vgl. A. Moret in dem unten (S. 76, 1) anzuführenden Werke S. 18 „Horus incarnait en lui l'idée la plus haute que les Égyptiens avaient pu se faire du *Fils*; aussi dans les groupements de dieux en triades composées du dieu père, de la déesse mère et du dieu fils, ce dernier est-il sans cesse identifié à Horus. Le culte d'Horus dieu-fils lui a valu d'ailleurs un nom spécial 'Horus l'enfant'." „Le dieu-enfant" nennt ihn P. Roussel, Les cultes Égyptiens à Delos (Par. 1915/6) 279.

2) Die Differenz in der Vokalisation der ersten Silbe von Horus-Harpokrates erklärt sich daraus, daß der aegyptische Name des Gottes *Hor* in der Komposition *Har* lautete (Roeder a. a. O.).

3) Die aegypt. Religion³ (Berl. 1909) 244 f.

an unsere Madonna erinnert." Manches in diesen Worten könnte uns in die idyllische Stimmung des virgilischen Gedichts hineinversetzen. Die für dieses so charakteristische Bewegung des stilistischen Pendels zwischen tändelndem Spiel mit dem Knäblein und ehrfurchtsvoller Prädikation seiner Göttlichkeit — ein Schwanken, das einige Exegeten fast zur Verzweiflung brachte und sie zum Tadeln des Dichters verleitete, der den Stil nicht festzuhalten vermocht habe — findet so mit einem Schlage ihre Erklärung: haben es doch die Horusgläubigen und, wie wir hinzufügen können, die Verfasser der Evangelia infantiae mit ihren παιδία nicht anders gehalten.[1]) Aber über das Stilistische hinaus lernen wir noch ein Weiteres. Plutarch schreibt in seiner Schrift über Isis und Osiris: „Horus, der Isis Sohn, soll zuerst dem Helios geopfert haben, wie in dem Werke, welches betitelt ist 'Geburtsfest des Horus', geschrieben steht".[2]) Diese Nachricht fand ich bestätigt in einem von H. Brugsch veröffentlichten Festkalender von Edfu, in dem zum 3. Pharmuthi notiert ist[3]): „Es werde ausgeführt (was vorgeschrieben ist in dem Buche) 'Von der göttlichen Geburt' der Sonne an diesem Tage. Es werde ausgeführt (was vorgeschrieben ist in dem Buche) 'Von der göttlichen Geburt' des Horus am 2. Tage des Mondes dieses Monats", zum 20. Tybi: „Fest des Kindes".[4]) Ließe sich nun für das virgilische Gedicht ein passenderer Titel finden als dieser: 'Geburtsfest des Kindes', Γενέθλια τοῦ παιδός? Überhaupt trifft man beim Blättern in den Übersetzungen aegyptischer Texte erstaunlich oft auf 'das Kind', nicht etwa bloß auf das Kind Horus: die Sonne als Kind, das Kind Hika, das Kind Haq, und wie sie alle heißen. Gelegentlich wird, wie in dem zuletzt angeführten Beispiel, auch bloß „das Kind" gesagt. An die Entwicklungsphasen des Kindes von dem Moment seiner Konzeption bis zu dem seiner Geburt knüpften sich Feste; in die Wochenstube, genannt „Zimmer der Entbindung", werden wir hineingeführt, und die Geburt selbst wird uns auf Bildern mit stärkstem Realismus vor Augen gestellt. Aus dem griechischen und römischen Altertum gibt es weder an Masse noch an Art Vergleichbares[5]) — außer eben

---

1) Man halte daneben, um an einem an sich vergleichbaren Stoffe den Unterschied zu fühlen, Theokrits Herakliskos: da ist die heroische Stilisierung sorgsam gewahrt.

2) Plut. c. 52 ἐν τοῖc ἐπιγραφομένοιc Γενεθλίοιc "Ωρου.

3) H. Brugsch-Bey, Drei Festkalender (Lpz. 1877) 25 u. 26. Diese Kalender aus Edfu (Apollinopolis Magna) gehören der späten Ptolemaeerzeit an.

4) Vgl. S. 5: „Abgenommen werde das Gewand dieser Göttin (Hathor) und vollzogen alles, was vorgeschrieben ist in dem Buche 'Von der göttlichen Geburt' "

5) Wie weit bleiben dahinter zurück die Erzählungen von dem kleinen Dionysos, Hermes und Herakles oder dem Apollon in Kallimachos' Demeterhymnus.

unserem Gedicht: diese Tatsache allein wäre, auch abgesehen von allen Einzelheiten, die weiterhin zur Sprache kommen werden, ein Fingerzeig für die Richtung unseres Weges. Nur ein einziges Dokument stellt sich neben dieses Gedicht: die evangelische Geburtsgeschichte. Stets ist es diese Trias, der wir begegnen werden.[1]) Denn es wird nun auf den Versuch ankommen, den Gang der Tradition aufzuzeigen, damit jeder Gedanke an Zufälligkeit oder an Parallelität der Entwicklung ausgeschlossen werde.

Zu diesem Zwecke wollen wir ein aegyptisches Theologumenon kennen lernen. Es reicht bis in die fünfte Dynastie (Mitte des 3. Jahrtausends) hinauf und hatte in der Hauptsache folgenden, nach der Annahme aller Sachkenner völlig gesicherten Inhalt. Amon-Rê, der Sonnengott, naht sich einer Sterblichen, der Königin, „der Schönsten der Frauen", „derjenigen, die er liebt", in Gestalt ihres Gatten, des Königs. Sie erwacht von dem Wohlgeruche, der ihn umgibt, und frohlockt über den Anblick seiner Schönheit. In der Liebesvereinigung gibt er sich ihr zu erkennen. „Herrlich, dein Angesicht zu schauen, da du dich meiner Majestät verbindest in voller Gnade. Dein Tau durchdringt alle meine Glieder", spricht sie zu ihm beseligt und frohlockend. In dem Augenblick, wo er „sein Herz auf sie gelegt hat", ist sie nicht mehr sterbliches Weib, sondern Göttin. Beim Scheiden verheißt ihr der Gott die Geburt eines Knaben, mit dem er ganz sein will und der die Erde mit seinen Wohltaten beglücken wird. „Er wird ein Königtum der Gnaden in diesem Lande ausüben, denn meine Seele ist in ihm", spricht der Gott zu seiner Erwählten, „Du bist mein leiblicher Sohn, den ich erzeugte" zu dem Knaben nach dessen Geburt.[2]) In diesem Sohne manifestiert sich Horus. Wenn er als Pharao den Thron seiner Väter besteigt, nimmt er den Namen dieses Gottes als Titel an, denn Horus ist in ihm wiedergeboren, und wie dieser der regierende König der Vorzeit war, Segenspender und Wohltäter des Landes, so wird es jetzt der neue Herrscher sein. Die Sonne, die er vom Samen seines Vaters in sich trägt, geht neu in ihm auf; Sonne und Mond, die Horusaugen, trägt er in

---

[1]) Ich wüßte freilich noch einen vierten *puer* zu nennen, aber er ist uns nur von ferne kenntlich und sein Kultgebiet war ganz beschränkt. Der semitische Gott Aziz wird auf Inschriften orientalischer Truppen des Imperiums *deus bonus puer Phosphorus*, auch bloß *bonus puer* genannt. Nachweise bei Fr. Cumont, R.-E. II 2644 (‘Azizos’) und mit Angabe vielfacher semitologischer Literatur bei D. Nielsen, Der dreieinige Gott I (Berl. 1922) 122f. 233.

[2]) Die Worte sind durchaus physisch zu verstehen. In einem Gedichte auf Ramses II. heißt es (A. Erman, Lit. d. Aegypter 336)· „Du bist der Sohn des Rê, der aus seinen Gliedern hervorgegangen ist."

den seinigen; „Sohn der Sonne" führt er unter seinen Titeln.[1]) Wi
fest diese Vorstellungsreihe in aegyptischer Theologie haftete, zeig
ihre Übertragung auf die Begründer neuer Dynastien nach dem Er
löschen oder dem Sturz der alten. Im Alexanderroman wird erzählt
der letzte der Pharaonen habe sich durch einen Zauber[2]) in dei
Gott Amon verwandelt und in dieser Gestalt der Königin Olympia
beigewohnt; als er sich von ihrem Lager erhob, sprach er zu ihr
„Freue dich, o Weib, denn du hast einen Sohn empfangen, welche:
der Herr der Welt sein wird."[3]) Die Titel „Horus" und „Sohn de:
Sonne" führen auf aegyptischen Inschriften noch die Ptolemaeer
Augustus und Tiberius.

Die Verbreitungsgeschichte dieses Theologumenon über Aegyptei
hinaus soll uns nunmehr beschäftigen.

VI. DIE EVANGELISCHE GEBURTSLEGENDE.

Die evangelische Geburtslegende ist seit dem λόγος ἀληθής de
Platonikers Celsus (kurz vor 200) bis in die neueste Zeit mit 'Paral
lelen' oder 'Analogien' aus hellenischem Mythus und hellenische
Legende fast zu reichlich bedacht worden; aber es ist den Theo
logen von Origenes bis auf die Gegenwart nicht zu verdenken, wen
sie diese nicht anerkennen und den Finger auf das Verschiedenartig
legen, sowie vor allem, wenn sie ihnen jedes Recht als Beweismitte
für geschichtliche Zusammenhänge gewertet zu werden absprecher
Auf diesem Wege wird sich nie ein Ziel erreichen lassen; aber viel
leicht ist ein anderer gangbar, der nicht über eine Phantasiebrück
von Athen nach Jerusalem führt, sondern seinen Ausgangspunkt voi
einem Palaestina benachbarten Lande nimmt, in dem Theokrasie un
Mystik eben zu der Zeit, da jene Legende geschaffen wurde, i
Blüte standen.

1. Die Erzeugung aus dem Pneuma.

Der Evangelist Matthaeus läßt dem Joseph im Traume eine
Engel erscheinen und ihm offenbaren: Maria, seine Verlobte, hab

---

1) Das Vorstehende nach A. Moret, Du charactère religieux de la royaut
Pharaonique, Paris 1902, bes. chap. II: 'La naissance divine du Pharaon'. Die Rich
tigkeit der Angaben hatten A. Erman und H. Schäfer die Güte mir zu bestätigen.

2) In dem aegyptischen ἱερὸς λόγος war es offenbar Amon selbst, der in Ge
stalt des Nektanebos der Olympias beiwohnte und mit ihr Alexander zeugte. Da
war hellenischem Empfinden so fremdartig, daß nun N. zum Zauberer und Betrüge
gemacht wurde: vgl. Reitzenstein, Hellenist. Wundererzählungen (Lpz. 1906) 141. O. Weir
reich, Der Trug des Nektanebos. Wandlungen eines Novellenstoffs (Lpz. 1911) 2.

3) Ps.-Kallisthenes c. 4 ff

als Jungfrau empfangen, „das in ihr Gezeugte ist vom Heiligen Geist".
Bei Lukas findet die Verkündigung des Engels in einem Gespräche
mit Maria selbst statt. Der Engel verheißt ihr Empfängnis und Geburt eines Sohnes; auf ihre Frage, wie das möglich sei, da sie mit
keinem Manne verkehre, antwortet der Engel: „Heiliger Geist wird
über dich kommen, und die Kraft des Höchsten wird dich überschatten; deswegen wird das gezeugte Heilige Sohn Gottes genannt
werden."[1]) Zeugung durch den Heiligen Geist, jungfräuliche Empfängnis, Gottessohnschaft: das sind die drei zu einer einzigen sich
vereinigenden Vorstellungen. Läßt sich ihre Vorgeschichte erkennen?
'Wann und wo diese Anschauung entstanden ist, wissen wir nicht':
diese so von Joh. Weiß formulierte Ansicht[2]) gilt wohl allgemein.
Eine Antwort auf die Frage wird sich aber, wie ich meine, finden
lassen, vorausgesetzt, daß wir in der richtigen Gegend suchen. Ein
wichtiger Zeuge ist Plutarch an drei Stellen. An der ersten sagt er:[3]
„Die Aegypter nennen das Pneuma Zeus (Amon)". Diese Angabe bestätigt nicht nur der in den Αἰγυπτιακά seines Werkes vorzüglich
unterrichtete Diodor (d. h. Hekataios von Teos)[4]), sondern in der
Gebetsformel eines aegyptischen Zauberpapyrus heißt es geradezu:
„Du bist das Pneuma des Amon"[5]), und diese Papyri sprechen in
Abschnitten, die christlichen Einflusses unverdächtig sind, vom „heiligen Geiste Gottes".[6]) Die Angaben der griechischen Quellen
werden durch original-aegyptische vollauf bestätigt: in Hymnen auf
Amon wird oft „der Atem" des Gottes genannt, und zwar der „leben-
schaffende Atem" dieses Gottes.[7]) Nach den beiden anderen Stellen

---

1) Mt. 1, 18 f. πρὶν ἢ cυνελθεῖν αὐτοὺς εὑρέθη ἐν γαστρὶ ἔχουcα **ἐκ πνεύματοc
ἁγίου**.... Τὸ ἐν αὐτῇ γεννηθὲν ἐκ πνεύματόc ἐcτιν ἁγίου. Luk. 1, 35 πνεῦμα ἅγιον
ἐπελεύcεται ἐπί cε, καὶ δύναμιc ὑψίcτου ἐπιcκιάcει cοι· διὸ καὶ τὸ γεννώμενον ἅγιον
κληθήcεται υἱὸc θεοῦ.

2) Schr. d. N. T. I² (Gött. 1907) 235 f.

3) Plut. de Is. et Os. 36 Δία μὲν γὰρ Αἰγύπτιοι τὸ πνεῦμα καλοῦcιν.

4) Diodor I 12, 2 τὸ μὲν οὖν πνεῦμα Δία προcαγορεῦcαι (Αἰγυπτίουc).

5) Wessely, Denkschr. d. Wien. Ak. 1888, S. 120, Z. 2987 cὺ εἶ ἡ ψυχὴ τοῦ
δαίμονοc τοῦ Ὀcίρεωc, cὺ εἶ τὸ πνεῦμα τοῦ ᾽Αμμωνοc (Zitat nach Reitzenstein, Hellenist. Mysterienrel.² 160).

6) Zahlreiche Belege für ἅγιον (ἱερόν, θεῖον, θεοῦ) πνεῦμα aus Zauberpapyri
bei Reitzenstein a. a. O., darunter einmal ἅγιον πνεῦμα mit der Epiklese θεῶν θεά,
also sicher nicht christlich.

7) W. Spiegelberg, Aeg. Ztschr. XLIX (1911) 128: hieroglyphische Belege zu
den in Anm. 3 u. 4 angeführten Stellen Plutarchs und Diodors. Ich notierte mir ferner
aus G. Roeders Urkunden zur Rel. d. alt. Aegyptens folgende Worte eines Hymnus
an den Sonnengott (S. 49): „In dessen Nase der Atem und in dem die Seele wohnt. |
Du atmest die Luft aus, die in deiner Kehle ist, | In die Nasen der Menschen: | Wie
göttlich ist das, wovon man lebt... | Du bist Vater und Mutter der Menschheit, | Sie
leben von deinem Atem." Sehr ähnliche Stellen S. 56. 63. 219. In einem Gebet an

Plutarchs lehrten „die Aegypter": „Es sei nicht unmöglich, daß Gott
mit einem sterblichen Weibe in übernatürlicher Art verkehre: das
Pneuma nähere sich ihr und zeuge in ihr Keime des Werdens".[1])
Diese Angaben Plutarchs lassen sich nun durch eine höchst merkwürdige philonische ergänzen, deren Bedeutung erst unlängst von
H. Leisegang erkannt worden ist.[2]) Der hauptsächliche Inhalt der
weitläufigen Ausführungen Philons ist dieser: Gott steigt in den
Schoß sterblicher Frauen hinab, um mit ihnen zu zeugen. Die Voraussetzung ihrer Jungfräulichkeit ist ihm derartig bestimmt gegeben
— nur mit einer „unbefleckten, unberührten, reinen Natur, der wahr-
haften Jungfrau" verkehre Gott zum Zweck der Zeugung —, daß er
die Sagen der Patriarchenzeit, denen diese ganze Vorstellungsreihe
völlig fremd ist, durch Allegorisieren in einem selbst für ihn fast
unerhörten Maße vergewaltigen muß. Er bezeichnet die Lehre als
ein hochheiliges, ihm überliefertes Mysterium.[3]) Auch ohne diese

Amon heißt es: „Gib Atem, Amon" (A. Erman, Lit. d. Aegypter 381). Das wurde
dann auf den König übertragen: „Er gibt Atem dem, dem er will"; „Der von Amon
Geliebte, der Herr der Gnade, der Atem schafft" (ebd. 338. 348).

1) Plut. Numa 4 δοκοῦσιν οὐκ ἀπιθάνως Αἰγύπτιοι διαιρεῖν, ὡς γυναικὶ μὲν
οὐκ ἀδύνατον πνεῦμα πλησιάσαι θεοῦ καί τινας ἐντεκεῖν ἀρχὰς γενέσεως,
ἀνδρὶ δὲ οὐκ ἔστι σύμμιξις πρὸς θεὸν οὐδὲ ὁμιλία σώματος. Quaest. conv. VIII 1, p. 718 B
οὐδὲν οἴομαι δεινόν, εἰ μὴ πλησιάζων ὁ θεὸς ὥσπερ ἄνθρωπος, ἀλλ' ἑτέραις τισὶν ἀφαῖς
δι' ἑτέρων καὶ ψαύσεσι τρέπει καὶ ὑποπίμπλησι θειοτέρας γονῆς τὸ θνητόν. 'κοὐκ ἐμὸς
ὁ μῦθος', ἀλλ' Αἰγύπτοι τόν τ' Ἄπιν οὕτως λοχεύεσθαί φασιν ἐπαφῆ τῆς σελήνης (d. h.
hier des Osiris als Mondgott: de Is. et Os. 43. 368 C), καὶ ὅλως ἄρρενι θεῷ πρὸς
γυναῖκα θνητὴν ἀπολείπουσιν ὁμιλίαν· ἀνάπαλιν δ' οὐκ ἂν οἴονται θνητὸν ἄνδρα
θηλείᾳ θεῷ τόκου καὶ κυήσεως ἀρχὴν παρασχεῖν διὰ τὸ τὰς οὐσίας τῶν θεῶν ἐν
ἀέρι καὶ πνεύμασι καί τισι θερμότησι καὶ ὑγρότησι τίθεσθαι.

2) Philon de Cherubim 12—15 (I, 146 ff. M.). Während diese Stelle in früheren
Untersuchungen über die christliche Geburtslegende, wenn überhaupt, so nur bei-
läufig und nicht in ihrem ganzen Umfange herangezogen worden ist, hat sie H. Leisegang, zur Zeit der genaueste Philonkenner, in seiner auch sonst an wichtigen Auf-
schlüssen reichen Schrift 'Pneuma Hagion. Der Ursprung des Geistbegriffs der synopt.
Evangelien aus der griech. Mystik' (Lpz. 1922) 43 ff. in ihrer Bedeutung gewürdigt.
Erst durch ihn bin ich auf sie aufmerksam geworden. Demgegenüber bedeutet es
nicht viel, wenn ich sie religionsgeschichtlich etwas anders verwerte. L.s Schrift ist,
wie ihr Untertitel zeigt, mehr hellenisch orientiert und läßt das Aegyptische außer
Betracht. Mit einem solchen Kenner auch des judaeischen Schrifttums weit über die
mir gesteckten Grenzen hinaus wird eine Verständigung über das, was 'Hellenisch'
und 'Hellenistisch' zu nennen ist, nicht schwierig sein.

3) Die philonische Stelle ist viel zu lang, um hier mitgeteilt zu werden. Sie
lohnt die Lektüre und würde, da sie nicht ganz leicht ist, eine Analyse verdienen
(auch Platonisches und Stoisches ist eingestreut, das man, um die Grundvorstellung
zu gewinnen, aussondern muß). Die zahlreichen und starken Paradoxien, zu denen
er sich gezwungen sieht — erhält doch beispielsweise die alte Sara nachträglich
ihre Approbation als Jungfrau —, zeigen nur um so deutlicher, daß er das „hoch-
heilige Mysterium" eines Geschlechtsverkehrs Gottes mit auserwählten Jungfrauen von
anderswoher übernahm. Die Ausdrucksweise ist ganz unmißverständlich, z. B. 13: für

seine Berufung auf eine Tradition würde eine Entlehnung nicht zu bezweifeln sein. Die Quelle läßt sich, sofern man darauf verzichtet Namenjagd zu treiben, die auf diesem Gebiete selten zum Ziele führt, sicher bestimmen: das Zusammengehen Philons mit Plutarch in einer von diesem als aegyptisch bezeichneten Grundvorstellung muß sich aus der graeco-aegyptischen Theosophie erklären, von der Philon aufs stärkste beeinflußt ist.

Die Kongruenz dieser Vorstellungen mit dem evangelischen Bericht erstreckt sich auf Stilistisches. 'Nicht von Erzeugung durch die Gottheit redet der Text, sondern in einer eigentümlich andeutenden und geheimnisvollen Weise: „das in Maria Erzeugte stammt vom Heiligen Geist"', sagt Joh. Weiß zu den Evangelienstellen; auch Plutarch referiert behutsam: „der Geist Gottes zeuge in dem Weibe Keime des Werdens (τινὰς ἐντεκεῖν ἀρχὰς γενέσεως.[1]) Unzweifelhaft walten Zusammenhänge ob: Philon war Zeitgenosse der christlichen Urgemeinde[2]), Plutarch der beiden jüngeren Synoptiker. Ein aegyptisches Theologumenon liegt allen Berichten zugrunde.[3]) Aber zwischen den Berichten Philons und Plutarchs, so genau sie im Grundsätzlichen, der übernatürlichen Zeugung Gottes in einem erwählten Weibe, übereinstimmen, bestehen doch zwei Unterschiede. Dem ersten der beiden läßt sich leicht auf den Grund kommen. Philon spricht in

erwählte Weiber θέμις οὐκ ἔστιν ἀνδρὸς ἐπιλαχεῖν θνητοῦ. μὴ δεξάμεναι δὲ παρά τινος ἑτέρου ἐπιγονήν, ἐξ ἑαυτῶν μὲν μόνων οὐδέποτε κυήσουσι. τίς οὖν ὁ σπείρων ἐν αὐταῖς τὰ καλὰ (dies platonisierend) πλὴν ὁ τῶν ὅλων πατήρ; .... Τὴν γὰρ Σάρραν εἰσάγει (Moses) τότε κύουσαν, ὅτε ὁ θεὸς αὐτὴν μονωθεῖσαν ἐπισκοπεῖ. .. Γνωριμώτερον δ'ἐπὶ τῆς Λείας ἐκδιδάσκει λέγων ὅτι 'τὴν μὲν μήτραν ἀνέῳξεν αὐτῆς ὁ θεός' (Gen. 29, 31), ἀνοιγνύναι δὲ μήτραν ἀνδρὸς ἴδιον. Auch eine Prophetenstelle — eine Seltenheit bei ihm — zieht er hinein: Jeremias 3, 4, wo Gott ἀνὴρ τῆς παρθενίας genannt werde (ἀρχηγός statt ἀνήρ in unserer Fassung der LXX, wie es scheint), was ihm zu langen Betrachtungen über Jungfrauengeburt Anlaß gibt.

1) Was er hier ἀρχὰς γενέσεως nennt, bezeichnet er in einer anderen Schrift (de Is. et Os. 43) als γεννητικὰς ἀρχάς. Letzterer Stelle werden wir später wieder begegnen.

2) Die unwissenschaftliche christliche Biographie bezeichnete ihn als Freund der Apostel Petrus und Marcus.

3) Auf die plutarchischen Stellen hatte, noch ohne sie zu den Pneumastellen der ev. Geschichte in Verbindung zu setzen, schon Reitzenstein (Hellenist. Wundererzählungen, Lpz. 1906, 139 f.) hingewiesen. Leisegang a. a. O. urteilt über sie; „Plutarch trägt auch hier seine eigne Ansicht vom Wesen der Götter in die aegyptische Mythologie hinein. Er sieht den aegyptischen Mythus mit hellenistischen Augen." Ich würde das lieber so formulieren: Plutarch trägt ein ihm, wie seine Worte selbst zeigen, überliefertes aegyptisches Theologumenon vor. Das Hellenische und das Orientalische der Pneumavorstellung hat Reitzenstein (D. hellenist. Mysterienreligionen[2], Lpz. 1920, 159ff.) klar unterschieden. Aus reinhellenischer Literatur ist die Vorstellung, daß ein Gott durch sein πνεῦμα die Empfängnis eines Weibes 'nicht etwa bloß ihre 'Inspiration') bewirke, nicht belegbar.

dem Referat der mystischen Lehre nicht vom Pneuma als dem Zeu-
gungsprinzip. Aber das hat seinen guten Grund. Denn diesen Begriff mußte Philon beseitigen, weil seine Herübernahme ihn in Widerspruch zu einem Grundsatz seiner eigenen Lehre gebracht hätte: in
dieser erscheint das Pneuma derartig spiritualisiert, dem Logosbe-
griffe bis zu dem Grade untergeordnet, daß er sich beflissen zeigt
das Substantielle des Pneumatischen zugunsten eines vergeistigten Begriffs verschwinden zu lassen.[1]) Daher hat er sich ein Theologumenon, in dem das Materielle des Geistbegriffs so stark betont war,
nur unter Preisgabe eben dieses Pneumatischen zu eigen machen
können. Anders liegt es bei dem zweiten Unterschiede. Philon hebt,
wie bemerkt, die Jungfräulichkeit der Gottesbraut aufs stärkste hervor; keine Spur davon bei Plutarch: er spricht nur von einer γυνὴ
θνητή, mit der sich das göttliche Pneuma zeugungskräftig zu vermählen imstande sei. Daß wir diesen Unterschied nicht leicht nehmen
dürfen, erweist eine einfache Überlegung. Plutarch bezeichnet die
von ihm vorgetragene Lehre ausdrücklich als die „der Aegypter",
und in der Tat war der aegyptischen Mythologie und Priesterlehre
der Begriff der Jungfräulichkeit in religiösem Sinne wesensfremd,
wenigstens habe ich ihn in der Übersetzungsliteratur nirgends, auch
nicht andeutungsweise gefunden. Ebenso unbekannt war er dem
Judentum. Dagegen war er der griechischen und römischen Religion
durchaus geläufig.[2]) Dieser Tatsachenbestand erlaubt eine wichtige Schlußfolgerung: das von Philon berichtete „Mysterium" beruhte
auf einer graeco-aegyptischen Synthese, die er durch Gewaltmaß-
regeln dem Judentum aufzuzwingen versucht. Jetzt können wir uns
den Gang dieser theologischen Lehre mit hinreichender Deutlichkeit
vergegenwärtigen. Ihren Ursprung hatte sie in Aegypten. Hier
reichte der Glaube an die Abstammung des regierenden Königs
von dem Sonnengotte Amon-Rê in das früheste Altertum hinauf und
erhielt sich die Jahrtausende im Wechsel der Dynastien unverändert; hier entstand also der Mythus vom Beilager des Gottes mit
einer Sterblichen, der Königin, kraft einer durch die Vorstellung
selbst gegebenen Notwendigkeit; wir lernten diesen Mythus mit seiner farbenfrischen Realistik am Schlusse des vorigen Abschnitts

---

1) Nachweis aus anderen philonischen Schriften: H. Leisegang, Der Heilige
Geist I, 1 (Lpz. 1919) 136 ff.
2) H. Usener, Religionsgesch. Unters. I (Bonn 1889) 70 ff. E. Petersen, Die
wunderbare Geburt (Tüb. 1909) 32 ff., vor allem E. Fehrle, D. kultische Keuschheit im
Altertum, Gießen 1910. — Wilh. Weber, Arch. f. Rel.-Wiss. XIX (1919) 311, 1 macht
über die jungfräuliche Geburt weittragende Andeutungen, auf deren verheißene Ausführung man gespannt sein darf.

kennen. Die Königin ist, als sich der Gott in Gestalt des Königs
mit ihr vereinigt, noch jungfräulich — ist es doch das erste Beilager,
das sie feiern —, aber dies Motiv wird als ein selbstverständliches
gar nicht erwähnt und von einer religiösen Auswertung ist nicht im
mindesten die Rede. In der graeco-aegyptischen Priesterlehre, dem
fruchtbarsten Boden der synkretistischen Religionen, wurde der
Mythus durch das Jungfraumotiv erweitert und mystisch ausgedeutet.
Wie die uralten Osirismythen hier zu Osirismysterien umgeschaffen
wurden, die manches aus der Dionysosreligion in sich aufnahmen,
oder wie die Sarapis- und Isisreligionen sich zu dem von Apuleius
geschilderten griechisch-aegyptischen Mysterienkulte entwickelten,
so wurde auch jener uralte Zeugungsmythus zu dem „hochheiligen
Mysterium", wie Philon es nennt, umgeprägt: Gott zeugt in pneuma-
tischer Vereinigung mit einer Jungfrau einen Sohn. So kam das
Theologumenon auch ins Evangelium. Es läßt sich bei der Herübernahme etwas Interessantes beobachten. 'Sehr eigentümlich ist, sagt
Joh. Weiß, wie die Vorstellung von der Geburt aus der Jungfrau auf
eine ältere Anschauung erst aufgetragen zu sein scheint. Der Gedanke würde viel klarer und zweifelloser hervorgetreten sein, wenn
erzählt wäre, Jesus sei geboren zu einer Zeit, da Maria überhaupt
noch keine Beziehungen zu Joseph hatte. Aber sowohl Matthaeus
wie Lukas berichten, daß die Geburt Jesu stattfand, nachdem Joseph
sein Weib heimgeführt hatte.' Diese vielbesprochene Unstimmigkeit
erklärt sich auf Grund der hier dargelegten Zusammenhänge leicht.
Das aegyptische Theologumenon setzte ja, wie wir sahen, die Ehe
des von Gott begnadeten Weibes mit einem sterblichen Manne voraus: die aegyptische Königin, mit der Amon-Rê sich vereinigt, ist die
Gattin des Königs, Plutarch erwähnt die Jungfräulichkeit des von
Gott begnadeten Weibes überhaupt nicht, und selbst bei Philon, der
die jungfräuliche Empfängnis so stark betont, sind es verheiratete
Frauen (Sara, Lea, Rebekka, Sepphora), mit denen Gott sich verbindet, indem er sie zu Jungfrauen umschafft. Weiterhin werden wir
eine aegyptische Legende kennen lernen, in der Rê mit der Frau
eines Priesters zeugt; ihr menschlicher Gatte spielt eine Deuteragonistenrolle wie der Joseph der christlichen Legende. Was uns
in der evangelischen Erzählung gezwungen, ja widersprechend vor-
kommt — Maria das Weib Josephs und doch die Gottesbraut — erklärt sich also traditionsgeschichtlich aus den Phasen, die der Mythus
durchlief: das hellenische Jungfraumotiv ist ein sekundärer Einschlag
in das aegyptische Gewebe, die graeco-aegyptische Synthese ent-
hielt einen Widerspruch in sich, Philon sucht, wie bemerkt, den Wider-

spruch durch einen sehr gequälten Ausgleich zu beseitigen. Auch
die Evangelisten sind, nur in anderer Weise, bemüht die Spuren des
Widerspruchs zu verwischen, indem sie aus Maria der Ehefrau Maria
'die Verlobte' machen. Aber bei Lukas 2, 5 hat eine der Textrezen-
sionen αὐτὸς καὶ Μαριὰμ ἡ γυνὴ αὐτοῦ (syr. Palimpsest), *cum Maria uxore
sua* (vorhieronymianische Übersetzungen) bewahrt[1]), während die andere das ersetzt durch ϲὺν Μαριὰμ τῇ ἐμνηϲτευομένῃ αὐτῷ; hübsch ist
dabei, daß sich in alten Handschriften beides, das Echte und das Inter-
polierte, nebeneinander findet: ϲὺν Μαριὰμ τῇ ἐμνηϲτευμένῃ αὐτῷ γυναικί,
cum Maria desponsata sibi uxore (Hieronymus).[2])

'Hellenisches' sei dem Evangelium wesensfremd: diese von mir
in einer früheren religionsgeschichtlichen Arbeit so formulierte Ansicht bestätigt sich mir bei jeder neuen Untersuchung. Aber auch
mit dem Gebrauch des Ausdrucks 'hellenistisch' kann man in dieser
Hinsicht nicht behutsam genug sein: in dem Komplexbegriff tritt das
griechische Merkmal reichlich stark hervor und gefährdet das andere,
das orientalische, in seiner primären Bedeutung. Wenn wir jedoch,
den Begriff auseinanderlegend, von Einflüssen graeco-aegyptischer
Mystik auf das Evangelium reden, so urteilen wir, die Stichhaltigkeit
obiger Beweisführung vorausgesetzt, richtig. Nun soll, wer Ursächlich-
keit von Zusammenhängen zu erweisen versucht, die Wirksamkeit der
dabei tätigen Kräfte, soweit möglich, aufzuzeigen bemüht sein. Daher
wird es sich, um den Weg zu erkennen, auf dem das alte Motiv ins Evangelium gelangte, lohnen, einen Blick auf seine Verbreitung zu werfen.

Aus dem Nillande wehten die Keime des Geheimnisvollen,
Mystischen, Magischen über die Länder der Oikumene. Die Priester
hatten dafür gesorgt, daß die uralten Mythen aus der Erstarrung,
der sie im Wandel der Zeiten verfielen, durch volkstümliche Erzählungsform befreit wurden. Auf diese eigenartigen Umbildungen
sind die Aegyptologen seit langem aufmerksam geworden; W. Spiegelberg hat dafür kürzlich den Ausdruck 'mythische Novellen' geprägt
und diese Literaturform anschaulich charakterisiert.[3])   Auf diesem

---

1) So auch kürzlich W. Corssen Neue Jahrb. 1922, 430.
2) H. Usener, Geburt u. Kindheit Christi, in: Vorträge u. Aufsätze (Lpz. 1907)
181 f. gibt die Belege im einzelnen. Sonst trägt dieser Aufsatz einen vielfach recht
hypothetischen Charakter.
3) Sitz.-Ber. d. Berl. Ak. 1915, 888. Da mir für den Gang meiner Untersuchung
daran gelegen ist, daß sich der Leser ein Bild von dieser Literaturgattung mache, so
setze ich einige Worte Spiegelbergs hierher. „Ich möchte die Erzählung (vom Sonnenauge) als mythische Novelle bezeichnen, um dadurch an das Gegenstück der historischen Novelle zu erinnern. Denn wie diese zur Geschichte, so verhält sich die mythische Novelle zum ursprünglichen Mythus. Zunächst von Priestern für Priesterkreise

Wege wurde auch der Mythus von der Theogamie weit verbreitet. Herodot ließ sich von den Priestern die Vermählung des Amon mit einer Sterblichen erzählen.[1]) Aus einem bekannten Buche G. Masperos, Les contes populaires de l'Egypte ancienne (4. Aufl., Paris 1911) läßt sich Alter und Verbreitung solcher aus Priesterlehre in Volkskreise übergegangener Mythenstoffe ersehen: sie reichen in ganz alte Zeiten hinauf, zirkulierten von Land zu Land und sind teilweise in die Literaturen der abendländischen Völker des Mittelalters, ja bis nach Indien, gelangt. Unter diesen Erzählungen ist eine, die nach A. Ermans Ansicht bis in den Anfang des mittleren Reichs (2000 v. Chr.) zurückgehen könnte, uns auf einem Papyrus in einer Fassung vorliegt, die etwa ein halbes Jahrtausend jünger ist[2]); sie verrät durch ihre Komposition, daß sie nur eine von mehreren Gestaltungen älteren Stoffes ist. Es handelt sich in ihr um die Geburt eines Kindes[3]), dessen Vater der Sonnengott Rê, dessen Mutter eine verheiratete Priesterin dieses Gottes ist; der Gott hat ihr verkündet, daß das Kind die Herrschaft über das ganze Land erhalten werde; bei der Entbindung helfen auf Befehl des Gottes Isis und andere Göttinnen, das Kind kommt mit goldig schimmernden Gliedern zur Welt. Diese Geschichte ruht auf der Grundlage jener uns bekannten, hoch ins alte Reich hinaufreichenden Priestertheologie von der Verbindung des höchsten Gottes mit der Königin, aber — das ist das Interessanteste an ihr — sie setzt durchweg den feierlich theo

verfaßt, war er später vom Volke — natürlich unter Mitwirkung literarischer Kreise — zu einer seinem Empfinden angepaßten unterhaltenden Erzählung, einem ἱερὸς λόγος, umgebildet worden, welcher den mythischen Stamm ähnlich überzogen hat wie die historische Novelle das geschichtliche Ereignis.... Die Tempelbilder und die Spekulationen der aegyptischen Theologen waren nicht danach angetan, die Phantasie des Volkes zu befriedigen. Sie gestaltete ihre eignen Bilder in Erzählungen, welche die Götter menschlicher faßten und sie dadurch dem Volke näherbrachten. So sind die aegyptischen Göttersagen entstanden. Sie wuchsen zunächst frei als die wilden Gewächse der religiösen Phantasie des Volkes, bis sie durch die Theologen beschnitten wurden und ihre literarische Form erhielten." Dem Philologen werden Analogien aus dem griechisch-römischen Altertum sofort einfallen, aber dort waren nicht Priester oder Theologen, sondern die Dichter von Homer bis Ovid die Gestalter.

1) Nachdem er die Theogamie im Naos des Baaltempels berichtet hat (I 181), fährt er fort: κατάπερ ἐν Θήβῃσι τῇσι Αἰγυπτίῃσι κατὰ τὸν αὐτὸν τρόπον, ὡς λέγουσι οἱ Αἰγύπτιοι· καὶ γὰρ δὴ ἐκεῖθι κοιμᾶται ἐν τῷ τοῦ Διὸς τοῦ Θηβαιέος γυνή· ἀμφότεραι δὲ αὖται λέγονται ἀνδρῶν οὐδαμῶν ἐς ὁμιλίην φοιτᾶν. Hier handelt es sich, wie in der weiterhin im Text zu erwähnenden Novelle, um die Priesterin des Gottes, nicht um die Königin: W. Otto, Priester u. Tempel im hellenist. Aegypten I (Lpz. 1906) 93. 3.

2) Maspero 36 ff. Neueste Übersetzung: A. Erman, Die Literatur der Aegypter (Lpz. 1923) 64 ff. Vgl. auch Ed. Meyer, Gesch. d. Alt. I, 2³ (1913) 202 ff.

3) In der uns erhaltenen Fassung: eines Drillingpaares, aber das ist sekundär: „es sind die frommen Könige der fünften Dynastie, deren Emporkommen hier erzählt war". (A. Erman a. a. O.)

logischen, noch im Mythus webenden Stil jener in einen volkstümlich
schlichten, legendarischen um. Genau denselben Vorgang sehen wir
sich in der evangelischen Geburtsgeschichte wiederholen. Ihre Grund·
lage ist, wie wir erkannt zu haben glauben, die mystische Lehre
graeco-aegyptischer Theologen, aber in der Gestaltung besonders
des dritten Evangeliums hat sie volkstümliches Gepräge erhalten und
weiterhin der Legende unerschöpflich reichen Stoff geboten. Die
Annahme unmittelbaren Einflusses einer aegyptischen Erzählung auf
eine evangelische unterliegt keinem Bedenken. Daß das Gleichnis
vom reichen Mann und dem armen Lazarus aegyptischen Ursprungs
sei, hatte Maspero in dem genannten Buche angedeutet; seitdem
dann H. Greßmann diesen Zusammenhang durch urkundliches, in
ungewöhnlicher Fülle überliefertes Beweismaterial erhärtet hat[1]), ist
für derartige Analysen eine Grundlage vorhanden, deren Festigkeit niemand mehr in Zweifel zieht. Denn dank dem Zusammentreffen verschiedener besonders günstiger Umstände liegt in diesem
Fall der Überlieferungsvorgang uns mit völliger Deutlichkeit vor
Augen: eine volkstümlich lehrhafte Erzählung, mit märchenhaften
Motiven verbrämt, wird aus der demotischen Sprache von alexandrinischen Juden in die griechische Koine übertragen, wandert aus
Aegypten nach Palaestina, wird hier aramaeisch bearbeitet und kommt
als ein offenbar sehr beliebter Erzählungsstoff, den auch das spätere
Judentum immer wieder umformte, zur Kenntnis Jesu, der eine
Gleichnisrede daraus gestaltet: denn daß wir hier einen Nachklang
seiner αὐτοφωνία hören, darf mit den vorsichtigsten Forschern wohl
unbedenklich angenommen werden. Das ungemeine Interesse, das
dieser Entwicklungsgang schon an und für sich darbietet, wird dadurch noch erhöht, daß wir sehen, wie jedes neue Volkstum, zu dem
die Erzählung gelangt, gewisse seinem Vorstellungskreise gemäße
Veränderungen an ihr vollzieht: in die rein aegyptischen Jenseits-
vorstellungen dringen hellenische ein — Tantalos und Oknos, die
beiden Büßertypen, sind unverkennbar gezeichnet und zwar mit
Zügen, die ihnen die Mysterien gegeben hatten —, dann wird das
Ganze einem radikalen, das heidnisch Aegyptische entgiftenden
Judaisierungsprozesse unterzogen[2]), und besonders schön ist zu be-

1) Vom reichen Mann und armen Lazarus, eine literarhistor. Studie von
H. Greßmann, mit aegyptol. Beiträgen von H. Möller, Abh. d. Berl. Ak. 1918, Nr. 7.
2) Die bemerkenswerteste dieser Umwandlungen ist folgende. In der aegyptischen
Version überzeugt sich der Prinz von der Verschiedenheit zwischen dem jenseitigen
Schicksal des Reichen und dem des Armen durch eine Jenseitswanderung, zu der ihn
ein von Osiris eben für diesen Zweck zu neuem Leben an die Oberwelt entsandter
Toter auffordert. Dieses Motiv war aegyptischem und hellenischem Vorstellen ebenso

obachten, wie der Wanderprediger des Evangeliums durch das ihm
eigne schlichte Ethos zu Herzen gehender Mahnrede dem alten Stoffe
eine neue Seite abgewinnt. Auch dieser Erzählungsstoff besaß von
Anfang an einen theologischen Einschlag, aegyptische Priesterlehre
hatte ihn gestaltet. Die theologische Literatur des hellenisierten
Aegyptens müssen wir uns im Orient weitverbreitet denken. Der
aegyptische Oberpriester Manethos aus Heliupolis hatte schon unter
dem zweiten Ptolemaeer außer seinem historisch-chronologischen
Hauptwerke eine Anzahl religiöser Schriften, Theologumena, verfaßt,
darunter eine mit dem Titel Ἱερὰ βίβλος.[1]) Priesterbücher dieser
oder ähnlicher Art hat es im graeco-aegyptischen Schrifttum mehr
gegeben: Spuren sind kenntlich[2]), ihr Typus wirkte weithin auf

gemäß wie jüdischem unerträglich. Demgemäß heißt es nun in der judaeischen Version,
die dem evangelischen Gleichnisse zugrunde liegt (ev. Luk. 16, 27 ff.): „Er (der Reiche)
sprach: 'Dann bitte ich dich, lieber Vater (Abraham), sende ihn (den armen Lazarus)
wenigstens zu meiner Familie; denn ich habe fünf Brüder, er soll sie warnen, daß
nicht auch sie in diesen Ort der Qual eingehen.' Aber Abraham antwortete: 'Sie
haben Mose und die Propheten, die sollen sie hören'. Er sprach: 'Nein, Vater Abraham, sondern wenn ihnen einer von den Toten erschiene, dann würden sie
Buße tun.' Der aber erwiderte ihm: 'Wenn sie Mose und die Propheten nicht hören,
werden sie sich auch nicht überzeugen lassen, falls einer von den Toten aufer-
stände'." Also das überlieferte Motiv der Entsendung eines Toten als Zeugen für
die Jenseitsschicksale wird zugleich beibehalten und mit geschickter Begründung abgelehnt. Vor dem Bekanntwerden der aegyptischen Version erschien der angeführte
Schluß des Gleichnisses selbst den angesehensten Gelehrten nicht ursprünglich zu-
gehörig, jetzt ist er ein Eckstein des Beweisgebäudes geworden.
  1) Bei den Erörterungen über die Bedeutung des Titels Ἱερὰ ἀναγραφή, den
das Werk des Euhemeros trug, ist die Analogie des manethonischen Titels m. W.
nicht berücksichtigt worden, obgleich nach dem, was Eusebios pr. ev. III 2, 6 (vgl. II,
pr. 4; aus dem Werke des Aegypters mitteilt, wohl Veranlassung dazu gewesen wäre.
Die Schrift des Leon von Pella *(magnus antistes sacrorum Aegyptiorum:* Augustinus
de civ. dei VIII 5) περὶ τῶν κατ' Αἴγυπτον θεῶν (vgl. Fr. Jacoby, R.-E. VI 968 tritt als
drittes Werk dieser Art hinzu. Hekataios von Teos berief sich in seinen Αἰγυπτιακά
auf ἱεραὶ ἀναγραφαί (Diod. I 31, 7), d. h. „priesterliche Aufzeichnungen" (E. Schwartz,
R.-E. V 671). Am besten würden wir den manethonischen Titel wohl „Priesterbuch"
übersetzen; vgl. ἱερὰ γράμματα ,Hieroglyphen), die Priesterschrift. Alle diese Schriften
fielen in die Zeit der beiden ersten Ptolemaeer. Es waren θεολογούμενα (Titel einer
Schrift des Asklepiades von Mendes im Delta, in der vor der übernatürlichen Geburt
des Augustus erzählt war: Suet. Aug. 94, 4). In der Terminologie zeigt sich ,soweit
mein Material einen solchen Schluß zuläßt) ein kleiner, aber doch bezeichnender Unterschied zwischen Hellenischem und Orientalischem: der Orientale beruft sich auf das
geschriebene, der Hellene auf das gesprochene Wort. So begegnet ἱερὸς λόγος im
Sinne einer 'heiligen Lehre' der Dionysosmysterien in dem o. S. 34, 5 erwähnten Erlaß
des Ptolemaios Philopator, sowie bei Lukian de dea Syria 4 vom Astartemythos.
Philon nennt die Schriften des A. T. oft ἱερὸν λόγον, aber wenn die Christen die des
N. T. als ἱερὰς βίβλους bezeichneten und wir demgemäß von der 'Heiligen Schrift'
reden, so knüpft dies eher an den orientalischen Brauch an. Eine von Pitra, Anal.
sacra V 2, 300 edierte Schrift trägt den Titel Ἑρμοῦ πρὸς Ἀσκληπιὸν ἡ λεγομένη
ἱερὰ βίβλος.
  2) Reitzenstein, Die Göttin Psyche, Heidelb. Sitz.-Ber. 1917, 10. Abh., S. 23 ff.

lange Stücke des Hermetischen Schriftenkorpus, der Zauberpapyri,
der alchemistischen und sonstigen 'apokryphen' Literatur. Das orthodoxe Judentum Palaestinas blieb nicht unberührt davon: so zeigt
Josephus, der Angehörige eines vornehmen Priestergeschlechts in
Jerusalem und Zeitgenosse der Evangelisten, sich mit Schriften des
Manethos genau vertraut. Die jerusalemische Gemeinde hat mit den
aegyptischen Judengemeinden dauernd Beziehungen, wenn auch nicht
immer nur freundschaftliche, unterhalten. Vor einigen Jahren ist in
Elephantine eine in aramaeischer Sprache geschriebene Papyrusur-
kunde des J. 408/7, also aus der Perserzeit Aegyptens, gefunden
worden, worin wir von einem Schreiben der elephantinischen Gemeinde „an den Hohenpriester, samt Kollegen, den Priestern von Jerusalem und an die Edlen der Juden" Kenntnis erhalten haben. In
einem merkwürdigen, sehr jungen Zusatz zu Jesaja[1]), der etwa aus
dem dritten Jahrh. v. Chr. stammen soll, heißt es (c. 19, 18f.): „An jenem Tage werden fünf Städte im Lande Aegypten die Sprache Kanaans reden und zu Jahwe schwören. Eine (von ihnen) wird Stadt
der   (?) heißen. An jenem Tage wird es einen Altar Jahwes
mitten im Lande Aegypten und einen Malstein Jahwes an seiner
Grenze geben".[2]) Auch an den im J. 125/4 verfaßten, das zweite
Makkabaeerbuch eröffnenden Brief der jerusalemischen Gemeinde an
die alexandrinische sei erinnert; mag er auch auf Fiktion beruhen,
so setzt er doch Beziehungen der Mutter- zur Tochtergemeinde voraus. Daß es auch an persönlichen Berührungen nicht fehlte, zeigt
eine zufällig bezeugte Reise Philons nach Jerusalem.[3]) So kommt
vielerlei an allgemeinen Erwägungen und erwiesenen Tatsachen zusammen, um das Wandern eines Theologumenon, wie es die von uns
verfolgte heilige Geburtslegende gewesen ist, durchaus glaubhaft
erscheinen zu lassen. Zudem stellt ein bekannter, von Josephus er-
zählter Skandal, der sich zur Zeit des Kaisers Tiberius in Rom abspielte, die weite Verbreitung der heiligen aegyptischen Legende
uns vor Augen: ein gewissenloser Oberpriester der Isis mißbrauchte
den frommen Glauben einer in die Mysterien der Göttin eingeweihten
vornehmen Dame, indem er einem römischen Ritter in Gestalt des
Gottes Anubis bei Nacht Zutritt zu ihr verschaffte.[4]) Die christ-

---

1) Den Hinweis darauf verdanke ich H. Greßmann.
2) Daß darunter der jetzt durch die erwähnte Urkunde bekannt gewordene
Jahwetempel in Elephantine verstanden ist, darf als sicher gelten H. Guthe in. Das
A. T. übers. von E. Kautzsch, 4. Aufl. von A. Bertholet, I. Tübing. 1922, S. 621; dieser Übersetzung entnahm ich das Zitat.
3) Philon περὶ προνοίας bei Eusebios pr. ev. VIII 14, 64.
4) Joseph. Arch. XVIII 65 ff. zum J. 19. O. Weinreich a. a. O. (o. S. 76, 2) 21 be-

liche Legende ist wiederholt dem gleichen Betruge anheimgefallen[1]):
eine indirekte Bestätigung der Zusammenhänge, die zwischen ihr und
der aegyptischen aufzuzeigen hier versucht wurde.

Schließlich bleibt die Kompositionsanalyse eines literarischen Berichts auch für seine Quellenkritik immer das Wichtigste: erfahrungs-
gemäß erleidet ein Primärbericht, wenn er auf andersartige Verhältnisse und nun gar auf ein fremdes Volkstum übertragen wird, oft
Veränderungen, die, mit dem Original verglichen, der Kritik den
Weg weisen. Die Verkündigung des Engels Gabriel an Maria im
Lukasevangelium (1, 26ff.) zeigt Kompositionsbesonderheiten, die von
den Exegeten festgestellt worden sind, ohne daß doch ihre Ursache
kenntlich geworden wäre. In dem Wechselgespräch des Engels mit
Maria sei einiges 'auffallend', 'wenig natürlich'; das erkläre sich vielleicht aus Quellenkontamination.[2]) Aber diese Betrachtungsweise ist
viel zu äußerlich; wir müssen das Problem mehr aus der Tiefe heraus
zu ergründen versuchen. Hoch in das christliche Altertum hinauf
weisen Spuren einer Auffassung, wonach der Engel, der die Empfängnis verkündet, und der Heilige Geist, der sie bewirkt, identisch gewesen seien. Reitzenstein, der auf sie zuerst hinwies[3]), formulierte
es so: die sogenannte Verkündigung sei nach dieser Ansicht vielmehr
die Erzählung des Zeugungswunders selbst gewesen. Der Gruß des
Engels χαῖρε κεχαριτωμένη, *ave Maria gratia plena* wurde so gedeutet, daß
unmittelbar durch die Engelsstimme die Empfängnis erfolgt sei. So
lesen wir es in apokryphen Evangelien, Origenes machte sich diese
Deutung zu eigen, in einem Sibyllinum wird sie in die eigentüm-
lichen Worte gefaßt: „Die Engelstimme sprach: 'Empfange, Jungfrau,
Gott in deinem unbefleckten Schoß'. Mit diesen Worten hauchte Gott
ihr Gnade ein".[4]) Der Erzählung des Lukas wird durch diese Deutung

merkt: „Man wird zu der Annahme gedrängt, daß im Isiskult die Göttervereinigung
als Mysterium gelehrt und geglaubt wurde." Daß ein Betrug dieser Art nichts Ungewöhnliches war, zeigt eine interessante Stelle Ovids (met. III, 280ff.): die Amme,
der Semele die Erscheinung Jupiters erzählt, ist bedenklich: *metuo tamen omnia.*
multi | nomine divorum thalamos iniere pudicos (Weinreich 41).

   1 Viele Beispiele bei Weinreich a. a. O.

   2) Auch neben den besten deutschen Kommentaren wird man immer mit Nutzen
A. Loisys Evangiles synoptiques (1907) zu Rate ziehen. Den Lukasabschnitt analysiert er
(I 288ff.) mit bemerkenswertem Freimut, aber seine Lösung der Aporien durch
Streichen mehrerer Verse kann nicht befriedigen.

   3) Zwei religionsgesch. Fragen (Straßb. 1901) 112ff.; auch Leisegang a. a. O.
(o. S. 78, 2) weist nachdrücklich auf die Notwendigkeit hin, aus der Struktur der Handlung eine Erklärung zu suchen.

   4) Or. Sib. VIII 460f. . . ἀρχάγγελος ἔννεπε φωνή · 'Δέξαι ἀχράντοισι θεὸν
σοῖς, παρθένε, κόλποις.' ὡς εἰπὼν ἔμπνευσε θεὸς χάριν.

zweifellos Gewalt angetan, aber ein Vorgang wie dieser, daß Exegeten der alten Kirche kraft ihrer religionsgeschichtlichen Bildung
bis zu den Wurzeln einer religiösen Vorstellung vorzudringen ver-
mochten, ist nichts Ungewöhnliches: die Gnosis hat viele theologisch-
mythologische Grundgedanken erhalten, die älter sind als das Gewand,
in das sie der naiv volkstümliche Erzählungsstil der evangelischen
Geschichten kleidete. Ein derartiger Fall scheint mir hier vorzuliegen.
Augenscheinlich ist jene Umbildung der evangelischen Geschichte
durch die Lehre vom Logos als schöpferischem Worte beeinflußt;
aber sie hätte schwerlich erfolgen können, wenn ihre Voraussetzung,
die Identifikation des Engels mit Gott, d. h. also das tatsächliche
Ausschalten des Engels, in der Tradition nicht irgendwie gegeben
gewesen wäre. Nun war der Hergang bei der aegyptischen Theogamie, wie wir uns erinnern (s. o. S. 75), dieser. Das von dem Gotte
begnadete Weib fühlt die Empfängnis in dem Augenblick, da sie
erfolgt, und gibt dem Gefühl in beseligten Worten Ausdruck. Der
Gott bestätigt ihr die Empfängnis und verkündet ihr die Segenslaufbahn des Sohnes: „Er wird ein Königtum der Gnaden in diesem
Lande ausüben, denn meine Seele ist in ihm." Diese Darstellung
trägt den Stempel dramatischer, auf einen einheitlichen Akt konzen-
trierter Geschlossenheit. Der Evangelist läßt den Engel zu Maria
sagen: „Du fandest Gnade bei Gott. Du wirst empfangen und einen
Sohn gebären, den du Jesus nennen wirst. Der wird groß sein und
Sohn des Höchsten heißen ..., und seines Königtums über das Haus
Jakob wird kein Ende sein." Dann erklärt ihr der Engel auf ihre
Frage, wie das möglich sei, da sie mit keinem Manne verkehre, das
bevorstehende Wunder: „Heiliger Geist wird über dich kommen, und
die Kraft des Höchsten dich überschatten; deshalb wird das gezeugte
Heilige Sohn Gottes genannt werden." Der darauf folgende Hinweis
des Engels auf Elisabet, die trotz ihres hohen Alters empfangen habe,
soll das Mysterium glaublich machen: bei Gott sei kein Ding unmöglich. In dem Wechselgespräch mit dem begnadeten Weibe ist
also an Stelle des zeugenden Gottes sein Abgesandter, ein Engel, getreten, der in judaeischen Erzählungen übliche Gottesbote, derselbe,
der unmittelbar vorher dem Zacharias die wunderbare Empfängnis
der Elisabet verkündigt hatte.[1]) Der Akt der heiligen Verbindung
ist, um ihn dem Irdischen möglichst zu entrücken, seiner dramatischen

---

1) Überhaupt ist die aus Kreisen der Johannesjünger stammende Elisabet-Erzählung von dem Verfasser der Maria-Episode aufs stärkste benutzt worden. Darüber
wird weiterhin (u. S. 102 ff.) genauer zu handeln sein. Die Erzählung von dem Erscheinen
des Engels vor Elisabet ist ihrerseits, wie längst beobachtet worden ist, der Simson-
Episode (Richter 13) nachgebildet.

Erzählungsform entkleidet und in die Verkündigung hineinbezogen worden. Anfänglich betraf diese, wie der aegyptische Bericht zeigt, nur die Zukunft des Kindes, und der göttliche Vater selbst war es, der sie der Mutter nach der Empfängnis erteilte. Daß dies das Ursprüngliche war, wird eigne Überlegung jedem Unbefangenen sagen. Im Evangelium ist durch das Hineinbeziehen des Zeugungsaktes in die Verkündigung die Theogamie, ursprünglich das Zentralmotiv, zu einem Begleitmotiv herabgesunken, das als gegeben benutzt, aber nach einer fast ängstlich kurzen Erwähnung, kaum berührt, wieder fallen gelassen wird. Mit den Worten der Maria: „Siehe, ich bin die Magd des Herrn, mir geschehe, wie du sagst" und dem Verschwinden des Engels schließt die Erzählung, oder vielmehr sie wird, ohne daß sie an ihr eigentliches Ziel gelangt wäre, abgebrochen: zwischen den Worten „Da verließ sie der Engel" (1, 38) und „Maria machte sich in diesen Tagen auf und ging eilends ins Gebirge zu Elisabet" (1, 39) liegt der Vollzug des Zeugungsaktes, den der Leser sich ergänzen soll.[1])

Diese Umgestaltung mußte das Ergebnis des Versuches sein, einen Erzählungsstoff mit sinnlicher Göttervorstellung in einen Religionskreis mit vergeistigtem Gottesbegriff hineinzustellen. Setzen wir nun einmal den Fall, die beiden Berichte rührten von zwei Schriftstellern gleichen oder verwandten Volkstums, derselben oder einer ähnlichen Kultur- oder Religionsgemeinschaft her, so würden wir den jüngeren Bericht als eine Dekomposition des älteren und den jüngeren Schriftsteller als einen schlechten Verwalter älteren Traditionsgutes bezeichnen müssen. Aber diese Betrachtungsweise, jedem Forscher aus seinem eignen Arbeitsgebiete durch ungezählte Beispiele geläufig, wäre zu eng, zu verstandsmäßig und scholastisch, wollte man sie auf ein Objekt übertragen, das von Volk zu Volk wandernd und die Schranken der Kulturgebiete oder Religionssysteme durchbrechend sich überall in produktiver Eigenart entfaltete, indem es einem durch die Umwelt bedingten Umwandlungsprozeß unterworfen wurde. Es liegt also keine Dekomposition vor, sondern eine Rekomposition, die als

---

1) Man fühlt auch hier, daß hinter dieser Darstellung eine ursprünglichere lag, nach welcher die Empfängnis durch das göttliche Pneuma unmittelbar stattfand. Durch die Einführung des sie nur verkündenden Engels ist die ältere Fassung ersetzt worden. Der Engel verschwindet, und damit bricht die Erzählung ab (1, 38). Ihrer unvermittelten Fortsetzung (1, 39) ἀναστᾶσα δὲ Μαριὰμ ἐν ταῖς ἡμέραις ταύταις ἐπορεύθη εἰς τὴν ὀρεινὴν μετὰ σπουδῆς (zu Elisabet) merkt man die Verlegenheit an: die Empfängnis ist, wie ein paar Zeilen darauf stillschweigend vorausgesetzt wird (1, 42), inzwischen erfolgt. H. Gunkel, Zum religionsgesch. Verständnis des N. T. (Götting. 1903) 67 und H. Greßmann, Weihnachtsevangelium (Gött. 1914) 38f. haben den Bruch in der Darstellung bemerkt; der Grund dürfte jetzt klar geworden sein: der aus dem Dramatischen ins Mystische umstilisierte Zeugungsakt war nicht mehr erzählbar.

solche selbständig zu werten ist.[1]) Eine neue Stilform meldet sich
zum Wort. Sie ist ein Ausdruck jener neuen inneren Struktur, die
mit dem Evangelium in die Erscheinung trat, und liegt auf einer ver-
änderten Bewußtseinsebene. Begrifflich ist sie schwer zu fassen[2]), da
sie sich stark an das Gefühlsmäßige wendet: erwuchs sie doch aus
den Urgründen des Gefühlslebens und sprengte so die Fesseln anderer mehr durch die Denkkraft gestalteten Stilformen; auch war sie
weniger konkret bildhaft als stimmungsvoll, weniger bewußt künstlerisch als naiv, weniger sinnlich reizauslösend als erbaulich. Eine
solche Analyse des evangelischen Stils (und des christlichen überhaupt)
wäre gewiß eine dankbare Aufgabe, deren Lösung sich am einleuch-
tendsten da gestalten ließe, wo, wie im vorliegenden Fall — sowie
in der oben (S. 84) berührten Parabel — tatsächliches Vergleichsmaterial vorliegt. Wie rührend sind durch den Ausdruck der Ergebenheit jene Worte des Weibes, dem unfaßbares Erleben verkündet wurde, an den Engel: ἰδοὺ ἡ δούλη τοῦ κυρίου· γένοιτό μοι κατὰ
τὸ ῥῆμά coυ. Wir möchten sie nicht missen, obwohl wir jetzt, wie
ich meine, erkannten, daß sie die stolzen und frohlockenden Worte
eines über ihre Liebesvereinigung mit dem Gotte beseligten Weibes
an diesen selbst ersetzen.[3]) Vielleicht wird manchem religiös gestimmten Gemüt die Majestät des Göttlichen in dem evangelischen
Berichte, der es in geheimnisvoller Unnahbarkeit beläßt, sogar er-
habener erscheinen als in dem Grundberichte, in dem der Gott in
Königsgestalt sich dem Lager naht und sein Herz auf das des Weibes legt, das nun in seinen Armen, von seiner magischen Lebens-
kraft in allen ihren Gliedern durchrieselt, zur Göttin wird. Das
aegyptische Theologumenon atmet noch den herben, großartigen Stil
eines Mythos, die evangelische Erzählung ist von dem lieblichen Duft
einer zarten Legende umweht, die von Mythischem nur noch ganz
von fern wie von einem urzeitlichen Schatten gestreift wird.

---

1) Ich verdanke diese glückliche Formulierung Dr. Fr. Saxl, dem Vorsteher der
Warburg-Bibliothek, in deren Schriften zu erscheinen die vorliegende die Ehre hat.
Ich benutze die Gelegenheit, dem genannten Gelehrten, der die Korrekturen dieser
Arbeit mitlas, auch für manche anderen Hinweise und Anregungen hier meinen Dank
auszusprechen.

2) Doch sind auch in dieser Richtung kürzlich durch die Arbeiten von M. Dibelius
und Karl Ludw. Schmidt viele schöne Ergebnisse gewonnen worden, und H. Leisegang zeigt, worauf ich während der Korrektur noch gerade hinweisen kann, in seiner
Schrift: D. Apostel Paulus als Denker (Lpz. 1923) ganz neue Wege.

3) Bei dem Verf. des Sibyllinums (s. o. S. 87, 4) könnte ein Nachklang erhalten sein.
Erst erschrickt Maria, dann aber (466 ff.) εὐφράνθη καὶ ἰάνθη κέαρ αὐδῇ. κουρίδιον
δ'ἐγέλαccεν, ἑὴν δ'ἐρύθηνε παρειὴν χάρματι τερπομένη καὶ θελγομένη φρέναc αἰδοῖ, καὶ
οἱ θάρcοc ἐπῆλθεν· ἔποc δ'εἰcέπτατο νηδύν.

Die Richtigkeit der vorgetragenen Ansicht, daß die Mittelsperson des Engels sekundär ist, läßt sich übrigens noch von anderer Seite her bestätigen. Das Motiv einer übernatürlichen Geburt findet sich, freilich ohne die graeco-aegyptischen und judaeo-christlichen Besonderheiten, die eine geschlossene Reihe in sich bilden, bei vielen Völkern gänzlich getrennter Kulturkreise. Wo immer zuverlässige Überlieferung vorliegt, ist das Mysterium ausnahmslos in diese Form gekleidet: der Gott, der sich einer Sterblichen vermählen will, erscheint dieser selbst. „Ich werde in deinen Schoß steigen": so oder ähnlich spricht er zu ihr, und sie gibt sich ihm willig hin.[1]) Die evangelische Erzählung zeigt durch ihre Besonderheit ein bewußtes Abweichen von einem Typus.

Nur dem Zufall, daß uns die aegyptischen Originalberichte über die Theogamie ziemlich genau erhalten sind und daß sie durch Angaben Philons und Plutarchs ergänzt werden, verdanken wir die Möglichkeit, die christliche Geburtslegende mit der aegyptischen zu verknüpfen. Wüßten wir mehr von graeco-aegyptischen Mysterien, so würden wir von der Stärke ihres Einflusses auf die judaeo-christliche Legendenbildung vermutlich überrascht sein. Aber meist ist uns nur Formelgut erhalten, das freilich auch eine beredte Sprache sprechen kann. „Heute wurde euch der Heiland geboren", ἐτέχθη ὑμῖν cήμερον cωτήρ, sagt der Engel zu den Hirten (Lk. 2, 11). „Heute gebar die Jungfrau den Aion", cήμερον ἡ παρθένοc ἐγέννηcε τὸν Αἰῶνα: diese liturgische Formel lernten wir aus einer alexandrinischen Mysterienfeier kennen (S. 28). „Der große König, der Wohltäter Osiris ist geboren", μέγαc βαcιλεὺc Ὄcιριc γέγονεν: so sprach nach einem Berichte Plutarchs eine Stimme aus dem Tempel des Amon-Rê zu einem Manne beim Wasserschöpfen; er gab die Botschaft weiter wie die Hirten des Evangeliums die ihnen gewordene.[2]) — „Du bist mein leib-

---

1) P. Saintyves, Les vierges mères et les naissances miraculeuses. Essai de mythologie comparée, Paris 1908, 163 ff. gibt sehr zahlreiche völkergeschichtliche Belege, unter ihnen auch den aegyptischen; über den Ausnahmefall (denn die S. 168 berichtete indianische Erzählung ist durch den christlichen Berichterstatter offensichtlich gefärbt) der Vermittlung durch den Engel in der evangelischen Version äußert er sich (S. 176) mit Worten der Verlegenheit. Dieses Werk, das mir durch die Universitätsbibliothek in Basel freundlichst übersandt wurde, ist, wie ich habe feststellen lassen, in den Katalogen keiner öffentlichen Bibliothek Deutschlands verzeichnet. Das ist zu bedauern, denn es behandelt einen bei uns zwar oft populär, aber m. W. nie wissenschaftlich behandelten Stoff auf Grund eines erstaunlich reichen Materials. Ich werde es weiterhin noch einmal zu zitieren Gelegenheit nehmen.

2) Der Bericht Plutarchs (de Is. et Os. 12), den schon H. Greßmann a. a. O. (S. 89, 1) 21 mit dem evangelischen zusammenstellte, lautet so: „Sie sagen, am ersten (der Schalttage) sei Osiris geboren. Zugleich mit seiner Geburt sei eine Stimme aus der

licher Sohn, den ich erzeugte": diese Worte kennen wir schon, sie
sprach Amon zu dem Knaben, den er mit der Königin erzeugt hatte
(S. 75). „Mein Sohn bist du, ich habe dich heute gezeugt", υἱός μου
εἶ cύ, cήμερον τεγέννηκά cε, heißt es in einem messianisch ausgedeuteten
Königspsalm (27 LXX)[1]), und diese Worte sind in dieser Form in die
nachweislich älteste Fassung des Taufberichts im Lukasevangelium
(3, 22) hinübergenommen worden. Diese Formeln reden eine Sprache,
der es sich wohl ziemt in Ehrfurcht zu lauschen, denn sie wird von
Urzeitshauch umwittert, und es ist in ihnen ein Stück Menschheits-
sehnsucht und Völkerreligiosität niedergelegt. Das Aegyptische steht
zeitlich weitaus an der Spitze, das Christliche, die Frucht des durch
ein Edelreis sich noch einmal verjüngenden Weltenbaumes, ganz am
Ende.

2. Aus der mystischen Formelsprache

a) „Überschatten"

„Die Macht des Höchsten wird dich überschatten", δύναμις ὑψίστου
ἐπιcκιάcει cοι (Lc. 1, 35). Wenn ich den Leser bitte die vielbehandelten
Worte hier mit mir in Kürze zu betrachten, so geschieht das, weil
auch auf sie, wie auf die ihnen vorangehenden über das Pneuma,
durch philonische Stellen endlich Licht zu fallen scheint. Wieder ist
es H. Leisegang, dem die Kenntnis dieser Stellen verdankt wird. Ich
habe nun — freilich, wie man sehen wird, nur mit sachkundiger
Unterstützung — den Versuch gemacht auf dem von Leisegang ge-
wiesenen Wege einen Schritt vorwärts zu tun.

Die gemeinsame Vorstellung dreier philonischen Gedankenreihen[2])
ist folgende. Wenn das Pneuma Gottes über den Menschen kommt,
so wird die menschliche Vernunft verdunkelt, aber eben dieses cκότος

Höhe erschollen: 'Der Herr des Alls tritt ans Licht hervor' (ὁ πάντων κύριος εἰς φῶς
πρόειcιν). Einige aber sagen, ein gewisser Pamyles in Theben habe beim Wasserschöpfen eine Stimme aus dem Heiligtume des Zeus (Amon-Rê) gehört, die ihm be-
fohlen habe laut zu verkünden 'Der große König, der Wohltäter Osiris ist geboren'."
Was bei Plutarch weiter folgt, läßt keinen Zweifel daran, daß dies als δρώμενον an
Osirismysterien dargestellt wurde. Der griech. Text der zitierten Worte steht o. S. 34, 1.
   1) Vgl. W. Stärk in der Sammlung: Die Schriften des A. T. III 1 (Gött. 1901) zu
der Psalmstelle: „Dem feierlichen Ausdruck liegt die uralte Adoptionsformel zugrunde,
die uns im Cod. Hammurapi § 170 f. erhalten ist. Im alten Orient war die Bezeichnung des Königs als Sohn eines Gottes (altbabylonisch heißt es: 'der Gott, der mich
erzeugt hat') ganz geläufig. In Aegypten verbanden sich damit nachweislich ganz sinnliche Vorstellungen." Dieser Psalm gehört nach H. Gunkel, Preuß.Jhb. CLVIII (1914) 59
zur Gruppe der vorexilischen „Königspsalmen", seine messianische Ausdeutung ist
nicht ursprünglich, aber recht alt.
   2) Quis rer. div. her. 53, I 511 M.; De somn. I 19, I 638 M.; Quod deus immu-
tabilis 1, I 273 M.

τοῦ λογιcμοῦ bewirkt eine seelische Ekstase. In diesem Zustande, aber auch nur in diesem, kann geschlechtliche Vereinigung eines Gottwesens mit einem menschlichen erfolgen. Es wird sich empfehlen die erste dieser Stellen in Übersetzung hier einzurücken. „Sehr schön bezeichnet er den Zustand des Verzückten mit den Worten: 'Um Sonnenuntergang befiel ihn eine Ekstase' (Gen. 15, 12). Sonne nennt er symbolisch unsern Geist; was nämlich in uns die Vernunft, das ist im Kosmos die Sonne: beide sind Lichtträger, diese sendet sinnlich wahrnehmbaren Glanz in das All, jene erleuchtet uns selbst durch die Begriffsorgane. Solange nun unser Verstand volle Leuchtkraft besitzt, indem er gewissermaßen mittägliches Licht in die ganze Seele ergießt, sind wir bei uns selbst und nicht im Zustande der Besessenheit; wenn er sich aber gen Untergang senkt, so fällt auf uns gotterfüllte Verzücktheit und Wahnsinn, begreiflicherweise: denn wenn das göttliche Licht aufleuchtet, geht das menschliche unter; wenn jenes untergeht, so taucht dieses empor. Ein derartiger Vorgang tritt gern bei prophetisch veranlagten Naturen ein: beim Nahen des göttlichen Pneuma wandert ihr Verstand aus, bei seinem Scheiden wandert er wieder ein. Ein Sterbliches darf nämlich einem Unsterblichen nicht beiwohnen. Deshalb pflegt das Untergehen der Vernunft und ihre Verdunklung Ekstase und gottbegeisterten Wahnsinn zu erzeugen." Der Vorgang, den der Evangelist als ein ἐπιcκιάζειν bezeichnet, könnte nicht deutlicher, als es in diesen philonischen Worten geschieht, paraphrasiert werden. Aber jeder Zweifel wird dadurch ausgeschlossen, daß an der dritten Stelle eben dieser Ausdruck gebraucht wird. Und zwar geschieht das grade da, wo vom Zeugungsakt besonders unverblümt geredet wird: „Die Geister (τὰ πνεύματα) vereinigen sich (mit sterblichen Frauen) und zeugen", cυνέρχονται καὶ γεννῶcι,[1]) „wenn das Licht der Denkkraft sich verdunkelnd überschattet wird", ὅταν ἀμυδρωθὲν ἐπιcκιαcθῇ τὸ διανοίαc φῶc. Philon ist nicht Schöpfer dieser seltsamen Lehre: an der zweiten Stelle beruft er sich auf Gewährsmänner (ἔνιοι δὲ οὕτωc ἐξεδέξαντο).

Daß dieser Deutungsversuch der Evangelienstelle vor früheren, die sich untereinander widersprechen, den Vorzug verdient, da nur er an Überliefertes anknüpft, wird man leicht zugeben. Es schien mir aber wünschenswert einen mit der sogen. Tiefenpsychologie vertrauten Forscher um sein Urteil zu bitten. Max Dessoir, der sich für das Problem sehr interessierte, hatte die Güte mir seine Ansicht schriftlich mitzuteilen; ich gebe seine Worte (mit unwesentlichen

---

1) Daß er hier die 'bösen Engel' versteht, macht für die Sache nichts aus.

eignen Zusätzen) hier wieder: „Die philonischen Stellen ruhen auf der seit alters bestehenden Voraussetzung, daß der Mensch mehrere Seelen oder wenigstens Seelenstücke in sich trägt. Wenn einer von ihnen hervortreten soll, so geschieht es auf Kosten des andern: das reine Denken gedeiht nur, sofern die Wahrnehmungstätigkeit der Sinne abgedrosselt ist; die höchste Intuition greift nur platz, nachdem das logische Denken zum Schweigen gebracht ist. Diese Verschiebungen werden, dem inneren Erlebnis angemessen, gern mit Ausdrücken geschildert, die dem Gebiet des Sichtbaren entnommen sind. Daher sprach man stets, in einer sehr natürlichen Weise, von 'Erleuchtung', von einem 'lumen supranaturale', von einer 'in lumine dei' vollzogenen Einsicht in das Wesen der Dinge, bei der die Seele eine unmittelbare Berührung mit dem All-Licht erfährt. Die Ergänzung hierzu bildet das von Philo erwähnte cκότοc τοῦ λογιcμοῦ. In der von dem besten Kenner der Ekstase, Henri Delacroix, stammenden Beschreibung des Vorgangs[1]) wird öfters, ohne daß der Verfasser sich des Zusammenhangs mit der evangelischen oder den philonischen Stellen bewußt wäre, das Wort *obnubiler* gebraucht, das dem ἐπιcκιάζειν (*obumbrare* Hieronymus) genau entspricht. So S. IX: 'La conscience du monde extérieur et du moi comme individu *s' obnubilent* ou cessent et autour d' une intuition confuse, qui apparaît spontanément, et qui est éprouvée divine par sa spontanéité, par sa confusion et par son empire, s' organisent des sentiments d' exaltation et de joie.' S. 407 'des états d' *obnubilation* mentale.' — Diese Gefühle freudiger Verzückung gelten zunächst jener überirdischen Helle des Bewußtseins, der eine νάρκη oder 'annihilatio' der gewöhnlichen Vernunft entspricht, aber sie haben auch noch einen anderen Beziehungspunkt. In sie gehen nämlich Körperempfindungen ein, die sonst teils der Erkenntnis der Außenwelt, teils dem Wissen um den eignen Leib dienen. Hierdurch — durch die Überschattung der uns meist rastlos beschäftigenden intellektuellen Tätigkeit jedes Grades und das gleichzeitige Aufflammen des Körpergefühls — entsteht ein Zustand, der nur in widerspruchsvollen Wendungen begrifflich eingefangen werden kann. Der ekstatische Mensch hat das Gefühl, daß sein umgrenztes Ich durchbrochen und nun entweder zum höchsten Wesen erhoben oder in ein andres Einzelwesen verwandelt wird. Dieses Sichverlieren und Sichdurchdringenlassen, dieses Aufgesogenwerden bedeutet aber zugleich, eben wegen des Anteils der nicht mehr vom Verstand geregelten leiblichen Empfindungen, die stärkste

---

[1]) Études d' histoire et de psychologie du mysticisme. Les grands Mystiques chrétiens. Paris 1908.

Betätigung des eignen Seins. Damit hängt zusammen, daß man oft, und so auch an den angezogenen Stellen, dem Erlebnis den Ausdruck gegeben hat, es sei eine geschlechtliche Vereinigung oder Zeugung. Wenn die h. Teresa von Jesu, die berühmteste Mystikerin der katholischen Kirche († 1582), von ihrem 'mariage spirituel' berichtet, so sagt sie etwa dieses: 'Tous les sens sont tellement occupés par cette jouissance que nul d' entre eux ne peut, ni à l'intérieur ni a l'extérieur, s'appliquer à autre chose'[1]), und der oben erwähnte französische Forscher schreibt von ihr (S. 385): 'Sainte Thérèse, avec tous les mystiques, proteste d'une manière générale qu'il ne faut pas confondre cette *obnubilation* de la conscience du monde avec la perte de conscience'. Oder eine Mystikerin unserer Tage bemerkt in den Zuständen ihres 'amor mysticus' nicht nur eine Woge bewundernden und anbetenden Staunens, sondern auch eine (manchmal recht heftige) geschlechtliche Erregung: sie deutet sich den Zusammenhang dahin, daß die großen Kräfte des Lebens, des göttlichen und menschlichen, dieselbe Sprache reden."[2])

Das Verständnis der evangelischen Stelle muß sehr früh verloren gegangen sein, ja die Frage wäre vielleicht berechtigt, ob der Evangelist selbst das geheimnisvolle Wort, das er aus seiner schon weit zurückliegenden Vorlage herübernahm, noch richtig zu deuten verstanden habe. Die griechischen Väter mühen sich vergeblich ἐπισκιάζειν, die lateinischen *obumbrare* oder *obnubilare* zu erklären und ergehen sich, wenigstens so weit ich von ihren Kommentaren Kenntnis besitze, in abenteuerlichen Deutungen. Das gilt auch von den mittelalterlichen Scholastikern, deren Exegesen ich mit Dessoirs Unterstützung durchging. Um so mehr überraschte es mich bei einem katholischen Dogmatiker des vorigen Jahrhunderts eine Spur des Richtigen zu finden: zwar dem Sprachlichen steht er ratlos gegenüber, aber den Vorgang deutet er im ganzen zutreffend.[3]) Das vermag ich mir nur so zu erklären, daß die Mystik, mochte ihr auch das gelehrte Rüstzeug gänzlich abhanden gekommen sein, das innere Erleben des Vorgangs sich immer von neuem in ekstatisch veran-

---

1) Französische Übersetzung des spanischen Originals: Vie de Sainte Thérèse écrite par elle-même (Paris 1904) 167.

2) Th. Flournoy, Une mystique moderne. Archives de Psychologie, Genève XV 1 ff., Mai 1915.

3) H. Oswald, Dogmatische Mariologie (Paderborn 1850) 110: „Mit der seligsten Wonne mußte das Wirken des h. Geistes jede Fiber und Faser ihres reinen Leibes durchzucken .. Die jungfräuliche Empfängnis Mariens bezeichnet ohne Frage eine höhere geistige Ekstase, ein Verklärt- und Verschlungensein des Fleisches durch den Geist, ein Verzücktsein des ganzen Menschen in der Lichtregion des Himmels".

lagten Naturen betätigen sah und es so der Dogmatik zu vermitteln
in der Lage war.

Auch auf eine andere evangelische Stelle scheint von der so gedeuteten lukanischen einiges Licht zu fallen. Das Verbum ἐπισκιάζειν
findet sich im N. T. noch an einer zweiten Stelle. In der Verklärungsgeschichte des Ev. Marc. 9, 7 heißt es:

> καὶ ἐγένετο νεφέλη ἐπισκιάζουσα αὐτοῖς
> καὶ ἐγένετο φωνὴ ἐκ τῆς νεφέλης·
> οὗτός ἐστιν ὁ υἱός μου ὁ ἀγαπητός, ἀκούετε αὐτοῦ. [1]

Nach dieser Lesart überschattete die Wolke die Jünger, aber in
der altsyrischen Version ist es vielmehr Jesus, der von der Wolke
überschattet wurde; ja auch in einer griechischen Handschrift steht
ἐπισκιάζουσα αὐτῷ.[2] Ob sich hierin nicht die ursprüngliche Vorstellung erhielt?[3] Für die Jünger ist das Überschattetwerden beziehungslos, voll von Beziehung für Jesus. Denn der Gedanke ist der, daß
Jesus in diesem Augenblick als Sohn Gottes anerkannt wird: Luk. 3, 22
heißt es im Taufbericht nach ältester Fassung (o. S. 92): υἱός μου εἶ
σύ, ἐγὼ σήμερον γεγέννηκά σε. Zwischen Vater und Sohn vollzieht sich
unter dem Bilde des Zeugungsaktes eine 'unio mystica'.[4] Ich möchte
hier wiederum Max Dessoir das Wort geben. „Vielleicht enthält der
Vorgang noch ein letztes Teilstück, das die Erlebnisgrundlage ab-
gibt für solche Ausdrücke der Johanneischen Liebesgemeinschaft wie
'Ich und der Vater sind eins', 'Gleichwie du, Vater, in mir und ich
in dir'. Wenigstens behaupten die Psychoanalytiker, daß bei den
meisten Kindern ein sexuell gefärbter 'Vaterkomplex' besteht, also
ein erotisch betontes Gefühl der Bewunderung, das nahezu religiöse
Formen annehmen kann. Und sie folgern nun, die tiefste mystische
Ergriffenheit sei 'der verhüllte Vaterkomplex, der in dieser Symbol-
form aus dem Unbewußten auftaucht, wohin, wie die psychoanalytische
Lehre nachweist, die kindlichen Vorstellungen und Erkenntnisse verdrängt werden'.[5] Im Grunde läuft das auf die Einsicht hinaus daß

---

1) Dies ist eine der sehr zahlreichen Stellen der Evangelien, wo in gehobener
Rede von der Kolometrie besonders sichtbarer Gebrauch gemacht ist. Ich benutze
gern die Gelegenheit, auf die schöne nach diesem Prinzip verfaßte Übersetzung der
Evangelien von R. Woerner, München 1922 sowie auf die umfassende wissenschaft-
liche Begründung von R. Schütz Z. f. nt. Wiss. XXI (1923) 161 ff. hinzuweisen.

2) Genaue Angaben bei H. v. Soden, Die Schriften des N. T., Göttingen 1913.

3) Joh. Weiß a. a. O. (S. 77, 2) hat, obwohl er die Bedeutung des Verbums noch
nicht kannte, diese Möglichkeit schon in Erwägung gezogen.

4) H. Großmann, Arch. R.-W. XX (1920) 10: „Nach der im Orient geläufigen
Anschauung ist der König entweder der Sohn oder der Geliebte der Gottheit."

5) Joh. Kinkel, Zur Frage der psychologischen Grundlagen und des Ursprungs
der Religion Imago VIII 1, Wien 1922.

da, wo neues Leben entsteht — geistiges oder körperliches, ein Gottessohn oder ein Menschenkind —, auf das noch unzerlegte Dasein des
Kindes und die seiner Ganzheit eigentümliche Symbolik zurück-
gegriffen wird, — eine Einsicht deren Beweisfähigkeit wohl bezweifelt,
deren die Forschung anregende Kraft aber nicht geleugnet werden
kann." Wenn somit vieles dafür zu sprechen seint, daß in der Text-
stelle des Marcusevangeliums die Variante das Ursprüngliche bewahrt, so hat doch der Evangelist selbst den Zusammenhang nicht
mehr durchschaut; denn daß er αὐτοῖς schrieb, zeigt die Herübernahme der pluralischen Form durch die beiden anderen Synoptiker.[1]
Aber da die Mystik viel älter ist als das Evangelium und über dieses
hinweg mit ungeschwächter Kraft wirksam blieb, so unterläge eine
Annahme, die Grundvorstellung sei von diesem dem Mystischen besonders wenig zugeneigten Synoptiker, weil er sie nicht mehr verstand, aufgehoben, aber von einem theologisch geschulten Überarbeiter
seines Textes wieder eingeführt worden[2], wohl keinem grundsätzlichen Bedenken; sahen wir doch vorhin (S. 87) bei der Analyse des
lukanischen Berichts von der pneumatischen Zeugung, daß altchrist-
liche Theologen die mystische Grundvorstellung, obwohl sie in dem
Berichte verdunkelt war, richtig zu deuten verstanden und sie in ihren
Paraphrasen wiederherzustellen keinen Anstand nahmen.

Dem Ursprung dieser Lehre in ihrer Gesamtheit nachzugehen
müßte sich lohnen. Wer waren die ἔνιοι, auf die Philon sich beruft?
Spekulative Mystiker graeco-aegyptischer Herkunft: eine bestimm-
tere Antwort wüßte ich vorläufig nicht zu geben, aber diese darf als
gesichert gelten. Ob sich je Namen werden finden lassen, ist sehr
zweifelhaft; aber Philon selbst ist doch ein solcher Name, denn er
stand mitten in diesem Kreise, nur daß er die Lehre judaeisch färbt,
was sie ursprünglich nicht war. „Philon zeigt — sagt Reitzenstein[3])
— die ungemeine Verbreitung und Kraft einer hellenisierten aegyptischen Theologie bzw. Philosophie; sie ist für ihn das Gegebene,

---

1) Mt. 17, 5. Lk. 9, 34 (beide αὐτούς für den Dativ ihrer Vorlage). Lukas hat
nach αὐτούς den Zusatz ἐφοβήθηcαν δὲ ἐν τῷ εἰcελθεῖν αὐτοὺc εἰc τὴν νεφέλην er mag
gefühlt haben, wie beziehungslos die 'Wolke' für die Jünger nach dem Text der Vorlage war; durch die naive Art, mit der er diese erweiterte, bezeugt er indirekt ihre
Unzulänglichkeit.

2) Ein Fall wie dieser, daß eine Variante über den Text des Evangelisten selbst
hinaufweist, steht nicht vereinzelt. Einen zweiten werden wir weiter unten kennen
lernen: Luk. 1, 46 wird der Evangelist καὶ εἶπεν Μαριάμ geschrieben haben, aber die
Varianten bewahren mit κ. ε. Ἐλιcάβετ das Alte aus der Vorlage des Lukas.

3) Poimandres S. 42; vgl. S. 188: „Philon fühlt sich als Prophet im Sinne aegyp-
tisch-griechischer Mystik."

sie muß mit den jüdischen Anschauungen in Übereinstimmung gebracht werden." In diesem Sinne gilt es weiterzuforschen. Dabei
scheint mir Analyse der theologischen Schriften Plutarchs, vor allem
der über Isis und Osiris, einer der schwersten in griechischer Sprache
geschriebenen, aussichtsreich: es kann ja nicht auf Zufall beruhen,
daß sich uns Zeugnisse Philons und Plutarchs zu einer Einheit er-
gänzten. Wir stehen hier noch in den ersten Anfängen, sind auf
Einzelbeobachtungen wie die vorgetragenen angewiesen, aber die
Forschungen besonders Reitzensteins und Leisegangs weisen den
Weg. Daran, daß auf ihm zum Ziele gelangt werde, hängt zum Teil
auch das geschichtliche Verständnis vieler Urkunden des Neuen Testaments. Für das vierte Evangelium mag das im Vorbeigehen hier
an einer kleinen Einzelheit gezeigt werden, bei der wir innerhalb
des Kreises unseres Motivs von der mystischen Zeugung bleiben.
Plutarch referiert in der eben erwähnten Schrift (c. 53 f.) einen Weltschöpfungsmythus, wonach Horus, der Sohn des Osiris, d. h. des
reinen Logos, und der Isis, d. h. der Physis, das sinnliche Abbild
des gedanklichen Kosmos sei. Denselben Mythus, aber mit Abstrei-
fung des spezifisch Aegyptischen, kennt Philon (de ebr. 30):[1] „Gott
wohnte der Sophia[2] bei — nicht nach Menschenart[3] — und pflanzte
in sie die Keime des Werdens; sie nahm den Samen Gottes in sich
auf und gebar, als die Frucht voll ausgetragen war, in Wehen den
einzigen und geliebten sinnlich wahrnehmbaren Sohn, diese Welt."
Mit den letzten Worten — τὸν μόνον καὶ ἀγαπητὸν αἰcθητὸν υἱὸν ἀπε-
κύηcε τόνδε τὸν κόcμον — vergleiche man die berühmten Worte des
Johannesevangeliums (3, 16): „So liebte Gott die Welt, daß er ihr
seinen Sohn, den Einzigen, gab": der Mythus ist in das Religiöse
gesenkt, also genau der gleiche Vorgang, den wir vorhin bei der
Analyse des pneumatischen Zeugungsaktes im Lukasevangelium festgestellt haben. Christologie ist religiös umgeprägte graeco-aegyptische Gnosis: so etwa ließe sich der Vorgang formulieren. 'Gnosis' —
wir könnten auch Theologie, Theosophie oder Mystik sagen; aber
jener Begriff empfiehlt sich, um dem Vorurteile zu begegnen, als sei
Gnosis erst nachchristlich: dadurch verbaut man sich den Weg zur
Erkenntnis eines religionsgeschichtlichen Werdegangs von höchster
Bedeutung. Aber dies näher auszuführen ist nicht die Aufgabe des

---

1) Reitzenstein a. a. O. 39 ff.
2) Isis als Φρόνηcιc oder Σοφία θεοῦ: Reitzenstein a. a. O. 44. Philon nennt sie
hier die ἐπιcτήμη τοῦ πεποιηκότος (des Weltschöpfers).
3) οὐχ ὡc ἄνθρωπος. Wieder eine Kongruenz mit Plutarch: in der oben (S. 78, 1)
angeführten Stelle der quaest. conv. lasen wir, nach aegyptischer Lehre zeuge Gott
mit einer sterblichen Frau οὐχ ὥςπερ ἄνθρωπος.

Philologen; nur dies eine sei ihm erlaubt noch zu sagen. 'Hellenisches im Evangelium'? Schon oben streiften wir diese Frage und
mußten sie, so gestellt, verneinen. Aber jene Gnosis, deren Hüllen
allmählich fallen, ist durch die hellenische Philosophie aufs stärkste
beeinflußt, ja ihr ganzer wissenschaftlicher Unterbau wird dieser verdankt: Platon (vor allem der Timaios, der in den kosmologischen
Mythen allenthalben anklingt) und die Stoa (durch deren Vermittlung
auch Herakleitos) sind ihre Lebenselemente, die kraft ihrer unge-
messenen Zeugungskraft neue Verbindungen eingehen, neues Leben
zeugen, in dem das alte, allen Umformungen zum Trotz, schließlich
unbewußt, unverstanden, ja als gegensätzlich empfunden und feind-
lich abgelehnt, weiterwirkt. Das handgreiflich Betastbare, das zeugen-
mäßig Belegbare ist, da es der Sphäre des Einzelnen angehört, weniger produktiv als das Unsichtbare, das Allgemeine. Eine religionsgeschichtlich so wichtige Urkunde wie der Prolog des vierten Evangeliums wird ein Prüfstein für die Urteilsbildung sein: wer in ihm
nicht einen Nachklang des heraklitischen Prooemiums, wenn auch aus
noch so weiter Ferne, wenn auch mit noch so starker Veränderung
der Klangfarbe zu hören vermag[1]), dessen Ohr ist noch nicht genügend geschärft, der hat in sein Begriffsvermögen nicht genug von
jener Theosophie, Mystik, Gnosis aufgenommen, die die Lichtstrahlen
alter Kulturen wie in einem Spiegel auffing und sie, vielfach reflek-
tiert und gebrochen, zu einem Bilde vereinigte, das nun in eignen,
neuen Farben leuchtet.

b) „Wachsen" und „Abnehmen"

Theologische Arithmetik ist, wenn sie ihre Orgien feiert wie in
der spätgnostischen Pistis Sophia oder den Theologumena des syri-

---

1) Schon Amelios, ein Schüler Plotins, stellte die Anfänge Heraklits und des
Johannesevangeliums zusammen, und Eusebios, der das berichtet (pr. ev. XI 19, 1),
läßt sich das gefallen. Ich habe darüber schon in meinem Agn. Theos 348 f. einiges
gesagt, aber in jenem Buche hatte ich mich in die graeco-aegyptische Mystik noch
nicht hinreichend eingelebt, auch nicht genug Philon gelesen. Das Thema 'Philon
und das N. T.' ist oft dilettantisch in dem Sinne unmittelbarer Abhängigkeit des
Paulus oder Lukas oder Johannes von jenem behandelt worden; auf der Grundlage
der Andeutungen hier im Text könnte es wohl ergiebig werden. Der Kosmos ist nach
Philons eben zitierten Worten der einzige sinnlich wahrnehmbare (αἰϲθητόϲ) Sohn Gottes;
Gott hat aber nach einer anderen philonischen Stelle (quod deus immut. § 31, vgl.
Reitzenstein, Poim. 41) noch einen älteren, nur begrifflich wahrnehmbaren (νοητόϲ)
Sohn, den Λόγοϲ, den er bei sich behielt (παρ' ἑαυτῷ καταμένειν διενοήθη). Diese
Lehre kannte der Evangelist, aber lehnte die Zweiteilung ab: der Logos war im An-
fang bei Gott, aber Gott sandte ihn in die Welt, die ihn nicht begriff, obwohl er doch
die Herrlichkeit des einzigen Sohnes vom Vater her besaß. Erst auf diesem Hinter-
grund wird mir die Gesamthaltung des johanneischen Prooemiums recht verständlich.

7*

schen Platonikers Iamblichos, nächst der Allegorese das Qualvollste,
das sich ausdenken läßt. Aber bevor die Zahl im spukhaften Tanz
den Menschen die Köpfe verdrehte, war sie heiliger Ernst, eine An-
schauungsform des Glaubens, eine irdische Manifestation ewiger Ordnung, Gesetzmäßigkeit und Stetigkeit, ein Maß der Zeit am Himmel
und auf Erden, Götter und Menschen bindend. Wer sich in christlichen Chroniken und Festpredigten etwas umgesehen hat, dem wird
es eine geläufige Anschauung sein, daß das Leben des Heilands mit
den kyklischen Phasen des Sonnenlaufes in Verbindung gesetzt wurde.
Diese Spekulationen haben in dem Kalender des Kirchenjahres sehr
deutliche Spuren hinterlassen[1]); aber uns interessieren hier nicht
diese ihre letzten Auswirkungen, sondern ihre Anfänge. Frühlingsgleiche und Wintersolstitium sind, ohne daß daneben nicht auch andere Berechnungen aufgestellt wären, zwei Fixpunkte für die Ansätze der Empfängnis und der Geburt des Heilands. Nach der üblichen Datierung fand die Incarnatio, die in dem Moment der Empfängnis beginnt, zur Frühlingsgleiche statt, am 25. März, dem Tage
des Eintritts der Sonne in das Zeichen des Widders[2]) — es war das
derselbe Tag, auf den, wie wir wissen (s. S. 16, 3), aegyptische Astrologen den Weltgeburtstag verlegten, und an dem die Kultgenossen-
schaft der phrygischen Attisdiener das Frühlingsfest der 'Hilaria'
feierte[3]) —, die Nativitas zur Winterwende, am 25. Dezember im
Zeichen des Steinbocks. Nun sehen wir Chronographen[4]) und Prediger in dem Bestreben, diese Ansätze zu beglaubigen, mit zwei

1) Ferd. Piper, Der erste Tag der Welt, im Kgl. Preuß. Staatskalender für 1856,
6 ff. und: Der Ursprung d. Weihnachtsfestes u. das Datum der Geburt Christi, im
Evang. Kalender für 1856, 41 ff. Diese alles Wesentliche enthaltenden Abhandlungen
eines namhaften Berliner Theologen (vgl. o. S. 1, 2) sind in einem für diese Dinge öfters
zitierten Gymn.-Programm von G. Bilfinger, D. german. Julfest (Stuttg. 1901) nicht verwertet worden.

2) Astronomische Bildung drang auch in diese Kreise: seit dem III. Jahrh. wurde
das Datum des jul. Kalenders, dessen Jahr länger war als das wahre Sonnenjahr, zu-
rückgeschoben und an Stelle des 25. schließlich der 21. März fixiert, aber, wie es
scheint, nur in der alexandrinischen Kirche und von den sich ihr anschließenden
Chronographen. Piper a. a. O. 13 ff.

3) Macrobius Sat. I 10, 12 von dem Kulte des Attis: *praecipuam solis in his
caerimoniis verti rationem hinc etiam potest colligi quod ritu eorum* (sc. *Phrygum*)
*catabasi finita simulationeque luctus peracta celebratur laetitiae exordium a. d. octavum
Kal. Aprilis. quem diem Hilaria appellant quo primum tempore sol diem longiorem
nocte protendit*; ähnlich Iulianus or. 5, 168 CD. 175 A, beide nach dem (nicht zitierten)
Iamblichos (vgl. Wissowa, Rel. u. Kult. d. R.² 321 f.). Die Ähnlichkeit der Riten mit
dem alexandrinischen Heliosfeste am 24./25. Dezember (s. o. S. 25) ist unverkennbar,
aber die Besonderheit des Attiskultus tritt doch stark hervor. Auch in dem im Rom
gefeierten Novemberfeste der *Isia* (s. o. S. 36) hieß ein Feiertag *Hilaria*: Wissowa 354.

4) Noch nicht Hippolytos, der ganz andere Daten aufstellte: Ed. Schwartz, Abh.
d. Gött. Ges. N. F. VIII Nr. 6 (1905) S. 36. Vgl. u. S. 108, 3.

Zeugnissen der Evangelien selbst operieren, durch welche der Lebenslauf Jesu mit dem Johannes des Täufers verflochten wurde. „Jener muß wachsen, ich abnehmen", ἐκεῖνον δεῖ αὐξάνειν, ἐμὲ δὲ ἐλαττοῦϲθαι. Diese vom Täufer selbst im vierten Evangelium (3, 30) gesprochenen Worte sollten sich symbolisch auf den Sonnenlauf beziehen: der Geburtstag des Täufers falle auf die Sommerwende (25. Juni), den Beginn der abnehmenden, der Christi auf die Winterwende (25. Dezember), den Beginn der zunehmenden Tage.[1]) Den Beweis für die Richtigkeit dieser Deutung gebe — etwa so argumentierten sie weiter — eine andere Evangelienstelle. Nach Lukas (1, 26) war Elisabet, die Mutter des Johannes, sechs Monate schwanger, als der Maria ihre Empfängnis angekündigt wurde.[2]) Fiel die Geburt Jesu auf den 25. Dezember, so war das Datum seiner Empfängnis der 25. März. An diesem Datum trug nach der Lukasstelle Elisabet ihr Kind sechs Monate. Also wurde Johannes drei Monate darauf, am 25. Juni, geboren. So sei die symbolische Angabe des vierten Evangeliums durch die tatsächliche des dritten gewährleistet. Mit besonderer Ausführlichkeit hat Johannes Chrysostomos in zwei Predigten auf den Geburtstag Christi und den des Täufers diese auch den lateinischen Vätern des IV. Jahrhunderts bekannte Rechnung vorgelegt.[3])

1) Z. B. Augustinus serm. 194 (= in natali Domini 11) c. 2 (Migne 38, 1016) *praemisit hominem Ioannem qui tunc nasceretur cum dies inciperent minui; et natus est ipse cum dies inciperent crescere, ut ex hoc praefiguraretur quod ait idem Ioannes 'illum oportet crescere, me autem minui'.*

2) Ἐν δὲ τῷ μηνὶ τῷ ἕκτῳ ἀπεϲτάλη ὁ ἄγγελοϲ usw. — Daran knüpft er weiterhin, genau rechnend, an: Maria begibt sich nach ihrer Empfängnis eilends zu Elisabet (1, 39), bleibt bei ihr ὡϲ μῆναϲ τρεῖϲ (1, 56), und da erfolgt die Geburt des Johannes (1, 57).

3) Die Predigt auf den Geburtstag des Täufers ist nur in lat. Übersetzung erhalten; Usener trug sich mit der Absicht, sie in Ergänzung seiner Untersuchungen über das Weihnachtsfest neu zu edieren (vgl. Rh. Mus. LX, 1905, 465 f. . Für die griechische auf den Geburtstag Christi wird man die Bemerkungen P. de Lagardes (Mitteilungen IV, 1891, 285 f.) hinzunehmen müssen. Aus der lateinischen seien hier einige, für unser Thema charakteristische Sätze mitgeteilt (Ioannis Chrysostomi operum tom. II, Parisiis 1588). Der Anfang: *De solstitiis et aequinoctiis conceptionis et nativitatis Domini nostri Iesu Christi et Ioannis Baptistae* .... Ferner col. 1084 D *inventum est ipsa die, octavo (so) Kal. Oct., esse aequinoctium, in quo est inchoatio noctis maior quam lucis. 'Illum enim oportet crescere, inquit* (ev. Ioh. 3, 30), *me autem minui'* 1088 C *Dominus nascitur in mense decembri, hiemis tempore, octavo Kal. Ian.... Sed et Invicti natalem appellant. Quis utique tam invictus nisi dominus noster? qui mortem subactam devicit. Vel quod dicunt Solis esse natalem, ipse est Sol Iustitiae, de quo Malachias propheta dicit* (4, 24): *'Orietur nobis ... Sol Iustitiae'.* Die Ausführungen über den sechsten Monat der Schwangerschaft der Elisabet als Konzeptionsdatum der Maria sind zu lang, um hier Platz finden zu können. Es lohnt sich auch nicht, sie haben ja nur für die Geschichte der Irrtümer Interesse: ich notierte mir aus Scaliger, De emendatione temp.² (Lugd. Bat. 1598) 508 den Satz: 'cui orationis confutandae posset magnum et immane volumen institui'.

Wie stellen sich nun die Theologen der Gegenwart zu dieser
Deutung der beiden Evangelienstellen? Sie legen sich begreiflicherweise Zurückhaltung auf, ziehen aber ihre Richtigkeit doch in Erwägung.[1]) Obwohl nun die Lukasstelle, wie wir sehen werden, unbedingt ausgeschaltet werden muß, so wollen wir doch, nicht um
ihrer verkehrten patristischen Deutung willen, sondern weil sie ein
interessantes, bisher m. E. noch nicht richtig gelöstes Problem enthält,
etwas bei ihr verweilen.[2]) Der sechste Monat verlangt eine Erklärung; ihn als „unbegreifliche Willkür" des Schriftstellers hinzustellen,
oder ihn als Mysterium mit heiligem Schweigen zu übergehen, scheint
mir dem Stande der Wissenschaft nicht angemessen. Und doch liegt
eine sehr rationelle Erklärung auf der Hand, sobald der Satz, der
die Monatszahl enthält, nicht isoliert, sondern im Zusammenhang
der lukanischen Gesamterzählung von Elisabet und Maria betrachtet
wird: wir haben ja bereits gesehen (S. 88), daß der Verfasser (oder
sein Gewährsmann) bemüht gewesen ist, die an beiden Frauen ge-
schehenen Empfängniswunder in Beziehung zueinander zu setzen.
Zwei aus verschiedenen Zeiten und Vorstellungskreisen stammende
Berichte einwandfrei zu verbinden ist eine Aufgabe, die grundsätz-
lich kaum lösbar ist, jedenfalls eine Gestaltungskraft bedingt, über
die der Verfasser des dritten Evangeliums, mochte er im Kompo-
nieren seinen Vorgängern auch etwas überlegen sein, nicht verfügte,
zum Glück nicht, werden wir sagen dürfen, denn Unausgeglichenheit
erleichtert, Harmonistik erschwert jede Quellenanalyse. Ihm lag eine
ausführliche Erzählung der Geburt des Johannes vor; daß sie aus
Kreisen der Jünger des Täufers stammte, bezweifelt niemand. So
dankbar wir dem Evangelisten für ihre Erhaltung sein müssen, so
wenig dürfen wir doch verkennen, daß er mit ihr nicht schonend
verfuhr, von seinem Standpunkte aus gesehen, begreiflich; sie war
ihm nämlich nur Mittel zum Zweck die Verkündigung Mariae zu be-

---

1) So heißt es in dem Kommentar von E. Klostermann (Hdb. zum N. T. II, 1,
1919) zu Vers 26: „Die 6 Monate erscheinen als künstliche Konstruktion; vielleicht
liegt diesem Zuge schon eine ältere religiöse Ausdeutung des Kalenderjahrs, Sommer-
und Winter-Sonnenwende, zugrunde." Auch M. Dibelius, Die urchristl. Überlieferung
von Joh. d. Täufer (Götting. 1911) 75 zieht, ohne jedoch näher darauf einzugehen und
n sehr zurückhaltender Formulierung, die 'astrale' Deutung der beiden Stellen in den
Bereich der Möglichkeit, mit Recht, wie sich herausstellen wird, für die johanneische.
Auch Arnold Meyer, D. Weihnachtsfest (Tübing. 1913) 42f. scheint so zu urteilen.

2) Die folgende Darlegung schließt sich weitgehend an die scharfsinnige und
völlig überzeugende Analyse an, der Dan. Völter, Die evang. Erzählungen von der Geburt u. Kindheit Jesu (Straßb. 1911) 11ff. die ersten Kapitel des Lukasev. unterzogen
hat. Kein Exeget hat m. W. Notiz von ihr genommen. Um so mehr hielt ich es
für meine Pflicht mich zu ihr zu bekennen und die Beweisgründe V.s in Einzelheiten
zu verstärken.

richten, sozusagen ein Erzählungshebel. Die Gebrauchsart dieses Werkzeugs gewährt uns einen interessanten Einblick in die Arbeitsstätte des Schriftstellers. Aus der Mitte seiner Vorlage bricht er ein Stück weg, um es seinem Zweck dienstbar zu machen. In dem johanneischen Bericht war nämlich derselbe Engel, der dem Zacharias die Empfängnis seines Weibes und die Geburt eines Sohnes verkündet hatte (1, 13 ff.), im Verlaufe ihrer Schwangerschaft auch der Elisabet erschienen.[1]) Diese zweite Erscheinung unterdrückt der Evangelist in der Elisabeterzählung und überträgt sie auf die Mariaerzählung. Infolge dieses Notbehelfs stellt sich nun die Verkündigung an Maria nur wie eine Episode, ja fast wie eine Parenthese inmitten der langen johanneischen Geburtsgeschichte dar: Elisabet ist Haupt-, Maria Nebenfigur, das entscheidende Erlebnis dieser ist — im Gegensatz zu seiner Bedeutung für den ganzen weiteren Verlauf der evangelischen Erzählung — wie ein Begleitmotiv zu dem Erlebnis jener erzählt, und, wie es bei einer etwas länglichen Parenthese zu gehen pflegt, fehlt auch das Anakoluth nicht. „Fünf Monate lang" nach erfolgter Empfängnis verbarg sich Elisabet (1, 24 f.). Dann heißt es weiter: „Im sechsten Monat wurde der Engel Gabriel abgesandt..." (1, 26) —, aber nun nicht etwa, wie jeder Leser erwarten mußte, zu Elisabet, von der bisher allein die Rede war, für die allein ihr sechster Monat bedeutungsvoll war, sondern zu Maria[2]), für die diese Zeitangabe beziehungslos ist. Hier also ist die (erste) Bruchstelle der Elisabet-Erzählung, es beginnt die Maria-Episode (26—38). Diese nimmt auf jene keine Rücksicht, nur daß der Verfasser das ihm für seine Zwecke wesentlich dünkende chronologische Moment nochmals hervorhebt: „Dies ist der sechste Monat der Elisabet" läßt er den Engel zu Maria sagen (36). Dann aber nimmt er die Fäden der beiden Handlungen zusammen. Maria begibt sich nach erfolgter (aber nicht berichteter) Empfängnis zu ihrer Verwandten Elisabet und begrüßt sie (39—40). Kaum hat Elisabet den Gruß gehört, da „hüpfte das Kind in ihrem Leibe, und mit heiligem Geist erfüllt rief sie..." (41—42). Wer diese Skizze der Darstellung überblickt, wird die Bewandtnis des „sechsten Monats" leicht erkennen. Es ist der Monat, in dem die ersten lebhaften Kindbewegungen erfolgen. In der jo-

---

[1]) Von den Beweisgründen Völters (s. vorige Anm.) sei nur einer angeführt: 1, 60 weiß Elisabet, daß das Kind den Namen Johannes erhalten soll. Das muß ihr vorher mitgeteilt worden sein, doch wohl von demselben Engel, von dem auch Zacharias den Namen erfahren hatte (1, 13). Die Szene 1, 59—63 kommt zur vollen Wirkung erst, wenn beide Eltern aus derselben höheren Kunde den Namen des Kindes wissen.

[2]) περιέκρυβεν (Ἐλεισάβετ) ἑαυτὴν μῆνας πέντε . ἐν δὲ τῷ μηνὶ τῷ ἕκτῳ ἀπεστάλη ὁ ἄγγελος Γαβριὴλ .... (zu Maria).

hanneischen Vorlage war dieses frühste Lebenszeichen bei Elisabet
in dem Momente eingetreten, als ihr der Engel erschien: auf seinen
Gruß „hüpfte"[1]) das Kind in ihrem Leibe, sie wurde mit heiligem
Geist erfüllt, der von dem Kinde selbst ausging[2]), und brach in einen
Lobgesang aus (Μεγαλύνει, *Magnificat* 46 ff.). Aus diesem festgefügten
Bau seiner Vorlage nahm der Bearbeiter abermals einen Stein heraus.
Das Engelsmotiv hatte er soeben für die Maria-Episode verbraucht:
so ließ er jetzt an die Stelle des Erscheinens des Engels vor Elisa-
bet ihre Begegnung mit Maria treten, und nicht mehr der Engels-
gruß, sondern der Gruß der Maria begleitet jenes Lebenszeichen (die
Verdoppelung des Grußmotivs 28 f. 40 f. ist handgreiflich). Jetzt ist
es auch nicht das eigene Kind, das beim ersten Lebenszeichen sein
Pneuma auf die Mutter überträgt, sondern der Keim, den Maria empfangen hatte, löst in Elisabet die Geisterfüllung aus. Die Geschlossenheit des Grundberichts ist durch diese Verteilung des Motivs von einer
Person auf zwei durchbrochen. Auch die innere Wahrscheinlichkeit
des Vorgangs — das gottgeweihte Kind inspiriert bei seiner ersten
menschlichen Bewegung den Leib, der es beseligt trägt — ist geopfert.
Aber durch diese Preisgabe erreichte der Bearbeiter etwas für seinen
Zweck Wesentliches: wenn solch magische Wirkung von dem erst tage-
alten Keim auf das Sechsmonatskind ausstrahlen konnte, dann wird
Jesus im Verhältnis zu Johannes der unvergleichlich größere sein,
und der nachweisbar immer noch sehr nachdrücklich erhobene Anspruch der Johannesjünger auf die Superiorität ihres Meisters[3]) brach
in sich zusammen. Was wollte es gegenüber diesem Gewinn be-
sagen, wenn außer der inneren Wahrscheinlichkeit die äußere Geschlossenheit des Grundberichts noch an einer andren Stelle verloren
ging? Geisteserfüllung (41—42ᵃ) und Lobgesang (46 ff.) folgten sich
in der Vorlage als zwei durch Ursache und Wirkung verbundene
Motive unmittelbar; jetzt sind sie durch die Worte der Elisabet an
Maria (42ᵇ—45) derart unterbrochen, daß die Fuge sogar stilistisch
unverkennbar ist.[4]) Endlich zeigt auch das Ende der Erzählung den

---

1) ϲκιρτᾶν scheint jüdisch-hellenistische Bezeichnung der Kindbewegungen im
Mutterleibe gewesen zu sein: Gen. 25, 21 f. ϲυνέλαβεν ἐν γαϲτρὶ Ῥεβέκκα· ἐϲκίρτων δὲ
τὰ παιδία ἐν αὐτῇ. Im Hellenischen nichts dergleichen, auch nicht bei den Ärzten.

2) In der Verkündigung des Engels an Zacharias heißt es von dem Kinde (1, 15):
πνεύματοϲ ἁγίου πληϲθήϲεται ἔτι ἐκ κοιλίαϲ μητρὸϲ αὐτοῦ.

3) Noch der Verfasser des vierten Evangeliums muß diesen Anspruch energisch
zurückweisen. Dibelius a. a. O. (o. S. 102, 1) 14, 1. 2 führt interessante Stellen dieser Art
aus den klementinischen Rekognitionen und Ephraem an.

4) 42ᵃ ἐπλήϲθη πνεύματοϲ ἁγίου ἡ Ἐλειϲάβετ καὶ ἀνεφώνηϲεν κραυγῇ μεγάλῃ καὶ
εἶπεν· | 42ᵇ—45 Εὐλογημένη ϲὺ ἐν γυναιξίν   παρὰ κυρίου. || 46 καὶ εἶπεν Ἐλει-
ϲάβετ· Μεγαλύνει κτλ. Den Nachweis, daß das Magnifikat von Elisabet, nicht von

Eingriff. Der lange Lobgesang der Elisabet (46—55) hatte in der Vorlage einen Akt des johanneischen Geburtsdramas wirksam abgeschlossen. Der Evangelist mußte die Erzählung weiterführen, denn es galt, Maria vom Schauplatz der Handlung zu entfernen, nachdem der Zweck, der sie auf diesen geführt hatte, erfüllt war. Das geschieht mit dem nach jenem Vollklang des Lobgesangs matt wie ein Anhängsel wirkenden Sätzchen: „Maria aber blieb bei ihr drei Monate und kehrte dann nach Hause zurück" (56). Über diese Worte hinweg wird dann in der johanneischen Handlung fortgefahren: „Als sich aber für Elisabet die Zeit erfüllt hatte, daß sie gebären sollte, gebar sie einen Sohn" (57). Maria hat also das Haus der Elisabet verlassen, nachdem sie über den sechsten Monat hinaus ausgerechnet drei Monate bei ihr geblieben war. Die Erwähnung der drei Monate des Aufenthalts hat keinen weiteren Zweck als zahlenmäßig den Ablauf der Schwangerschaftsperiode der Elisabet zu bezeichnen. Das Weitere geht uns nicht an: wir haben die Analyse bis zu dem Punkte geführt, der uns erkennen läßt, daß der sechste Monat nicht den geringsten Raum für eine symbolische Deutung bietet.

So oft ich mir in dieser Weise eine evangelische Erzählung nach philologischer Gepflogenheit analysiere, beherrscht mich der Eindruck eines gewissen Unrechts gegenüber dem Schriftsteller. Diese volkstümlichen Erzähler hatten ja nie mit solcher verstandesmäßigen Kritik gerechnet, sondern mit Lesern, die sich willig der Neuheit des Stoffes hingaben, ganz von ihrem Gefühl beherrscht, den Blick nur auf das Ganze gerichtet und daher ohne Arg gegen etwaige Unzulänglichkeit von Einzelnem. So werden die Leser der Eingangskapitel des Lukasevangeliums vor allem das Gesamtbild in sich aufgenommen haben: die Begegnung der beiden gebenedeiten Mütter, und daß der Evangelist diese Szene zu erfinden vermochte - denn zweifellos gehört diese Erfindung ganz ihm —, fällt wahrlich schwerer ins Gewicht, als daß es ihm nicht glückte sie für verwöhnte Ansprüche künstlerisch zu gestalten. Ein Dichter bleibt er auch so, hier wie in der Szene der Verkündigung an die Hirten auf dem Felde.

Die Prüfung der lukanischen Stelle hat uns zu einem für die Deutung der Kirchenväter negativen Ergebnis geführt. Etwas anders scheint es sich mit der johanneischen Stelle zu verhalten. Wir wollen

Maria gesprochen wurde, zu deren stiller Ergebenheit der Jubelgesang ja auch eine schrille Dissonanz bilden würde, hat als erster Völter schon im J. 1896 aus Spuren der Überlieferung und aus Analyse des Textes erbracht. Die angesehensten Theologen sind ihm beigetreten, er selbst hat dann in seiner späteren Schrift a. a. O. (o. S. 102, 2) die Beweisgründe vermehrt.

ihrer Betrachtung die einer Stelle aus dem Matthaeusevangelium vorausschicken. In der Verklärungsgeschichte heißt es (17, 2): „Er ward vor ihnen verwandelt, und sein Angesicht leuchtete wie die Sonne, seine Kleider aber wurden weiß wie das Licht." Mancher wird den Worten des zweiten Kolon — καὶ ἔλαμψεν τὸ πρόϲωπον αὐτοῦ ὡϲ ὁ ἥλιοϲ — als bloßem Vergleich zunächst keine besondere Bedeutung beimessen. Aber bei Lukas stehen statt jener Worte diese (9, 29): „Sein Angesicht bekam ein anderes Aussehen", ἐγένετο τὸ εἶδοϲ τοῦ προϲώπου ἕτερον. Man gewinnt den Eindruck, daß die plastische Ausdrucksweise des ersten Evangeliums gegenüber der matten des dritten das Ursprünglichere ist und daß Lukas das Heliosmotiv, das Matthaeus aus der gemeinsamen Vorlage beibehielt, eben um deswillen beseitigte, weil es ihm — sagen wir etwa: zu heidnisch vorkam. Dieser Eindruck scheint nicht zu täuschen: jener heliastische Vergleich ist eine Spiegelung älterer orientalischer Phantasie. „Sein Antlitz scheint wie die Sonne in ihrer Kraft", ἡ ὄψιϲ αὐτοῦ ὡϲ ὁ ἥλιοϲ φαίνει ἐν τῇ δυνάμει αὐτοῦ, heißt es in der johanneischen Apokalypse (1, 16) vom Menschensohn, und dies ist keine Erfindung des Apokalyptikers. Denn in einer um Jahrhunderte älteren Religionsurkunde aegyptischen oder babylonischen Ursprungs wird eine Monatsgöttin „Gesicht der Sonne", ὅραϲιϲ τοῦ ἡλίου, genannt und von einem Astralgotte gesagt: „Dieser heißt Helios nach seinem Aufgange", οὗτοϲ καλεῖται ἥλιοϲ ἐπειδὴ ἀνατέταλκεν.[1]) Wenn also bereits im Matthaeusevangelium ein solares Symbol auf den Heiland, freilich den verklärten, übertragen zu sein scheint, wie viel geneigter werden wir zu dieser Annahme im vierten Evangelium sein. Wandelt er doch durch dieses, in dem er ja auch zum ersten Male ϲωτὴρ τοῦ κόϲμου genannt wird[2]), umflossen von überirdischem Lichte: φῶϲ ist neben λόγοϲ eine Dominante dieses Evangeliums. Nun ist längst erkannt worden, daß der Träger dieses Lichts ursprünglich der Täufer war. Diese in Kreisen der Johannesjünger offenbar verbreitete Auffassung[3]) wird von dem Evangelisten in den

---

1) Stellen aus den sog. Ϲαλμενιχιακά, von Boll, Aus d. Off. Joh. 53 mit den Worten der Apokalypse zusammengestellt. Über die Zeit jener Schrift sagt er, sie sei schon von Nechepso-Petosiris benutzt, also jedenfalls geraume Zeit vor 150 v. Chr. entstanden. Die Hinzufügung „nach dem Aufgange" scheint mir auf aegyptischen Ursprung zu deuten: Formeln wie diese „Rê, wenn er im Horizonte aufgeht" sind häufig (z. B. in einem von A. Erman, Lit. d. Aegypter, Lpz. 1923, 189 übersetzten Liede), und in einem Texte (um 600 v. Chr.) tritt der im Tempel gekrönte König zur Menge hinaus, „wie wenn die Sonne aufgeht" (H. Ranke a. a. O. 253).

2) Ev. Joh. 4, 42. ep. Joh. I 4, 14. Dies die beiden einzigen Stellen im N. T., worauf A. v. Harnack, Der Heiland, in: Reden u. Aufs. I (1904) 307 ff. mit Recht Gewicht legt.

3) In dem 'Johannesbuch der Mandaeer' (hrsg. v. M. Lidzbarski, Gießen 1915),

ersten Kapiteln aufs nachdrücklichste bekämpft; aus Sätzen wie diesen „nicht war jener das Licht, sondern daß er Zeugnis ablege von dem Licht. Das Licht, das wahre, das jeden Menschen erleuchtet, kam gerade in die Welt" (1, 8 f.) hört man die Polemik heraus. Sie wird dann weiterhin in geschickter Weise so geführt, daß der Evangelist sie dem Täufer selbst in den Mund legt: Johannes bekennt wiederholt und aufs eindringlichste seine Inferiorität gegenüber dem Erwählten Gottes.[1]) In einem Zusammenhange dieser Art stehen die uns interessierenden Worte. Jesus hatte ein predigtartiges Gespräch (mit Nikodemos) in das Lichtmotiv ausklingen lassen, fünfmal in einem einzigen Satze das Wort φῶc (3, 19—21). Dann werden die beiden, der Vorläufer und der Messias, in ihrer Wirksamkeit vergleichend nebeneinander vorgeführt, und nun hält jener, ebenfalls in einem Gespräch (mit einem Juden), seinerseits eine Predigt, in der er seine Deuteragonistenrolle bekennt. Hier stehen die Worte: Ἐκεῖνον δεῖ αὐξάνειν, ἐμὲ δὲ ἐλαττοῦcθαι. Sollten sie sich, wie gewöhnlich angenommen wird, auf den vergleichsweise größeren „Zulauf Jesu" beziehen? Eine derartige Senkung des Stilniveaus in der feierlichen Höhenlage dieser Rede? Nun aber sind die beiden Verba in technischem Gebrauch für die Zu- und Abnahme des Sonnenlichts gewesen. Ἡλίου γενέθλιον· αὔξει φῶc steht in der uns schon bekannten Kalendernotiz zum 25. Dezember als liturgische Formel der Heliosmysterien (o. S. 25, 2). Τὸ φῶc τοῦ ἡλίου ἐλαττοῦcθαί τε καὶ cβέννυcθαι .... ἐδόκει heißt es in einem Bericht über ein Naturereignis nach Caesars Tod.[2]) Die griechischen Väter und ihnen folgend die lateinischen haben, wie bemerkt, die Worte im solaren Sinne verstanden, und es dürfte sich empfehlen ihre Deutung insoweit als richtig anzu-

in dessen religionsgeschichtlicher Würdigung ich mit Reitzensteins von H. Greßmann (Z. f. Kirchengesch. N. F. IV 1923, 169) etwas modifizierter Ansicht übereinstimme, wird die übernatürliche Herkunft des Johannes oft hervorgehoben, z. B. S. 75 „Ein Kind wurde aus der Höhe gepflanzt, ein Mysterium in Jerusalem offenbart", was man vergleiche mit S. 90 „Unser Herr der Lichtkönig ist in der Höhe" oder mit S. 78 „Der Stern, der kam und über Enišbai (= Elisabet) stehen blieb, bedeutet: Ein Kind wird von der oberen Höhe aus gepflanzt ... Das Feuer, das an Abā Sâbā Zakhria (= Zacharias) brannte, bedeutet: Jôhânâ wird in Jerusalem geboren werden". Das erste Auftreten des Johannes erfolgte „mit Gewändern des Glanzes, einem Gürtel, der über die Maßen leuchtete. Sie setzten mich in eine Wolke, eine Glanzwolke, und in der siebenten Stunde eines Sonntags brachten sie mich nach Jerusalem" (S. 116). Die Lektüre des Johannesbuches ist für den Religionshistoriker von beträchtlichem Interesse.

1) In dem Johannesbuch (s. vorige Anm.) wird die Rolle der beiden, der judaisierenden Tendenz jener Schrift entsprechend, umgekehrt. So sagt Johannes zu Jesus (S. 104): „Belogen hast du die Juden und betrogen die Priester". „Lasset euch von mir warnen, meine Brüder, vor dem Gotte, den der Zimmermann zusammengefügt hat" (S. 109).

2) Dio C. XLV 17; vgl. Plut. Caes. 69 u. a.

erkennen. Wenn sie jedoch über diese allgemeine Lichtsymbolik hinaus gerade die kalendarischen Jahrespunkte der Sonnenlaufbahn verstanden wissen wollten, so scheinen sie mir auch hier spätere
Spekulation willkürlich in das Evangelium hineinzutragen.[1]) Eine so
ins Einzelne gehende Symbolik, die das Persönliche völlig ins Astrale
auflösen würde, scheint mir dem Charakter dieses Evangelisten wesensfremd. Auch da wo er, wie hier, geheimnisvoll redet, ist er doch
stets darauf bedacht dem Transzendenten nur behutsam Zutritt zur
Erscheinungswelt zu gewähren, solange der Gottessohn in Menschen-
gestalt auf Erden wandelt. Das Gedächtnis an die irdische Wirksamkeit des Religionsstifters hatte sich immer noch mit solcher
Kraft erhalten, daß sein Lebensbild, mochte die Legende es auch
schon in ihre dichten Schleier gehüllt haben, einer absoluten Verflüchtigung ins Mystische widerstrebte. Gegen Versuche es ins Un-
irdische zu sublimieren, wie es in den grandiosen Phantasmagorien
der Apokalypse geschieht, richteten die führenden Geister, unter
ihnen gerade auch dieser Evangelist, Schranken auf.

Zu solcher Behutsamkeit hatten die Männer der Gnosis keinen
Anlaß: sie fühlten sich im Sphärischen heimischer als im Irdischen
der Sinnenwelt, und ihre Phantasie wob schöpferisch an dem Mythen-
teppich des Orients. Da hören wir wieder Klänge, wie sie uns aus
früheren Stellen unserer Untersuchungen vertraut sind: von Helios,
der jungfräulichen Himmelskönigin und Aion, ihrem Sohne.[2]) Der
Lebenslauf des Soter wurde sozusagen kosmisch verankert: beispielsweise wurde nun auch sein Todesdatum auf den Tag der Frühlingsgleiche verlegt, weil der Tod ihn zu erneutem Leben hatte eingehen lassen.[3]) Die orthodoxe Kirche hat die Bewegung dieser

---

1) Ebenso vorsichtig Fr. Boll, Die Sonne im Glauben und in der Weltanschau
ung der alten Völker (Stuttgart 1922) 22: „Im vierten Evangelium sagt Joh. d. Täufer
jenes Wort: Er muß wachsen und ich muß abnehmen. Das hat man seit Ambrosius
und Augustinus und im ganzen Mittelalter auf den Geburtstag des Täufers an der
Sonnenwende und den Christi an der Winterwende bezogen; man versteht das jetzt
doppelt gut, seitdem jenes Weihnachtswort *Crescit lux* in jenem Astrologenkalender
und in dem syrischen Ritual sich gefunden hat." Ähnlich in den Sitzungsberichten der
Heidelb. Ak. 1910, 16. Abh. S. 44, Anm. 42.

2) Z. B. in dem o. S. 50, 4 erwähnten sog. Religionsgespräch: „Der große Helios
hat die Himmelskönigin geliebt, und sie ist schwanger geworden", und anderes derartige bei älteren Gnostikern. Sehr schön führt Ad. Jacoby, Altheidnisch-Aegyptisches
im Christentum (in der Zeitschrift 'Sphinx' VIII 1903, 107 ff.) einen besonderen Solar-
typus der älteren Gnosis („Christus der Jüngling-Greis") auf jungaegyptische Mystik
zurück (vgl. die o. S. 25, 3. 46, 1 angeführten Worte des Macrobius).

3) Dies drang frühzeitig auch in katholische Kreise. Es ist für uns zuerst nachweisbar bei Hippolytos in seinem wohl im J. 202 verfaßten Kommentar zu Daniel IV 23
(vgl. H. Usener, Rh. Mus. LX 1905, 485), etwa gleichzeitig Tertullianus adv. Iud. 8.
Andere Zeugnisse bei L. Duchesne, Origines du culte chrétien[2] (Par. 1898) 251 f.

Stürmer, die das Diesseitige ins Jenseitige emporheben wollten, zunächst bekämpft, von ihrem Standpunkte aus mit vollem Recht: denn das alles war ja heidnischen Ursprungs, aegyptisch-hellenistische Theokrasie, und die Gefahr war groß und dringend, daß der geschichtliche Jesus zu einem Sonnenheros sublimiert, aus einem Religionsstifter zu einer mythischen Begriffshypostase verbildet wurde.[1]) Aber als die Kirche so erstarkt war, daß es ihr keine Gefahr mehr bringen konnte, hat sie Mythischem, freilich dauernd mit Zurückhaltung, Zutritt gewährt. War es doch für die Kalenderordnung des Kirchenjahres sogar zweckdienlich das Individualleben des Heilands an Naturvorgänge im Kosmos zu binden. Mariae Verkündigung (25. März), Geburt des Täufers (24. Juni), Ankündigung des Täufers (24. September), Geburt Christi (25. Dezember) — alle diese an die Hauptjahrespunkte des Sonnenlaufs gebundenen Feste[2]) sind durch jene beiden Evan-

---

1) Diesen letzten Schritt zu tun hat keiner der Gnostiker gewagt: davor bewahrte sie ihr geschichtlicher Sinn und die Macht der Tradition. Beide Faktoren mußten erst ausgeschaltet werden, bis die gerechtfertigte Antithese 'Jesus ist geschichtlich, Christus ist mythisch' zu der Frage 'Hat Jesus gelebt' umgestaltet und diese Frage verneinend beantwortet wurde. Kein Leser wird hier eine Diskussion dieses Aberwitzes erwarten. Da aber zu fürchten ist, daß das von mir beschaffte Material von den immer noch nicht verstummten, vielmehr in den letzten Jahren laut sich wieder vorwagenden Adepten des 'Astralgottes Jesus' mißbraucht werden könnte, so möchte ich sie nachdrücklichst bitten auch mich unter die Unbelehrbaren, Unbekehrbaren zu rechnen. Auch die Geschichte einer Wahnidee bietet ja gelegentlich Interesse, und daher bedaure ich das Opfer nicht mich mit ihr beschäftigt zu haben, zumal ich dadurch ein Werk kennen lernte, in dem zu blättern mir lohnend war. Im dritten Jahre der republikanischen Aera (= 1794) erschien das siebenbändige Werk des 'citoyen françois' Charles Dupuis, Origines de tous les cultes ou religion universelle' (Neudrucke seit 1822, noch 1876). Das Zugeständnis, daß er der Archimagus der dann grassierenden Manie wurde, ist schmerzlich, denn die Gelehrsamkeit und der Scharfsinn dieses Schriftstellers sind bedeutend: es ist doch wahrlich nichts Geringes, daß er einige Erkenntnisse, die durch Usener und Boll gesicherte Besitztümer der Wissenschaft geworden sind, vorausgeahnt, ja z. T. auch bewiesen hat. Von den ihn auszeichnenden Vorzügen ist bei seinen Nachfahren — kaum ein europäisches Kulturland ist von der Infektion ganz unberührt geblieben — keine Spur mehr zu finden: wer einem Irrlichte folgt, mag es noch so schön phosphoreszieren, gerät doch in einen Sumpf und geht hoffnungslos in ihm unter.

2) Über das Johannisfeuer bringt Fr. Langer, Intellektualmythologie (Lpz. 1916) 183, 1 eine Stelle, deren Mitteilung hier interessieren dürfte: Rationale divinor. offic. (geschr. um 1286) l. 7 c. 14 *feruntur quoque brandae seu faces ardentes et fiunt ignes qui significant S. Johannem qui fuit lumen et lucerna ardens praecedens et praecursor verae lucis rota in quibusdam locis volvitur ad significandum quod sicut sol ad altiora sui circuli pervenit nec altius potest progredi sed tunc sol descendit in circulo, sic et fama Johannis qui putabatur Christus descendit, secundum quod ipse testimonium perhibet dicens: 'me oportet minui, illum autem crescere'.* Dazu bemerkt L.: „Die Verknüpfung des altheidnischen Mittsommerfestes mit Johannes ist durch einen sehr einfachen und obendrein durch den Naturvorgang geförderten logischen Schluß ermöglicht, besonders da auch dem Sonnenwendfeuer von den Heiden eine reinigende Macht ähnlich der des Taufwassers beigemessen wurde."

gelienstellen nachträglich sanktioniert worden, mit barer Willkür soweit man sich dabei auf die Worte des Lukas berief, mit einem freilich
nur sehr bedingten Schein von Recht, insofern man die johanneischen
zum Ausgangspunkte nahm. Im Grunde genommen war diese ganze
solare Symbolik unevangelisch, aber sie war vorevangelisch. Denn
für den Bringer einer neuen Weltordnung war, wie wir in früheren
Teilen dieser Untersuchungen sahen, das Heliosmotiv ein altertüm-
liches Ornament. Das Besondere und das Neue lag nun grade darin,
daß der christliche Soter.diese Traditionsreihe durchbrach. Wie mag
das zu erklären sein? Man könnte vielleicht an die Abneigung des
Judentums gegen Mythisches denken, die Ausnahme also aus Be-
stimmtheiten der Umwelt ableiten wollen, in der die neue Religion
erwuchs. Aber die Apokalyptik des Judentums hat das Astrale
keineswegs abgelehnt, und wir lasen oben (S. 55, 2) einen Vers der
jüdischen Sibylle, wonach der messianische König „von der Sonne
her" kommen werde. Die Erklärung liegt tiefer und ist doch zugleich viel einfacher. Die schlichte Menschlichkeit Jesu widerstrebte
der Sublimierung in die Heliosregion. Er kam nicht von der Sonne
her, sondern wandelte über diese Erde, ein Mensch unter Menschen,
auch von Seelenkämpfen erschüttert wie sie, erschrocken über seine
Mission, als er sich ihrer bewußt wurde. Kein Stäubchen der Hoffart
trübte den Seelenspiegel dieses Demütigen; er sah den Himmel offen
und der Seligen Angesicht — und dennoch schwellte kein herrischer
Anspruch auf Prophetentum seine Geistesklarheit zur Ekstase. Es
zogen Propheten und Heilande von Dorf zu Dorf und hielten Ansprachen wie diese: „Ich bin Gott (Gottes Sohn, Göttlicher Geist).
Ich bin gekommen. Ich will euch retten, und ihr werdet mich mit
himmlischer Kraft emporsteigen sehen. Selig der mich jetzt anbetet.
Auf die anderen werde ich ewiges Feuer werfen."[1]) Die Theurgen,
die so und ähnlich sprachen, standen inmitten einer Tradition. Wäre
Jesus gewesen wie diese Ekstatiker, die zu seiner Zeit in Phoenikien
und Palaestina ihr Wesen trieben — Celsus, der christenfeindliche
Platoniker, stellt ihn mit ihnen zusammen —, die Behörde hätte ihn
gewähren lassen: auf einen Schwarmgeist mehr wäre es ihr nicht
angekommen. So aber wurde sein Lebensgang, ein Natürliches zugleich und ein Wunder, sowie sein Tod, ein Notwendiges zugleich
und ein Unerhörtes, zum Erlebnis seiner Gemeinde, die Persönlichkeit mit ihrer glaubenweckenden Kraft, ihrer gewissenschärfenden
Herzensgüte, aber auch ihrem heiligen Zorn über das Böse blieb

---

[1]) Näheres: Agn. Theos 188 ff.; hinzuzufügen: Joseph. Ant. XX 8, 6 § 169.
8, 10 § 188.

auch im Rankenwerk der Legende als geschichtliche Tatsache un-
vergessen und widerstrebte der Auflösung in einen solaren Mythus,
dem die anderen „Heilande" verfielen. Die jetzt viel gehörte Formel,
das Christentum sei eine synkretistische Religion, ist gefährlich, da
sie Sekundäres zum Range eines Wesentlichen erhebt und den eigentlich entscheidenden Faktor, daß die neue Religion den Ring aller
die Oikumene damals beherrschenden älteren vielmehr sprengte, außer
Betracht läßt. Sie ward Siegerin grade dadurch, daß das Antitradi-
tionelle in ihr das Traditionsgemäße überwog. Erst mit dem Wachsen
des zeitlichen Abstandes und dem immer stärkeren Hinaustreten in
das Imperium, sodann auch unter dem Zwange des Kämpfens und Sich-
behauptens, begann die neue Religion sich allmählich an jene Überlieferung anzupassen, aber einer Verflüchtigung des Individuellen ins
Kosmische wehrte dauernd die rechtzeitig schriftlich niedergelegte Erinnerung. Mit den Waffen dieser besiegte die Kirche die Gnosis, die
folgerichtigste Wächterin jener über das Evangelium zurückgreifen-
den und dieses nach Möglichkeit ausschaltenden Tradition. Wäre die
Kirche in dem Kampfe, wie es zeitweise fast den Anschein haben
konnte, unterlegen, so hätte der Triumph der Theosophie den Untergang der Religion besiegelt; jedoch die lebendige Kraft der Persönlichkeit erwies sich stärker als die abstrakte einer Überlieferung, die
zwar in uralte Zeit hinaufreichte, sich aber ins nebelhaft Phantastische
übersinnlichen Spekulierens verlor. Immerhin hat die Kirche wie auf
den meisten Gebieten so auch hier von den Gegnern, die sie über-
wand, gelernt und sich von deren Rüstzeuge angeeignet was ihr
nützlich schien. Das Gebäude war jetzt so fest begründet, daß es
eine Belastung auch mit etwas Mythus vertrug. Die auf den 25. Dezember fallenden Geburtsfeste heidnischer Sonnengötter wurzelten
fest in jener Tradition, die das Evangelium durchbrochen hatte. Als
die Kirche daher die Feier des Heilandsgeburtstages an jenem Datum
zuließ, um die Konkurrenz jener Götter mit deren eigenen Waffen
zu schlagen, handelte sie trotz ihrer aus angeblichen Evangelienzeug-
nissen, wie wir sahen, abgeleiteten Rechtfertigungsversuche unevangelisch; sie übernahm aus gnostischen Haeresieen einen vorevan-
gelischen Sonnengenius und ließ ihn sich einen Besitz aneignen,
auf den er seiner Abstammung nach kein Recht besaß. Was einst,
in den Anfängen, ein Tribut gewesen war, den man einer wesens-
fremden Tradition nur widerstrebend zollte, ein Mysterium, von dem
man nur in verhüllender Andeutung, mit verhaltener Stimme sprach,
was dann zum Objekt theologischer Zahlenspekulation herabgesunken
war, das wurde jetzt auf der Standarte der ecclesia triumphans eine

offen zur Schau getragene Inschrift lauten Jubelrufs. Jetzt ziehen die
Prediger beider Sprachen — die syrische gesellte sich als dritte hin-
zu — die Schleusen der Heliosmystik auf, daß die lange gestauten
Fluten sich über die verzückten Zuhörer ergießen.

> Lux crescit   decrescunt tenebrae,
> crescit dies   decrescit nox,
> errorem veritas subdit,
> hodie nobis Sol Iustitiae nascitur.

Der Prediger des IV. Jahrhunderts, der sich so vernehmen läßt,[1])
paraphrasiert in diesen seinen Kadenzen Formeln heidnischer Litur-
gieen: mit dem αὔξει φῶς intoniert er, das σήμερον Ἡλίου γενέθλιον
bildet die Coda seiner rhetorischen Hymnik. *Iam regnat Apollo (Sol),
redit Virgo (Iustitia), nascitur aevum, nascitur puer*; hören wir nicht
in diesen Worten der Ekloge den Widerhall einer Musik aus Bruder-
sphären?

3. Mutter und Kind

Vom Olymp herab tönte diese Musik nicht. Alles was wir im
Verlaufe dieses Abschnitts an uns vorüberziehen ließen, das Rech-
nerische und die Bindung von Festen an Schwangerschaftsperioden,
das Schwelgen in Heliosmystik und die Wolke des Pneumatischen ist
unhellenisch. Es kann nach den obigen Darlegungen kaum zweifelhaft sein, wo seine Ursprünge zu suchen sind. Wir wollen sie hier
an einem bestimmten Objekt noch einmal zu fassen suchen. In den
Zeiten, da der Dichter das in der Wiege liegende und die Mutter
anstrahlende Knäblein wiederholt *parve puer* zärtlich anredete und
der Evangelist seine Erzählung von dem παιδίον in der Krippe und
seiner Mutter mit solcher Inbrunst religiösen Gefühls schrieb, galt,
wie oben (S. 73) bemerkt wurde, von dem Siegeszuge der Isisreligion
getragen, 'Horus das Kind', Harpokrates, auf weiten Gebieten der
Oikumene als „das Kind" schlechthin, seine Mutter als liebevollste
aller Mütter, ἡ τῶν θεῶν Ἁρποκράτις, wie sie in einem kürzlich gefundenen Hymnus mit einem Zärtlichkeitsausdruck angeredet wird[2]);

---

1) H. Usener, Sol Invictus, Rh. Mus. LX (1905) 465 f. Fr. Cumont, Le natalis
Invicti, Acad. des inscr. et belles-lettres, Comptes rendus 1911, 294. Fr. Boll, Stern-
glaube u. Sterndeutung ² (Leipz. 1919) 38. — Derselbe Gedanke lautet in hexametrischer
Fassung bei Paulinus von Nola (carm. 14, 15 ff.) so:

> nam post solstitium, quo Christus corpore natus
> sole novo gelidae mutavit tempora brumae
> atque salutiferum praestans mortalibus ortum
> procedente die secum decrescere noctes
> iussit .

2) In dem neuen (prosaischen) Isishymnus von Oxyrhynchos (Pap. Ox. XI nr. 1380).
Die Herausgeber deuten es dem Sinne nach wohl richtig 'deliciae deorum'. Vgl.

Statuetten der Mutter mit dem Säugling sind allenthalben, auch in
Rom verbreitet.[1]) Von Religionshistorikern und Archaeologen ist die
erstaunliche Ähnlichkeit der Isis-Horus-Religion mit der altchristlichen in Kultgebräuchen, Legendenbildung und Kunstdarstellungen
oft hervorgehoben worden; Isis-Maria, Horus-Christus sind ihnen geläufige Begriffsparallelen, aber eben doch nur dies.[2]) Eine Ver-
bindungslinie zwischen den Parallelen zu ziehen haben sie, von wenigen
Ausnahmen abgesehen[3]), nicht gewagt, weil keine Punkte gegeben
waren, durch die sich die Richtung dieser Linie hätte bestimmen
lassen. Theologumena graeco-aegyptischer Mystik erfüllen jetzt diese
Voraussetzung. Die Ekloge in dem Rahmen, der ihr hier zu geben
versucht worden ist, macht die Bahn für eine religionsgeschichtliche
Betrachtung frei: in ihr tritt dem aegyptischen und dem christlichen
παιδίον, zeitlich zwischen seinen Brüdern stehend, ein drittes zur
Seite, und allen drei ist in dem früher entwickelten Sinne der
Immanuel des Propheten blutsverwandt. Auf Grund dieser Erkenntnisse müssen wir das soeben gebrauchte Bild sogar verändern. Es
handelt sich gar nicht um Parallelen, sondern um eine einzige Linie;
an ihr liegen mit dem Ausgangspunkte am Nil die Stationen, die eine
und dieselbe religiöse Idee, je nach dem Volkstum ihrer Vertreter
verschiedenartig sich entfaltend, im langen Laufe der Zeiten durch-
wandert hat. Im Zusammenhang mit den obigen Darlegungen über

B. A. van Groningen, De papyro Oxyrhynchita (Groning. 1921) 47: „Vox Ἁρποκράτης
vim deliciarum accepit mutatoque exitu feminei generis facta est ut puellis aptior
esset". Ich vermute, daß die Anrede der Göttin Hathor in einem Festkalender
(H. Brugsch a. a. O. [o. S. 74, 3] 2) „weiblicher Horus" damit zusammenhängt. — Die
größte Überraschung dieses ungewöhnlich interessanten Papyrus ist die Zeile 103:
man rufe Isis an ἐν Ἰνδοῖς Μαῖαν. Maya, der Mutter Buddhas, auf einem Papyrus
etwa hadrianischer Zeit — 'early second century' — zu begegnen ist doch geradezu
sensationell und wird wohl noch viel erörtert (hoffentlich nicht mißbräuchlich verwertet)
werden; die englischen Herausgeber weisen auf Zeile 223 hin: ὺ τῆς γῆς κυρία .
πλημύρραν ποταμῶν   ἄγεις καὶ τοῦ ἐν Αἰγύπτῳ Νείλου, ἐν δὲ τῇ Ἰνδικῇ Γάγγου.

1) W. Drexler, 'Isis' in Roschers Lex. d. Myth. II 504. Die lebendige Vorstellung erhält man jetzt aus Wilh. Weber, Die aegypt.-griech. Terrakotten, Berl. 1914.

2) Drexler a. a. O. 428 ff. gibt zahreiche Nachweise.

3) Fr. Boll, Aus der Offenb. Joh. 108 ff. hat, Andeutungen Boussets zum Beweis
erhebend, den Mythus in c. 12 der joh. Apokalypse aus dem Isis-Horus-Typhon-Mythus
gedeutet. Gleichzeitig schrieb Wilh. Weber a. a. O. 39 folgende Worte, die es lohnt
herzusetzen: „Seit alten Zeiten dringt der Glaube an die Gottesmutter durch, verwoben
mit Mythus und Leben, in allen sozialen Schichten lebendig, auch ethnisch nicht gebunden: so früh hat kein Volk den Typus der Madonna gekannt, an ihr hing kein
Volk der späten Zeit so glühend wie das aegyptische. Die Mission hat den Kult hin-
ausgetragen, am Sternenhimmel sah man das Bild der göttlichen Jungfrau, Isis mit
dem Kind aufsteigen. Ist es da zu bezweifeln, daß dieser Gedanke fortlebte in christlicher Zeit?"

Empfängnis- und Geburtszeiten mag das noch an einer kleinen Beobachtung gezeigt werden.

Der Mythus von der Hochzeit des Helios mit einer Himmels-
göttin war, wie eine Prüfung der Zeugnisse beweist, reinhellenischem
Empfinden unangemessen.[1]) Aber er war wie geschaffen für die aus
dem Orient eindringende Astralmystik. Die ausführlichste Darstellung ist ganz vor kurzem aus einem Gedichte näher bekannt geworden, das erst in frühbyzantinischer Zeit verfaßt, aber in seiner
Grundvorstellung beträchtlich älter ist.[2]) Helios und Selene feiern
Hochzeit, aus ihrer Verbindung geht ein Goldkind hervor. Der Ver-
fasser, ein Alchemist, biegt an der entscheidenden Stelle von seiner
Vorlage ab, da er ein Rezept zur Goldbereitung geben will. Die
originale Fassung war nach Reitzensteins Vermutung diese: mit der
Geburt des Kindes breche ein neues, glücklicheres Zeitalter an.[3])
Sollte sich der Name des Kindes finden lassen? Es heißt von ihm
(Vers 156): „sein Antlitz ist geschmückt mit den Schönheiten der
Jahreszeit" (ὥρας κάλλεσιν). Darunter kann wohl nur die Frühlings-
Hore verstanden werden, in Literatur und Kunst stets die schönste
ihrer Geschwister.[4]) Das Goldkind des Helios und der Selene wäre
also ein Frühlingskind. Dann aber läßt sich wohl auch sein Name angeben. „Gold-Horus" wird Ptolemaios Philadelphos in dem hieroglyphischen Text der Inschrift von Rosette (196 v. Chr.) genannt. Das
spätere Altertum spielte gern mit Horus-Hora.[5]) Daß wir hiermit
das Richtige treffen, bestätigt eine ähnliche Gestaltung des Helios-
Selene-Mythus, wonach Horus, der beiden Kind, zu Frühlingsbeginn

---

1) W. Roscher, Selene u. Verwandtes (Leipz. 1890) 75 ff. mit Nachträgen (ebd.
1895) 29 sowie in seinem Lex. d. Myth. IV (1910) 649 hat die Belegstellen, zu denen
nun die gleich im Text erwähnte kommt, gesammelt, aber, da er Zeugnisse ganz
später Platoniker für den alten Glauben in Anspruch nimmt, unrichtig bewertet: ihre
genaue Prüfung zeigt vielmehr, daß das alte Hellas für diesen Mythos gänzlich aus-
scheidet, der bei anderen arischen Völkern (Indern, Letten) eine beträchtliche Rolle
spielte. Die das Griechen- und Römertum betreffenden Abschnitte bei L. v. Schröder,
Arische Religion II (Lpz. 1923) 392 ff. („Die himmlische Hochzeit") sind philologisch
unannehmbar.

2) Das Gedicht war schon von J. L. Ideler, Physici et medici graeci minores II
(Berl. 1842) bekannt gemacht, ist dann aber erst von Reitzenstein, Nachr. d. Gött.
Ges. 1919, 1 ff. wieder hervorgezogen und von G. Goldschmidt kritisch ediert worden
(Heliodori carmina quattuor in den Religionsgesch. Versuchen u. Vorarbeiten XIX, 2,
1923); zu dieser Ausgabe hat Reitzenstein (S. 63 ff.) einen religions- und märchenge-
schichtlich gleich wichtigen Beitrag geliefert.

3) Reitzenstein a. a. O. 83.

4) Zu der Ausdrucksweise jenes Verses ließe sich vergleichen Horaz IV 5, 6 *in-
star veris enim voltus ubi tuus affulsit.*

5) Plut. de Is. et Os. 38. 366A ἔcτι δ' Ὧροc ἡ πάντα cῴζουcα καὶ τρέφουcα τοῦ
περιέχοντοc ὥρα καὶ κρᾶcιc ἀέροc. Ausführlicher Macrob. Sat. I 21, 13.

gezeugt ist. Selene ist eine Jungfrau, die schönste von allen, die vor Helios bald schüchtern flieht, bald liebeglühend ihm nachgeht; zur Zeit des Neumonds holt sie ihn ein und feiert ihr Beilager mit ihm (astronomisch gesprochen: Sonne und Mond treten in Konjunktion). Unter den Zeugnissen für diesen Astralmythus[1]) interessiert uns hier eins des Plutarch.[2]) Er berichtet von der Hochzeit des Osiris und der Isis, d. h. nach der von ihm hier vertretenen Deutung: des Helios und der Selene, Folgendes. „Am Neumond des Monats Phamenoth feiern die Aegypter das Fest des Frühlingsanfangs, das sie 'Eingang des Osiris in die Selene' nennen. So setzen sie die Kraft des Osiris in die Selene und sagen, daß Isis als Prinzip des Werdens ihm beiwohne. Deswegen nennen sie Selene auch 'Weltmutter'...; von Helios gefüllt und befruchtet, streue sie in den Luftkreis weithin aus die Keime der Geburten".[3]) Dieses Beilager von Helios und Selene fand also am Tage des Frühlingsanfanges statt: der Monat Phamenoth entspricht dem März. So sind wir für die Datierung der Empfängnis der Isis zu derselben Jahreszeit gelangt, in der, wie oben dargelegt wurde, die Kirche auf Grund einer in das Lukasevangelium hineingedeuteten Berechnung das Jesuskind im Schoße der Maria empfangen sein ließ.[4]) Die Bindung der Schwangerschaftsphasen an die Jahresfestzeiten, aus dem Kalender des Kirchenjahres uns geläufig, ist ihrem Ursprunge nach aegyptisch. In dem aegyptischen Fest-

---

1) Plut. de facie 30. de Is. et Os. 43. 52. Macrob. in s. Sc. I 18, 10f.

2) Plut. de Is. et Os. 43.

3) ἀρχὰς γεννητικάς. Die Übereinstimmung des Ausdrucks mit ἀρχὰς γενέσεως in der oben (S. 78, 1) besprochenen Stelle seiner Numabiographie ist wichtig, weil man daraus sieht, daß er ihn in seiner Quelle vorfand.

4) Es bleiben Differenzen, die ich nicht aufklären kann. Die νουμηνία τοῦ Φαμενώθ, also der erste Tag dieses Monats, den Plutarch a. a. O. als ἔαρος ἀρχή bezeichnet, entspricht nach alexandrinischem Kalender dem 25. Februar. Derselbe Schriftsteller datiert in der gleichen Schrift c. 65 die Niederkunft der Isis μετὰ τὴν ἐαρινὴν ἰσημερίαν, das wäre der 26. Phamenoth = 22. März. In einem Kalendarium des Saitischen Nomos aus der älteren Ptolemaerzeit (Hibeh Pap. I, 1906, 138 ff.) war zur ἰσημερία ἐαρινή ein Fest verzeichnet, dessen Name nicht sicher lesbar ist. In dem Kalender von Edfu (s. o. S. 74, 3) ist als Tag der „Empfängnis des Horus" der 4. Epiphi verzeichnet; der 1. Tag dieses Monats war der 25. Juni, also der des Sommersolstitiums. Solche Differenzen werden sich, wenn überhaupt, nur durch eine Aufarbeitung des gesamten aegyptischen Festkalenders aufklären lassen (s. o. S. 37). Die plutarchische Schrift, ebenso wichtig wie schwierig, bedarf in Zusammenarbeit eines Aegyptologen und Philologen dringend eines Kommentars, da der alte, für seine Zeit verdienstliche G. Partheys (1850) nach allen Richtungen hin überholt ist. Die durch Ed. Schwartz angeregte, scharfsinnige Analyse der Schrift durch P. Frisch, De compositione libri Plutarchei qui inscribitur π. Ἴς. καὶ Ὄς., Diss. Gött. 1907 gab zum ersten Male einen Einblick in die komplizierten Kompositionsverhältnisse einiger Abschnitte; die Vorbedingung weiter zu gelangen (auch in der Zeitbestimmung der von Plutarch benutzten Quellen) ist aber ein Kommentar.

kalender waren die Daten der Schwangerschaft der Isis mit einer
uns ganz fremdartig dünkenden Gewissenhaftigkeit registriert: Tag
der Konzeption; Anlegung eines Amuletts, als sie das Tragen einer
Leibesfrucht merkt; Niederkunft; Kindbett.[1]) Auf den vorhin (S. 75 f.)
bezeichneten Tempelgemälden ist ein eignes „Zimmer der Entbindung"
dargestellt; diese selbst wird mit vollem Realismus zur Anschauung
gebracht.[2]) Was die Göttin so beim Empfangen, Tragen und Gebären
des Horuskindes an sich selbst erfahren hatte, erhob sie, das Urbild
der Mütter, zur allgemeinen Menschensatzung. Ein auf der Insel Andros gefundener inschriftlicher Hymnus in Hexametern enthält inmitten vieler Selbstprädikationen der Isis diese: „Ich führte Mann
und Frau zusammen. Ich ließ nach Ablauf des zehnten Monats —
denn das Licht dieses Mondes bringt die Frucht genau zur Reife —
das Kind fertig aus dem Mutterschoße hervorgehen."[3]) *Matri longa*
decem tulerunt fastidia menses: an sich gar nichts Besonderes, — es
war, mit Pindar zu reden, ihr κύριος μήν (s. o. S. 61, 1) —, aber eben um
deswillen vielleicht bemerkenswert, daß es überhaupt erwähnt wird.

VII. EIN GOTT-KÖNIGSDRAMA

Wir wenden uns jetzt wieder unserem Gedichte zu. Jeder Zuwachs am Verständnisse der religiösen Umwelt, in die es seiner Grundidee nach gehört, hat sich uns für die Deutung von Einzelheiten
als nützlich erwiesen. Das wird auch an diesem Punkte der Untersuchung der Fall sein, wo wir, ohne dadurch Befremden zu erregen,
aegyptische Religionsvorstellungen, vermittelt durch eine lange Tradition, durch die der Ursprung schließlich in Vergessenheit geriet,
für die Erklärung werden verwerten dürfen.

1. Erhöhung und Inthronisation als Weltherrscher

Auf die erste Heptas von Versen (4—10), die wir oben be-
sprachen (S. 22 f.), folgt eine zweite (11—17), die genau so wie jene
nach Gruppen einer zweigeteilten Tetras (11 — 12 + 13 — 14) und

---

1) F. K. Ginzel, Hdb. d. math. u. techn. Chronol. I (Lpz. 1906) 205 ff., doch sind
die Daten mit Vorsicht zu benutzen.

2) Auf einer aegyptischen Inschrift aus der Zeit des Augustus stehen die Worte:
„Isis im Hause der Niederkunft": Boll, Sphaera 211. — Darstellung der Geburt: Bild
aus Luxor bei Moret a. a. O. (o. S. 76, 1) 55. Der Realismus der Darstellungen hat auch
medizinisches Interesse erregt: ein Arzt, F. Weindler, hat in seiner Schrift: Geburts-
u. Wochenbettsdarstellungen auf altaegypt. Tempelreliefs, Münch. 1915 alle diese Bilder
in prachtvollen Reproduktionen vereinigt.

3) Kaibel, Epigr. gr. 1028, 36 ff. Schlichter heißt es in der prosaischen Isis-
Aretalogie von Ios (Ditt.-Hill. Syll.³ 1267): ἐγὼ γυναῖκα καὶ ἄνδρα συνήγαγα. ἐγὼ γυναιξὶ
δεκάμηνον βρέφος ἐνέταξα.

einer Trias (15—17) disponiert ist. Es empfiehlt sich, die beiden Heptaden hier nebeneinander zu stellen:

ultima Cumaei venit iam carminis aetas:
5 magnus ab integro saeclorum nascitur ordo.

iam redit et Virgo, redeunt Saturnia regna,
iam nova progenies caelo demittitur alto.

tu modo nascenti puero, quo ferrea primum

desinet ac toto surget gens aurea mundo,

10 casta fave Lucina tuus iam regnat Apollo.

teque adeo decus hoc aevi, te consule inibit,
Pollio et incipient magni procedere menses ;

te duce, si qua manent sceleris vestigia nostri,
inrita perpetua solvent formidine terras.

ille deum vitam accipiet, divisque
videbit
permixtos heroas et ipse videbitur
illis,
pacatumque reget patriis virtutibus orbem.

Wie in der formalen Gliederung, so entsprechen sich die Hepta-den auch in der Gedankenstruktur. Die Tetraden 4—7, 11—14 be-treffen das Zeitalter (man beachte auch 5 *magnus ordo*, 12 *magni menses*), die Triaden 8—10, 15—17 den Knaben (10 *regnat*, 17 *reget* vielleicht beabsichtigt). Wir haben uns hier mit der zweiten Trias zu beschäftigen. Berührt hatten wir sie schon oben (S. 69), als wir bei der Behandlung des Motivs von der himmlischen Hochzeit be-merkten, daß diesen drei Versen eine Sonderstellung zugewiesen ist: sie sind der mit Vers 18 beginnenden, sich an die Altersstufen des Gepriesenen haltenden Prophetie vorausgeschickt und nehmen den Höhepunkt seiner Entwicklung vorweg. Daß etwas Außerordentliches ihren Inhalt bildet, zeigt auch ihr Sprachstil: in dem ganzen Ge-dichte ist nur hier die Form der Praedikation angewendet (15 *ille*, durch seine Stellung im Verse stark betont), überall sonst die Apostrophe, die sofort nach Abschluß der Heptas mit Vers 18 *at tibi ...., puer* einsetzt. Auch innerhalb der Heptas findet sich zweimal eine Anrede (*te* 11. 13), aber sie betrifft Pollio, zu dem *ille* (15), der Knabe, in Gegensatz tritt. Denn die Aufgabe Pollios ist im Irdischen begrenzt: er ist gewissermaßen nur der Wegbereiter des Erhöhten, für dessen Friedensregiment er die Bahn dadurch freimacht, daß er als *dux* die Restbestände der alten Schuld tilgt: denn über eine sündenfreie Welt soll der Reine herrschen. Wann wird dieser Zustand einge-treten sein? Noch nicht in seinen Jünglingsjahren: dann wird es noch *pauca ... priscae vestigia fraudis* geben (31, in genauer gedanklicher Wiederholung von 13 *sceleris vestigia nostri*), auch *bella* (34 ff.). Aber in der Vollkraft seiner Jahre[1]), *ubi iam firmata virum te fecerit aetas* (37), dann herrscht ewiger Friede, die Märchenwelt wird Wirklich-

---

1) Vgl. o. S. 28, 5.

keit (38 ff.). Dies ist also die Zeit, da seine Einsetzung als Weltherrscher erfolgen wird: 17 *pacatumque reget patriis virtutibus orbem* (mit
Emphase ist *pacatum* an die Spitze des Verses gestellt). Die Verse
15—17 bezeichnen also den Gipfel seiner Laufbahn. So einfach die
Worte dieser Verstrias an und für sich auch sind, so große Schwierigkeiten bereiten sie durch die Abfolge der Satzglieder dem Verständnis.[1])

> Drei Vorstellungen werden durch *que-que* aneinander gereiht:
> er wird das Leben der Götter empfangen,
> er wird im Himmel mit Göttern und Heroen verkehren,
> er wird Weltherrscher werden.

In welcher Verbindung stehen sie unter sich? Ist die zweite nur eine
ergänzende Ausführung der ersten oder bedeutet sie nicht vielmehr,
wie die eigentümliche Einkleidung des Gedankens anzuzeigen scheint,
den zweiten Abschnitt einer sich fortsetzenden Handlung — Empfang
göttlichen Lebens, Einführung in den Verein der Götter und der
Heroen —? Wie verhält sich ferner die dritte zeitlich zu den beiden
ersten? Die Antwort, die Weltherrschaft sei nur durch die Figur des
sog. Hysteronproteron an die dritte Stelle gerückt, gehöre zeitlich
an die erste, denn die Erhöhung zur Göttlichkeit könne erst nach
dem Ablauf des irdischen Lebens erfolgen, ist so unbefriedigend wie
nur möglich: daß jene Figur jemals in solcher allem normalen Denken
zuwiderlaufenden Weise verwendet worden wäre, dafür fehlen Belege.[2])
Das Naturgemäße scheint doch vielmehr zu sein, daß drei Phasen
einer Handlung bezeichnet werden, die sich in derselben Reihenfolge,
in der sie genannt werden, zeitlich folgen, daß mithin der Antritt
der Weltherrschaft den Vollzug der zwei vorangegangenen Handlungen voraussetzt. Falls der Versuch, eine derartige Trilogie nachzuweisen, gelingt, so würde das eine Lösung des Problems bedeuten.

   1. Es gab ein aegyptisches Zeremoniell, das nach dem Urteil der
Sachkenner hoch in das alte Reich hineinragt, in Büchern und Denkmälern des neuen Reiches sich erhalten und noch in der ptole-

1) Nur aus der Verlegenheit geboren ist der Versuch, die Worte *ille deum vitam
accipiet* aus Hesiod Erg. 112 ὥc τε θεοὶ ἔζωον zu erklären: als ob das göttergleiche
Leben, das alle Menschen des goldenen Zeitalters führten, mit dem Götterleben, das
der Knabe als ein Auserwählter empfangen wird, etwas über den äußeren Schein
von Worten Gemeinsames hätte. S. Reinach sagt in dem o. S. 14, 1 zitierten Aufsatz
(S. 368) mit Recht von diesen und anderen Hesiodea, die man zur Erklärung des
Gedichts beibrachte, sie seien „comme superficielles. L'esprit qui anime les deux
poètes est tout différent." — Auf den Erklärungsversuch dieser Verse durch Fr. Boll
(Aus d. Offenb. Joh. 13) wird es sich empfehlen, erst am Schluß dieses Abschnitts einzugehen: er hat auch hier das Verständnis angebahnt.
   2) Ich habe in meinem Komm. zur Aeneis VI² S. 379f. diese Figur ausführlich behandelt.

maeisch-römischen Epoche unverkennbare Spuren zurückgelassen hat.
Die Einsetzung eines Königs vollzog sich in drei Abschnitten, die
ein französischer Aegyptologe[1]) mit den Akten einer dramatischen
Handlung verglichen hat. Der erste Akt war die Übertragung göttlichen Lebens. Der König „empfängt" ('il reçoit') von seinem göttlichen Vater das Zeichen des „Lebens". Die Formel „mit Leben beschenkt" gehört seit der ältesten Zeit zur Titulatur der Pharaonen.[2])
Die Hieroglyphe des Lebens — nicht des gewöhnlichen irdischen,
sondern **des erhöhten göttlichen** — ist das Henkelkreuz ☥, das auf
überaus zahlreichen Darstellungen der Gott dem König überreicht,
oft in der Weise, daß er es dem Gesichte des Königs nähert, damit
dieser das Fluidum[3]), das von dem Symbol ausgeht, durch die Nase
einatme. Hierdurch übertragen die Götter das ihnen eigne Pneuma,
das ist den göttlichen Lebensodem, auf die Könige als ihre geliebten
Söhne. „Aegypten — sagt Luise Troje in einer ausgezeichneten Abhandlung[4]) — ist das Land, in dem der Begriff 'Leben' als das unbedingt höchste Gut von jeher eine besonders hervortretende Rolle in
der Terminologie gespielt hat. In seiner formelhaften Verbindung
mit Heil oder Glück, Kraft, Dauer, lauter göttlichen Wesenseigen-
schaften, die miteinander abwechseln, während Leben nie fehlt und
stets voransteht, spricht sich diese uralte Höchstbewertung deutlich
aus. Das Lebenszeichen ... charakterisiert den aegyptischen Gott als
solchen, denn nur das göttliche unversiegliche Leben ist gemeint.
Als höchste Gottesgabe reicht auf der Stele der Osirismysterien in
Abydos der Gott dem König (Sesostris III.) die beiden Hieroglyphen
'Leben' und 'Glück'. 'Ich versehe deine Glieder mit Leben und
Glück', spricht Ptah zu Ramses II. Dabei erscheint das Leben auf-
gefaßt in der fast magischen Bedeutung einer übernatürlichen posi-
tiven Kraft, der die Kontinuität eignet, und die übertragbar ist."
Aus dem Alten Testament ist uns die Vorstellung von der leben-
schaffenden Ruach und von Jahwe, dem lebendigen Gott, geläufig;
W. v. Baudissin[5]) faßt die Möglichkeit eines durch die Kananaeer ver-

---

1) A. Moret in dem o. S. 76, 1 genannten Buche.
2) A. Erman, Sitz.-Ber. d. Berl. Ak. 1914. 260f.
3) Der Ausdruck ist von französischen Aegyptologen (Maspero, Moret) glücklich
gewählt ('fluide magique', 'fluide de vie', 'fluide divin'), an die sich Fr. Preisigke,
Vom göttl. Fluidum nach aegypt. Anschauung (Berl.-Leipz. 1920) anschließt. Es ist
eine magische, dem Pneuma verwandte Potenz, die mit Recht der Kraftübermittlung
durch Magnetismus in spiritistischen Kreisen verglichen worden ist.
4) ΑΔΑΜ und ΖΩΗ. Eine Szene der altchr. Kunst in ihrem religionsgesch. Zusammenhange, Sitzungsber. d. Heidelberg. Ak. 1916, 74. 100.
5) Adonis u. Esmun (Lpz. 1911) 56ff 450ff. 5c4.

mittelten aegyptischen Einflusses ins Auge. Sehen wir einmal zu, wie
die Hellenen dieser ihnen inkongruenten aegyptischen Vorstellung
sprachlich Ausdruck zu geben versuchten. Der rätselhafte Grieche
Hermapion (jedenfalls ein hellenisierter Aegypter vom gleichen Typus
wie Horapollon), dessen Buche Ammianus Marcellinus die Übersetzung der Obeliskeninschrift Ramses' II. entnahm, hat sich so ge-
holfen, daß er jene Titulatur „mit Leben beschenkt" paraphrasierte
ᾧ οἱ θεοὶ ζωῆς χρόνον ἐδωρήσαντο (XVII 4, 20)[1]), eine Ausdrucksweise,
die nur mit veränderter Struktur der vergilischen *ille deum vitam accipiet* ziemlich genau entspricht. Auf der Inschrift von Rosette (vom
Jahre 196 v. Chr.) führt König Ptolemaios V. die Titulatur „lebendes
Abbild des Amon".[2]) Daneben begegnet hier sowie auf der Obeliskeninschrift besonders oft die Titulatur αἰωνόβιος.[3]) Das ist eine interessante Übersetzung. Neben die Lebens-Hieroglyphe wird nämlich
ganz gewöhnlich eine andere ⏻ gestellt, die nach der Annahme der
meisten Aegyptologen den Begriff der „Dauer" (nicht „Glück") bezeichnet.[4]) Man könnte also vielleicht sagen: dieses zweite Zeichen
entspreche dem Begriff αἰών, der uns in graeco-aegyptischem Kulturkreise häufig begegnet, und die Prägung αἰωνόβιος sei eigens geschaffen zur Interpretation jener beiden kombinierten Zeichen. Das
„Götterleben" ist ja das ewige, das des Aion: „Du bist die Lebenszeit selbst", sagt Amenophis IV. in dem schon oben (S. 46) zitierten
Hymnus an seinen Sonnengott. Ein kleines Kuriosum, das der Vergessenheit anheimgefallen zu sein scheint[5]), beschließe diesen Ab-

---

1) Erman a. a. O. — Einmal heißt es (§ 21) δεδώρημαί coi βίον ἀπρόσκορον, ein
von Aegyptologen und Philologen viel behandelter, meist geänderter Ausdruck (auch
C. U. Clark nahm in seine Ammianusausgabe eine Konjektur auf), der sich aber m. E.
doch leicht erklären läßt. Das in jüngerer Sprache oft belegte Adj πρόσκορος, auch
in der Form προσκορής begegnend, bezeichnet etwas, das πρὸς (εἰς) κόρον, *ad jastidi-
um* (vgl. *adfatim*) geht, also das nur hier vorkommende ἀπρόσκορος etwas, von dem
man sich nie genug sättigen, von dem man nie zu viel bekommen kann: begreiflich,
denn es handelt sich um eine Art von Götterspeise. (Ähnlich, aber im Sprachlichen
nicht scharf genug, Preisigke a. a. O. 8f.; vgl. A. Jacoby in den Byzant.-neugriech.
Jhb. III, 1922, 416.)

2) εἰκὼν ζῶσα τοῦ Διός im griech. Text (Ditt. or. 90), im demotischen entsprechend, nur Amun für Zeus. Dann gleich υἱὸς τοῦ Ἡλίου.

3) Das Wort kommt (nach Passow-Crönert) außer an einer Stelle der Hymnen
des Synesios (3, 163), der auch eine interessante Stelle über den Αἰών hat (9, 67 ff.),
sonst nur in graeco-aegyptischen Texten vor (Inschriften, Papyri). Für den Sinn vgl.
Pap. Tebt. II nr. 313 ἱερεῖς Ἡλίου καὶ Μνεύιδος ἀειζώνων θεῶν μεγίστων.

4) K. Sethe, Aeg. Ztschr. LII (1915) 129. Moret a. a. O. 43 übersetzt „durée".

5) Ich wurde darauf aufmerksam durch eine Andeutung P. de Lagardes (Mitteilungen IV, Gött. 1891, 305). Seiner Aufforderung „Hier werden die Hieroglyphiker
den von mir fallen gelassenen Faden aufnehmen müssen" ist m. W. nicht Folge geleistet worden.

satz. Im J. 389 wurde auf Befehl des Kaisers Theodosius der Serapistempel in Alexandreia zerstört. Die berühmten Berichte der Kirchenhistoriker Sokrates, Sozomenos und Rufinus weichen in Einzelheiten voneinander etwas ab, stimmen aber in Folgendem überein.[1]) Es seien auf den Steinen eingeritzt „einige der sogenannten Hieroglyphenzeichen, die dem Kreuzeszeichen glichen"[2]), zum Vorschein gekommen; die schriftverständigen Priester hätten diese Zeichen als solche des „Lebens" (ζωή) gedeutet. Kein Zweifel, daß es das sog. Henkelkreuz war. Das Spiel, das die fanatischen Glaubenseiferer damit trieben, lese wer Lust hat bei den genannten Schriftstellern nach, die es mit Behagen, jeder es auf seine Weise ausschmückend, berichten: es wäre nur possenhaft, wenn sein Hintergrund nicht so tragisch wäre.

Uns vom Hellenentum kommende Philologen muten diese Dinge recht fremdartig an. Erhebung eines Sterblichen zur Unsterblichkeit (durch den Genuß von Nektar und Ambrosia) ist freilich auch in hellenischer Mythologie ein geläufiges Motiv. Aber wenn beispielsweise Pindar von Tantalos sagt: „Die Götter machten ihn durch Nektar und Ambrosia unsterblich" oder von Aristaios: „Die Horen werden ihm Nektar und Ambrosia auf die Lippen träufeln und ihn aufziehen, daß die Menschen ihn nennen 'unsterblichen Zeus', 'hehren Apollon'," so erkennt man daran den Unterschied zu der formelhaft klingenden Ausdrucksweise „Er wird das Leben der Götter empfangen". Als ich aber diese Worte der Ekloge, ohne meine Auffassung vorher anzudeuten, dem Direktor des aegyptischen Museums H. Schäfer vorlegte, rief er erstaunt aus, das sei ja aegyptisch, und führte mich zu einem Relief, auf dem die Empfangnahme göttlicher Lebenssymbole (gleich bündelweise) durch einen König sehr realistisch, ja handgreiflich dargestellt ist.

2. Dies also war der erste Akt, eine Zeremonie, in welcher der König zu göttlichem Leben erhöht wurde. Im zweiten Akt erfolgte die Vorstellung des neuen Gottes im Kreise der Himmlischen. Amon stellt ihn mit den Worten vor: „Seht meinen Sohn, vereinigt euch mit ihm." Die Götter antworten: „Da das hier dein Sohn ist, so vereinigen wir uns mit deinem Kinde."[3]) Man gewinnt, wie der fran-

---

1) Das Quellenverhältnis ist, wie mir K. Holl mitteilte, dieses: Sozomenos hat sowohl Sokrates selbst als auch dessen Quellen benutzt, Rufinus hat beide vor sich gehabt, aber seinerseits auch manches selbständig aus Quellen geschöpft. Die betr. Stellen finden sich: Sokr. V 17. Soz. VIII 15, 10. Ruf. XI 29.

2) τινὲς τῶν καλουμένων ἱερογλυφικῶν χαρακτήρων σταυροῦ σημείῳ ἐμφερεῖς ἐγκεχαραγμένοι τοῖς λίθοις Soz.

3) Moret a. a. O, 71. Die Richtigkeit der Übersetzung bestätigte mir H. Schäfer

zösische Gelehrte sich ausdrückt, beim Betrachten der Darstellung den Eindruck einer Familienszene: der Ankömmling wird als Mitglied der ganzen Göttersippe anerkannt. Damit vergleiche man das zweite Kolon jener Verse: „er wird die Götter mit den Heroen vereinigt sehen und wird selbst von ihnen gesehen werden". Vielleicht darf sogar die Erwähnung der Heroen mit in die Erklärung hineinbezogen werden. Denn der junge Pharao wird auch den Göttern niedern Ranges vorgestellt („présentation par le dieu principal aux gens de la cour"), die ihm ihre Huldigung erweisen; diese di minorum gentium wurden in der griechischen Epoche Aegyptens ἡμίθεοι benannt[1]), was mit ἥρωες gleichbedeutend ist. Zur Illustration des ganzen Vorgangs seien hier folgende Verse eines alten Hymnus in der Übersetzung J. H. Breasteds eingerückt, in denen das auch die virgilischen Verse beherrschende Gefühl der Zusammengehörigkeit von Göttern und König Ausdruck findet:[2])

> King Unis is with you, ye gods,
> Ye are with king Unis, ye gods.
>
> King Unis lives with you, ye gods,
> Ye live with king Unis, ye gods.
>
> King Unis loves you, ye gods,
> Love ye him, ye gods.

3. Endlich der dritte Akt: die Inthronisation.[3]) Der neue König wird zum Herrscher über den Süden und Norden des Landes eingesetzt. Amon spricht: „Ich habe dir gegeben alle Länder, alle Berge, alles was der Kreis der Sonne am Himmel umfaßt, alles dieses ist unter der Herrschaft deines Antlitzes." Ursprünglich war darunter nur die Herrschaft über die beiden Teile Aegyptens verstanden, aber eine jüngere Epoche deutete es auf die Weltherrschaft: δεcπότης (βαcιλεύc) οἰκουμένης Ῥαμέcτης αἰωνόβιος lauten wiederholt die Beischriften der Königsfigur auf dem Obelisken des Ramses.[4]) Dem entspricht das *regere orbem* des dritten Kolons, und auch dessen Worte *patriis virtutibus*, auf die wir noch weiterhin zurückkommen werden, finden

---

1) Manethos bei Euseb. chron. I, 134ff. ed. Schöne nannte hinter den beiden Götterdynastien (die „große" und die „kleine" Götterneunheit von Heliupolis) die ἡμίθεοι (*post deos regnavit gens semideorum annis 1255*). Dies ist uns aus aegyptischen Quellen bestätigt worden: K. Sethe, Beitr. z. ältesten Gesch. Aegyptens (Lpz. 1905) 9.

2) Development of religion and thought in ancient Egypt (New York 1912) 126.

3) Ich wähle den Ausdruck auf Grund der Worte Diodors (exc. XXXIII 16) Πτολεμαίου κατὰ τὴν Μέμφιν ἐνθρονιζομένου τοῖς βαcιλείοις κατὰ τοὺς Αἰγυπτίων νόμους (145 v. Chr.). Gemeint ist Euergetes II. (Physkon), dessen Neigung zu dem national-aegyptischen Teil seiner Untertanen bekannt ist.

4) Erman a. a. O.

schon hier ihre vorläufige Erklärung: durchweg ist in jenen Beischriften die Vorstellung, daß die Kraft des göttlichen Vaters auf
seinen Sohn, den König, übergegangen ist: „Ich habe dir Kraft und
Stärke gegen jedes Land gegeben", heißt es in einer hieroglyphischen
Obeliskeninschrift, Ἥλιος θεός, δεσπότης οὐρανοῦ, Ῥαμέστη βασιλεῖ· δεδώ-
ρημαι τὸ κράτος καὶ τὴν κατὰ πάντων ἐξουσίαν. ὃν Ἥλιος φιλεῖ oder
Ἡλίου παῖς ., ᾧ πᾶσα ὑποτέτακται ἡ γῆ μετὰ ἀλκῆς καὶ θάρσους in der
griechischen Übersetzung.

Die drei Kola der virgilischen Verse lesen sich also, wie zu-
sammenfassend wird gesagt werden dürfen, wie gedrängte Inhalts-
angaben der drei Akte, in denen sich ein aegyptisches Königsdrama
seit ältester Zeit abspielte: Empfang göttlichen Lebens, Aufnahme in
den Götter- und Heroenverein, Übertragung der irdischen Herrschaft:
ᾧ οἱ θεοὶ ζωῆς χρόνον ἐδωρήσαντο, ὃν οἱ θεοὶ ἐτίμησαν, ὁ πάσης γῆς βα-
σιλεύων, wie es in der Obeliskeninschrift heißt. Ein etwaiges Bedenken, ob die Fortdauer eines so alten Zeremoniells noch bis in
römische Zeit hinein glaublich sei, ließe sich leicht beschwichtigen.
Auf Reliefs der äußeren Ostwand des Tempels von Philae sehen
wir, wie ein Herrscher von einem Gott in den Tempel geführt, mit
Wasser, dessen Tropfen aus Lebens- und Ewigkeitssymbolen (den
oben bezeichneten Hieroglyphen) bestehen, geweiht und dann wie
er gekrönt wird. Dieser Herrscher ist Augustus; die hieroglyphische
Inschrift lautet in Transkription αὐτοκράτωρ Καῖσαρ.[1]) Es ist diesem
Zeremoniell wie so vielen anderen, gerade auch aegyptischen, ergangen: in hieratischer Erstarrung zum Formelhaften herabgesunken,
erhielt es sich, unbeschadet der wechselnden Dynastieen, durch die
Jahrtausende.

Hinter dem Königsdrama stand das Götterdrama. In dem Gottkönig manifestierte sich Horus, Aegyptens erster Herrscher, dessen
Namen jeder Pharao bei der Thronbesteigung als Titel annahm
(s. o. S. 75). Das Schauspiel, das bei einem Thronwechsel vor sich
ging, war daher eine Wiederholung dessen, das sich im Mythus bei
der Investitur des Horus abgespielt hatte. Erst dank der soeben er-

---

1) Lepsius, Denkmäler IV, 71. Genau transkribiert: αὐτοκράτωρ Καῖσαρος. In
hieroglyphischer Schrift begegnet der Name des Augustus, wie mir H. Schäfer mitteilte, sonderbarerweise stets in dieser Form: Καῖσαρος. Hier ein Versuch der Erklärung. Griechische Inschriften Aegyptens zeigen folgende Datierungen: Ϛʹ Καῖσαρος
Φαμ(ενωθ)κʹ (Ditt. Or. 655), ἔτους λαʹ Καῖσαρος (659). Wie also, wenn jener schein-
bare Nominativ ein formelhaft erstarrter Genetiv war? Da in solchen Datierungen
dieser Kasus gelegentlich ohne Endung geschrieben wird — Ditt. 658 ∠κζʹ Καῖσαρ(ος) —,
so lag für Sprachunkundige eine Verwechslung nahe, und das einmal irrtümlich kon-
zipierte hieroglyphische Schriftbild wurde festgehalten.

schienenen Übersetzung des „großen Liedes" an Osiris durch A. Erman[1]) kann ein Nichtfachmann sich von diesem Zusammenhange eine Vorstellung machen. Das kostbare Stück stammt aus der 18. Dynastie (ca. 1550—1350), der Zeit der höchsten Blüte und Machtentfaltung des Reiches. Der erste Akt des Dramas, die Übertragung des göttlichen Lebens, fehlt, natürlich: Horus war ja Gott. Aber der zweite und dritte treten uns mit Glanz und Deutlichkeit vor Augen. Horus, „der Knabe, den die Mutter in der Einsamkeit säugte", wird in den Himmelssaal eingeführt, „als sein Arm stark war". Da rief die Neunheit der Götter (Amon-Rê, seine Kinder und Kindeskinder) voll Freude:

> „Willkommen Horus, der Sohn des Osiris!
> Tapferer, Gerechtfertigter[2]),
> Sohn der Isis und Erbe des Osiris!"

Das entspricht dem Präsentationsakte mit der Begrüßungsszene des neuen Ankömmlings. Es folgt der Inthronisationsakt. Horus verläßt den Saal als gekrönter König. „Er ergriff die Herrschaft der beiden Ufer, und die Krone saß fest auf seinem Haupte. Die Erde wurde ihm zu seinem Besitze (?) zugeschrieben, und Himmel und Erde standen unter seiner Aufsicht... Der Korngott... führte Sättigung herbei (?)... Der Wohlstand dauert bei seinen Gesetzen... Alle Menschen jubelten und alle Leute verehrten seine Güte... Wie sind die beiden Länder zufrieden: das Böse ist verschwunden, und das Übel ist vergangen. Das Land ist glücklich unter seinem Herrn." Man lasse diese Szene der Erhöhung des Göttersohnes in den Jahren seiner Kraft, diese Schilderung des Segens, den er als Herrscher auf Erden bringt, und der Glückesfülle im neuen Zeitalter einmal auf sich wirken, und man wird zur Überzeugung gelangen: dieses alte Lied und die ganz junge Ekloge sind in der Grundidee eins: der göttliche Knabe, in seinem Mannesalter betraut mit der Weltherrschaft, Bringer des Heils für die ihm entgegenjubelnden Menschen: Hier schöpfen wir Luft, viel älter noch als die der Patriarchen, denn dieses Lied hat, bevor es zu Beginn des Neuen Reiches die vorliegende Fassung erhielt, eine Geschichte gehabt, die in weit höhere Zeiten hinaufreicht. Sehr wichtig scheint auch, daß das Lied noch den Typus der Erzählung wahrt, die noch nicht in den der Prophetie umgesetzt ist: so frühzeitig dies auch geschah — in Aegypten selbst (s. o. S. 53 ff.) —, das Älteste war natürlich der Mythus in Er-

---

1) Die Lit. der Aegypter (Lpz. 1923) 187 ff.
2) Diese Prädikation erklärt sich aus dem besonderen Anlaß dieser Szene des Liedes: Horus verteidigt sich gegen Seth, der die Rechtmäßigkeit seiner Geburt anfocht.

zählungsform. Auch dem Stile wird man trotz der soeben nur sehr bruckstückweise ausgehobenen Sätze verständnisvoll lauschen: hätte Herder dieses Lied und viele seinesgleichen gekannt, er würde es mit Freude für seine richtige These vom Satzparallelismus als Urform poetischer Rede verwertet haben.[1]

Nach allem, was wir in früheren Abschnitten beobachteten, dürfte der Versuch, etwas Motivgeschichte zu treiben, auch hier gerechtfertigt erscheinen. Fr. Boll hatte die Erklärung unserer Verse auf eine neue Grundlage gestellt,[2] indem er sie mit einer Stelle des Astrologen Hephaistion verglich. Diese Stelle wurde oben (S. 21 f.) in einem anderen Zusammenhang angeführt, wir müssen sie hier nochmals betrachten. Unter einer bestimmten Konstellation wird ein Knabe geboren werden, von dem es heißt: „Der Geborene wird aus göttlichem Geblüt stammen und groß sein und mitsamt den Göttern verehrt werden und Weltherrscher sein und alles wird ihm gehorchen", ὁ δὲ γεννώμενος ἐκ θεῶν cπαρήcεται καὶ ἔcται μέγαc καὶ μετὰ θεῶν θρηcκευθήcεται καὶ ἔcται κοcμοκράτωρ καὶ πάντα αὐτῷ ὑπακούcεται. In ihrer Gesamtheit betrachtet, stimmen diese Worte, wie man Boll zugeben wird, mit den virgilischen Versen derart überein, daß irgend ein Zusammenhang obwalten muß: Gliederung in Kola; göttliche Prädikation des Geborenen, Weltherrschaft, diese den Schluß der Aufzählung bildend. Faßt man jedoch die Einzelheiten ins Auge, so sieht man leicht die Unterschiede. Auch ist in dem astrologischen

---

1) Erman spricht über diesen Stil in der Einleitung des erwähnten Buches S. 11 f. Je länger ich mir die Sache überlegte (schon in meiner Kunstprosa 813 ff., dann Agn. Theos 214 f., 355 ff., habe ich sie erwogen), um so mehr bin ich geneigt, nicht ein spontanes Entstehen derselben Stilform im Aegyptischen, Sumerisch-Babylonischen und Hebraeischen, sondern Wanderung des Typus vom Aegyptischen aus anzunehmen. Denn wenngleich er sich, was ich a. a. O. an Beispielen erläuterte, auch bei kulturgetrennten Völkern findet, so walten zwischen diesen und den orientalischen doch Unterschiede in der Ausprägung jenes Typus ob, während er bei den Orientalen eine Gleichmäßigkeit zeigt, die sich schwerlich anders als durch Wandern der Form erklären läßt. Warum sollte denn auch nicht das Aegyptische für die jüngeren orientalischen Kulturen die gleiche Rolle spielen wie das Hellenische für die römische und durch deren Medium für die occidentalischen? Das letzte Wort können selbstverständlich nur die Kenner der Sprachen selbst sprechen; es würde sich aber lohnen, eine Entscheidung herbeizuführen, da das Stilistische (oder sagen wir: Formtechnische), wenn sich die Kontinuität bestätigt, ein wichtiger Wegweiser für uralte Kulturbeziehungen, an deren Existenz die Forscher ohnehin mehr und mehr zu glauben anfangen, zu werden bestimmt sein könnte. — Die o. S. 54 zitierte Prophetie aus dem J. 2000 gibt ein schönes Beispiel für den Gedankenparallelismus im großen: „Der Sohn einer Frau ... Freuet euch, ihr Menschen seiner Zeit ∼ Der Sohn eines Mannes Es freue sich, wer dies sehen wird."

2) Aus d. Offenb. Joh. 13.

Text fast alles flacher, farbloser und macht den Eindruck matten
Kopierens eines kräftigen Originals; nur das letzte Kolon wahrt die
vollen Farben, und es ist, wie mir scheint, nicht zufällig, daß es
sich mit ganz leichten Wortumstellungen zu einem Hexameter fügt:

κοϲμοκράτωρ τ' ἔϲται καὶ πάνθ' ὑπακούϲεται αὐτῷ.

Das Interesse erhöht sich noch dadurch, daß wir, wie ebenfalls
schon oben (S. 21 f.) bemerkt wurde, eine christliche Parallelversion zu
dem astrologischen Texte besitzen. Οὗτοϲ ἔϲται μέγαϲ καὶ υἱὸϲ ὑψίϲτου
κληθήϲεται, καὶ δώϲει αὐτῷ κύριοϲ ὁ θεὸϲ τὸν θρόνον Δαυεὶδ τοῦ πατρὸϲ
αὐτοῦ, καὶ βαϲιλεύϲει ἐπὶ τὸν οἶκον Ἰακὼβ εἰϲ τοὺϲ αἰῶναϲ, καὶ τῆϲ βαϲι-
λείαϲ αὐτοῦ οὐκ ἔϲται τέλοϲ: so spricht der Engel zu Maria in der
Verkündigungsszene (Luk. 1, 32 f.).[1] Es bedarf keiner weiteren Worte,
daß hier derselbe Typus vorliegt, aber in stärkster Übermalung mit
judaeischem Firnis; die Verkündigung irdischer Herrschaft bildet auch
hier den Schluß. Wie sind nun diese Kongruenzen zu beurteilen?
Unser Blick hat sich durch die Beobachtung analoger Fälle so geschärft, daß wir die Frage zuversichtlich beantworten können. Ein ur-
alter Typus der Prophetie auf einen Gottkönig liegt in mehrfacher Abwandlung vor, am reinsten in der Fassung der Ekloge. In ihr spüren
wir noch einen Hauch des Hierarchischen, es ist, als ob die Tempelwände oder die Obelisken uns einen in den Stil der Prophetie um-
gesetzten Mythus aus der Zeit der Pharaonen und ihres geheimnisvollen Götterstaates erzählten. Bei dem Evangelisten und dem Astrologen ist der Abstand schon größer, aber die Formelsprache hat auch
in der Überarbeitung noch etwas von ihrer feierlichen Würde bewahrt. Dabei beruht es gewiß auch nicht auf Zufall, daß in den drei
Fassungen, der virgilischen, der evangelischen und der astrologischen,
die Akte der Zeremonie sozusagen in Parade einherziehen, durch
kopulative Verbindungspartikeln aneinandergereiht: zugrunde liegt
die gemeinorientalische Form des Satzparallelismus (ἔϲται... καὶ κληθήϲεται   καὶ δώϲει... καὶ βαϲιλεύϲει Evang.; ϲπαρήϲεται... καὶ ἔϲται...
καὶ θρηκευθήϲεται... καὶ ὑπακούϲεται Astrol.; *accipiet... divisque videbit... et videbitur ... pacatumque reget*).

Diese sprachstilistische Bemerkung führt uns endlich zu einer
syntaktischen. Das zweite virgilische Kolon besteht aus 2 Kommata:

---

[1] ἔϲται μέγαϲ auch in der Verkündigung des Johannes an Zacharias ev. Luc.
1, 15. Nach den obigen Darlegungen (S. 102 ff.) ist die Johannesstelle die ältere. In
ihr ist auch das Motiv der Freude, das in dem Osiris-Horus-Liede so stark betont wird,
erhalten: den Worten ἔϲται γὰρ μέγαϲ gehen diese voraus: πολλοὶ ἐπὶ τῇ γενέϲει αὐτοῦ
χαρήϲονται.   In der Verkündigungsszene Mariae ließ der Evangelist dies Motiv weg.

divisque videbit permixtos heroas et ipse videbitur illis.[1]) Seit Heyne
werden die beiden letzten Worte so konstruiert, daß der Objektsbegriff *permixtos* des ersten Komma als Subjektsbegriff zum zweiten
ergänzt wird: „videbitur illis, sc. permixtus". Ohne die sprachliche
Möglichkeit als solche leugnen zu wollen, bin ich doch der Meinung,
daß eine syntaktische Härte dieser Art eher properzisches als virgi-
lisches Gepräge trägt. Ferner scheint mir der so entstehende Gedanke nicht besonders glücklich. Denken wir uns die passive Struktur in die aktive umgesetzt: „jene (die *divi*) werden sehen, wie er
sich ihnen zugesellt"; warum werden sie das gerade „sehen"? Ein
unbefangener Leser konnte, wie ich meine, gar nicht anders kon-
struieren als so: „er selbst wird von jenen gesehen werden", und
tatsächlich hat das Altertum so verstanden[2]); der sog. dativus aucto-
ris ist der lateinischen Sprache seit Plautus geläufig, er erhielt, durch
das Griechische beeinflußt, in der Dichtersprache grade auch des
Virgil und Horaz eine derart weite Gebrauchssphäre, daß es zweck-
los wäre Beispiele anzuführen. So gefaßt bildet das zweite Komma
eine schöne Ergänzung des ersten: nicht genug damit, daß er den
Verein der Götter und Heroen sehen wird, auch die Augen der
Himmlischen werden sich auf den neuen Ankömmling, auf ihn „selbst"
richten (*ipse* erhält erst so seinen eigentlichen Nachdruck). Man ver-
gegenwärtige sich einmal die Situationsschilderung in Kaiser Julians
Symposion. Die olympischen Götter und die in den Himmel erho-
benen Heroen sitzen im Thronsaale; die Caesaren treten einer nach
dem anderen vor sie und begehren Aufnahme in den Verein, der
ihnen je nach ihrem Lebenswandel gewährt oder verweigert wird;
als Caligula eintritt, „wandten alle Götter ihre Augen ab", aber beim
Eintritt des Gotensiegers Claudius „blickten alle Götter auf ihn".
Diese Analogie, für die sich aus derselben Schrift noch mehrere Belege anführen ließen, würde schon genügen die vorgeschlagene Deutung der virgilischen Worte zu rechtfertigen, aber es kommt eine
andere hinzu, in der wir sogar dieselbe syntaktische Konstruktion
finden. In dem ersten Briefe an Timotheos (3, 16) steht eine bekennt-
nisartige Formel, die von dem Verfasser des Briefes als „anerkannter-
maßen großes Mysterium der Religion" bezeichnet wird (ὁμολογουμέ-

---

er sparte es sich auf für die Hirtenszene: 2, 10 εὐαγγελίζομαι ὑμῖν χαρὰν μεγάλην usw.
Vgl. o. S. 57ff.

1) Die virgilischen Verse bieten geradezu ein Musterbeispiel für den Gebrauch
von *que* und *et*: in alter Weise ist *que* die Verknüpfungspartikel der Kola, ihm ist
et zur Verbindung von Begriffen innerhalb der Kola untergeordnet.

2) Serv. D.. *illis: deest* 'ab'. Auch in den Worten gleichartig: Aen. I 440 *neque
cernitur ulli*, dazu Serv. *neque ab ullo cernitur, et est Graecum* οὐδενὶ ὁρώμενος.

νωc μέγα ἐcτὶν τὸ τῆc εὐcεβείαc μυcτήριον). Es sind sechs paarweise gruppierte, parallel gebaute κομμάτια, deren Inhalt den ganzen Zyklus der Religion Christi von seinem irdischen Erscheinen bis zu seinem Eingang in die Herrlichkeit umspannt.[1]) Das 3. κομμάτιον lautet: ὤφθη ἀγγέλοιc. Mit ihm haben sich die Exegeten eingehend beschäftigt: sie sind sich darüber einig, daß die Vorstellung eines Erscheinens Christi vor den Engeln in dem uns überlieferten Schrifttum ohne jedes Beispiel dasteht.[2]) Vielleicht fällt jetzt etwas Licht darauf. Zeitlich muß die Begebenheit, da die sechs κομμάτια des Textes die chronologische Abfolge der Geschehnisse innehalten, vor die Verkündigung unter den Völkern (4. κ.) und die Anerkennung in der Welt (5. κ.) fallen. Da mit diesen Ereignissen des Heils der Antritt der (geistigen) Weltherrschaft bezeichnet ist, so werden wir im Zusammenhang unserer obigen Darlegungen das vorhergehende Ereignis als Präsentation des Gottessohnes vor den Mächten des Himmels zu deuten haben: ὤφθη ἀγγέλοιc ist nur durch die Zeitstufe und die jüdisch-christliche Engelsidee verschieden von *videbitur illis* (d. h. den *divi* und *heroes*), durch jene, das Erzählungstempus, mit der aegyptischen Präsentationsszene sogar eng verbunden. Gibt man diese Deutung zu, so zieht sie gleich auch das 2. κομμάτιον in ihre Kreise, ἐδικαιώθη ἐν πνεύματι. Von einer 'Legitimation' Christi sei, so sagt ein besonders gelehrter Exeget[3]), nur hier die Rede, und es scheine dabei an die im Hebraeerbriefe den Mittelpunkt der Glaubensgedanken bildende 'Installation Christi als Gottes Sohn im Himmel' gedacht zu sein.[4]) Das bestätigt sich jetzt überraschend: in der Szene des aegyptischen Dramas wird Horus ja als der „Gerechtfertigte" begrüßt, als „Sohn der Isis und Erbe des Osiris", und es folgt seine Inthronisation. Wir werden daher das Christusdrama jenes Mysteriums als eine mit weitgehendem Anschluß erfolgte Umbildung des Horusdramas bezeichnen dürfen. Wieder stellen sich uns der aegyptische, der virgilische und der christliche Soter als eine eng verbundene Trias dar.

---

1)   1 ἐφανερώθη ἐν cαρκί   2 ἐδικαιώθη ἐν πνεύματι
       3 ὤφθη ἀγγέλοιc   4 ἐκηρύχθη ἐν ἔθνεcιν
       5 ἐπιcτεύθη ἐν κόcμῳ   6 ἀνελήμφθη ἐν δόξῃ.

2) Völlig andersartig ev. Mc. 1, 13 (Versuchungsszene in der Wüste) οἱ ἄγγελοι διηκόνουν αὐτῷ nach Reg. I 19, 5 ff.: Elias in der Wüste vom Engel gespeist.

3) H. v. Soden im Hand-Kommentar zum N. T. III[2] (Freiburg 1893) 237.

4) Diese Vorstellung bildet den Inhalt der beiden ersten Kapitel des Hebraeerbriefes, z. B. 1, 3 f. ὅc (sc. υἱὸc θεοῦ) ἐκάθιcεν ἐν δεξιᾷ τῆc μεγαλωcύνηc ἐν ὑψηλοῖc, τοcούτῳ κρείττων γενόμενοc τῶν ἀγγέλων ὅcῳ διαφορώτερον παρ' αὐτοὺc κεκληρονόμηκεν ὄνομα (näml. υἱὸc θεοῦ).

2. Der geliebte Sohn Gottes

Der Vers (49)

cara deum suboles, magnum Iovis incrementum

steht an einer Stelle, die nächst der soeben behandelten Verstrias zu
den bedeutsamsten des Gedichts gehört: ihm geht voran die Aufforderung an den Knaben, seine große Ehrenlaufbahn anzutreten, ihm
folgt die weitere, das Weltbeben bei der Geburt des neuen Aion zu
betrachten. In seiner stilistischen und rhythmischen Struktur ist er
der kunstreichste der ganzen Ekloge. Die beiden durch die Caesur
markierten Teile entsprechen sich Wort für Wort: ein Parison, wie
es bei unserem, mit dieser ostentativen Redefigur sparsamen Dichter
recht selten ist.[1]) Durch den spondeischen Schluß — in dieser Art
der Bildung, mit viersilbigem Wort, in den Eklogen völlig vereinzelt
und auch in den anderen Werken eine große Seltenheit — empfängt
der Rhythmus ein besonderes Schwergewicht: eine „Stütze" (στήριγμα)
nach antiker Lehre.[2]) Um so wünschenswerter wäre es, daß in einem
mit so ersichtlicher Liebe gestalteten Verse — dieser Dichter lebt
mit den Geschöpfen seiner Phantasie und bringt seine Anteilnahme
an ihnen, seine cυμπάθεια, mit allen Mitteln des künstlerischen Ethos
zum Ausdruck — eine Verständigung über das so emphatisch gestellte Wort *incrementum* erzielt werde. Eine Prüfung der bisherigen
Deutungsversuche wäre zu weitläufig; ich möchte den mir richtig
erscheinenden kurz angeben. *Incrementum* bedeutet 'Anwuchs', 'Zuwachs', sowohl in abstraktem Sinne ('Wachstum') wie in konkretem.
In letzterem erhält es dann oft die Bedeutung 'Nachwuchs', insofern
ein Abkömmling einen Familienzuwachs darstellt.[8]) Die eigentliche
Domäne seines Vorkommens ist der sermo rusticus — zuerst scheint
es in Varros landwirtschaftlichem Werke (II 4, 19. III 12, 2) belegt
zu sein —, es wird dann gern in familiärer Rede auf Inschriften ge-

---

1) In meiner Sammlung der so gebildeten Verse (Aen. VI[2] S. 381 f.) ist gerade
dieser übersehen worden. Eine ähnliche Symmetrie der Worte, aber auf zwei sich
parallel laufende Verse verteilt, beobachteten wir oben S. 22, 2.

2) Nach Longinos (bei Euseb. pr. ev. X 3, 20) lobte Lykophron den Antimachos, der
einen Vers der Ilias wörtlich übernahm, nur daß er ihn durch leichte Änderung des
Schlusses zu einem spondiacus gemacht hatte: Λυκόφρων ἐπαινεῖ τὴν μετάθεσιν, ὡς δι'
αὐτῆς ἐστηριγμένου τοῦ στίχου. Vgl. Kallimachos h. Apoll. 23 ὅςτις ἐνὶ Φρυγίη διερὸς
λίθος ἐστήρικται. Komm. zur Aen. VI[2] S. 442.

3) Das entspricht so recht römischem Fühlen. Ciceros Geburtsanzeige lautet
(ad Att. I 2, 1) *filiolo me auctum scito*, und so *augeri* seit Plautus (Truc. 384 *tu es
aucta liberis*) oft. *Augmentum* ist ein Synonymum von *incrementum* (*augmentum*
incrementum u. dgl. oft in Glossen: Thes. l. l. II 1360 s. 'augmentum'; *incremento*
augeri u. dgl. sind gewöhnliche Verbindungen: Thes. 1349 s. 'augeo').

braucht, wo Väter ihre Söhne mit einer Art von Zärtlichkeitsausdruck
als ihre *incrementa* bezeichnen.[1]) Also bedeutet *incrementum Iovis*
'der Nachwuchs Jupiters', der Knabe wird als sein 'Sprößling', seine
proles bezeichnet, genau so wie bei Apuleius (met. V 28) Venus den
Amor ihr *incrementum* nennt.[2]) Der Dichter hat also, unseres Wissens als erster, ein Wort niederer Gebrauchssphäre[3]) durch die Verbindung, die er es eingehen läßt, geadelt und es in schönen Parallelismus zu dem im ersten Satzgliede verwendeten Worte *suboles* gesetzt,
das ja ursprünglich auch ein vocabulum rusticum war. Das feine
Lob, das Horaz dem bukolischen Sprachstile seines Freundes zollt,
trifft auch diesen wundervollen Vers. Nachdem wir uns auf seinen
Stil- und Wortsymphonieen sowie auf seinem Rhythmus gewiegt
haben, müssen wir prüfen, was sich seinem Gedankeninhalte abgewinnen läßt. Die Verstrias 15—17 zeigt, wie wir oben (S. 21 f.) festgestellt haben, die bemerkenswertesten Übereinstimmungen mit Worten
des Astrologen Hephaistion und des Evangelisten Lukas; nur für das
diesen beiden gemeinsame erste Glied, fanden wir in jenen Versen
nichts Entsprechendes. Aber es ist klar, und Boll hat es auch schon
ausgesprochen[4]): dieses Kolon wird hier nachgebracht, der Dichter
hat es sich für diesen zweiten Höhepunkt der Ekloge aufgespart.

͵Ο γεννώμενος ἐκ θεῶν σπαρήσεται (Hephaistion), υἱὸς ὑψίστου κληθήσεται

1) Schon Lejay, Rev. de phil. XXXVI (1912) 16, 1 führte einige Belege an, die
ohne Kenntnis dieses Vorgängers von T. Frank, Class. Philology XI (1916) 334f. vermehrt worden sind. Einige derselben seien hier wiederholt. CIL III 4383 *M. Iuvento
incremento   mensium IX.* VI 13213 *D. M. M. Aurelius Sabinus, cui fuit et si-
gnum Vagulus, inter incrementa coaequalium sui temporis vita incomparabilis, dulcissi-
mus filius* 8984 *Niceratus Augustorum n ser. fecit sibi et duobus increment(i)s Victori
et Chrysomallo.* X 5853 *daretur pueris, curiae incrementis, crustula* ('boys, who are
the offspring of decuriones' richtig Frank). Unter den literarischen Belegen ist wichtig
die Definition Dig. XXXIII 8, 8, 8 (Ulpianus aus Iulianus) *incrementa   ut puta
partus ancillarum vel fetus pecorum* (letzteres zu illustrieren aus den im Text genannten
varronischen Stellen). Leider haben die beiden Gelehrten, die dieses Material dankens
werterweise sammelten, es auf Umwegen als für die Virgilstelle unbrauchbar wieder
zu beseitigen gesucht ('Zuwachs zum Reiche Iupiters' u. dgl. Geheimnisvolles).

2) Die sprachlichen Belege werden bestätigt durch eine Stelle Martials. In einem
Epigramm auf einen erwarteten Sohn des Domitianus paraphrasiert er den virgilischen
Vers so (VI 3, 2): *vera deum suboles, nascere, magne puer.* (Auch sonst enthält dieses
Epigramm bemerkenswerte Anklänge an die Ekloge: M. überträgt auf den erhofften
Thronerben des Kaisers Züge des virgilischen Weltherrschers.) Auch der Verf. der
Ciris 397f. *cara Iovis suboles, magnum Iovis incrementum, Tyndaridae* hat das Wort
so verstanden. *Iovis incrementum* ist ihm synonym mit *Iovis suboles;* daß er den
Götternamen der zweiten Vershälfte in der ersten wiederholt, ist für die Armseligkeit
dieses Dichters, den jetzt einige wieder für Virgil halten, charakteristisch.

3) Servius (d. h. Aelius Donatus, denn dergleichen nahm er aus ihm): *incrementum: nutrimentum, et est vulgare, quod bucolico congruit carmini,* in echt scholasti-
scher Formulierung.

4) a. a. O. (o. S. 125, 2).

(Lukas): das ist „der Sproß der Götter, Jupiters Nachwuchs". Ja wir werden nun auch die beiden Attribute *cara (suboles)* und *magnum (incrementum)* in die Reihe der Kongruenzen hineinbeziehen dürfen. Sehen wir uns zunächst einmal das letzte an. Auf den ersten Blick mag es etwas gesucht erscheinen die Prädikation ἔcται μέγαc (Hephaistion), οὗτοc ἔcται μέγαc (Lukas) in *magnum* wiederfinden zu wollen, aber gerade das Betonen der „Größe" hat zum Stile derartiger Soter-Prophetieen gehört.

> Tempore quo iuvenis Parthis horrendus, ab alto
> demissum genus Aenea, terraque marique
> magnus erit:

Horaz (s. II 5, 62 f.) gibt hier, wie allgemein anerkannt, griechische Orakelverse, also ein Sibyllinum, auf den jungen Caesar wieder.[1] Die Worte *magnus erit* entsprechen also jenen ἔcται μέγαc, in denen der Astrologe und der Evangelist übereinstimmen.[2] Wessen Ohr für derartige Orakelpoesie etwas geschärft ist, wird sogar den Rhythmus leicht heraushören: ἀλλ᾽ ὁπόταν[3] .... μέγαc ἔcται schließen sich etwa (es gäbe auch andere Möglichkeiten) zum Anfang und Schluß eines Hexameters zusammen, wie wir einen solchen innerhalb desselben Gedankenkreises bei Hephaistion fanden (o. S. 126). Die Prädikation „Abkömmling des hohen Aeneas" hatte nur für römische Ohren einigen Klang (und vor Erscheinen der Aeneis keinen sehr tönenden); aber wir sehen jetzt, daß dies ja auch nur ein matter Widerhall aus höheren Sphären war: hinter dem *altus Aeneas* — nie führt er bei Virgil dieses Attribut, wohl aber ist es typisch für Jupiter — stand der ὕψιcτοc.

Auch das andere der beiden Attribute, *cara (deum suboles)* könnte an und für sich dem Dichter, der liebevoll bei dem Kinde des Segens verweilt, durch sein Gefühl unmittelbar eingegeben sein. Aber da wir allenthalben altem formelhaftem Traditionsgute begegneten, so wird es auch hierbei erlaubt sein nach einer Ahnenreihe zu fragen. Zu den besonders fest haftenden Bestandteilen einer Titu-

---

1) Von der Art, wie wir es bei Virgil lesen, Aen. VI 798 f. *huius* (des soeben genannten *Augustus Caesar d.vi genus*) *in adventum iam nunc et Caspia regna responsis horrent divom* (folgen andere Völkernamen). Im III. Buche unserer Sibyllinensammlung sind solche *responsa divom* auf den Caesar noch kenntlich: Rh. Mus. LIV (1899) 474 ff.

2) μέγαc ist auch in graeco-aegyptischen Texten ein gewöhnliches Attribut der Götter und ihrer Söhne. Viele Belege bei Bruno Müller, Μέγαc θεόc, Diss. Hal. XIII (1913) 338 ff., darunter z. B. nr. 219 μέγαc Ὧρος Ἀπόλλων Ἁρποκράτηc 218 Ἁρποχράτῃ θεῷ μεγίcτῳ. Auch die Könige sind θεοὶ μεγάλοι (ebd. 390 ff.). Hellenischer Art ist das, wie die Müllerschen Sammlungen zeigen, fremd.

3) Typischer Orakelanfang; danach *tempore quo* in der horazischen Nachbildung.

latur des aegyptischen Gottkönigs gehörte dieser: „Der von Amon
(Rê, Ptah usw.) geliebte Sohn"; so, um nur aus griechischen Übersetzungen Beispiele zu bringen: υἱὸς ὂν Ἄμμων ἀγαπᾷ, ὂν Ἥλιος φιλεῖ,
παῖς ὁ ὑπὸ Ἡλίου φιλούμενος auf der Obeliskeninschrift des Ramses,
ὁ ἠγαπημένος ὑπὸ τοῦ Φθᾶ auf der Rosettana. Nach den früheren
Darlegungen dürfen wir unbedenklich mit diesen aegyptischen Prädikationen evangelische zusammenstellen: cὺ εἶ ὁ υἱός μου ὁ ἀγαπητός
(Mk. 1, 11 = Lk. 1, 22, οὗτός ἐcτιν usw. Mt. 3, 17). Aber es ist vielleicht
doch erwünscht die Annahme eines ursächlichen, d. h. traditions-
geschichtlichen Zusammenhanges durch folgende Beobachtung zu
stützen. Die Luthersche Übersetzung der an jene Evangelienworte
anschließenden ἐν cοὶ (Mk., Lk.; ἐν ᾧ Mt.) εὐδόκηcα „an dir habe ich
Wohlgefallen" ist erwiesenermaßen sprachlich nicht scharf. Sorg-
fältige Untersuchungen über das hellenische Verbum εὐδοκεῖν, das
gerade in Verbindung mit der Präposition ἐν in der Übersetzung der
LXX beliebt ist, haben gezeigt, daß es bedeutet: „sich für jemanden
entscheiden", „ihn erwählen". Eine Stelle, wie die aus der Verklärungsgeschichte Mt. 17, 5 ὁ υἱός μου ὁ ἀγαπητός, ἐν ᾧ εὐδόκηcα,
während Lk. 9, 35 ὁ υἱός μου ὁ ἐκλελεγμένος schreibt, ist besonders be-
weisend.[1]) Nun tritt in hieroglyphischen Königstitulaturen neben die
erwähnte „der von Rê geliebte Sohn" oder an ihre Stelle mehrfach
diese: „erwählt (genau: ausgewählt) von Rê"[2]); so, um aus der Fülle
der Beispiele eins herauszugreifen: „Du König, erwählt von Rê, du
Sohn des Rê, Ramses der von Amon Geliebte".[3]) In der Obeliskeninschrift ist der hieroglyphische Text fünfmal so übersetzt: ὂν Ἥλιος
προέκρινεν, wo das Verbum den Begriff des urteilsmäßigen Erwählens
genau wiedergibt. Philologen wird interessieren, daß diese Prädikation sich, inmitten anderer altherkömmlicher, auch in dem hieroglyphischen Text einer Augustus-Inschrift findet: „Fürst der Fürsten,
ausgewählt von Ptah und Nun dem Vater der Götter ..., Autokrator,
Sohn der Sonne, Kaiser, ewig lebend, geliebt von Ptah und Isis".[4])

---

1) Außerdem sehr bezeichnend Folgendes. Jes. 42, 1 lautet nach den LXX.
　　Ἰcραὴλ ὁ ἐκλεκτός μου,
　　προcεδέξατο αὐτὸν ἡ ψυχή μου,
was Mt. 12, 18 so paraphrasiert:
　　ἰδοὺ ὁ παῖς μου ὂν ᾑρέτιcα,
　　ὁ ἀγαπητός μου ὂν εὐδόκηcεν ἡ ψυχή μου.
Er faßte also εὐδοκεῖν und αἱρετίζειν im Sinne von ἐκλέγειν. — Das Material für
εὐδοκεῖν z. B. bei H. Cremer, Bibl.-theol. Wörterb. d. nt. Gräcität² 212f.
　　2) Erman a. a. O. (o. S. 119, 2) 253. Dazu aus der unten (S. 133, 4) zitierten
Rede des Amon (Roeder S. 159): „Ich erwähle dich, ich erlese dich".
　　3) Erman, Lit. d. Aegypter S. 336.
　　4) Mommsen, R. G. V 565, 1.

Wichtig erscheint, daß, wie einige Stellen der Obeliskeninschrift
zeigen, diese Prädikationen auch in Aegypten ursprünglich in direkten
Ansprachen des Gottes an seinen Sohn standen[1]), wie es im Evangelium der Fall ist.[2])

Fassen wir nun noch einmal den Vers in seiner Gesamtheit ins
Auge, so ergibt sich als die ihn beherrschende Vorstellung diese:
ein von seinem Vater Jupiter liebevoll aufgezogenes großes Götterkind. Wer sich auch nur so wenig, wie der Verfasser dieser Schrift,
freilich von hervorragenden Kennern beraten, in aegyptische Ge-
dankenkreise einzuleben versucht hat, wird sich vielleicht noch mehr
als durch die vorgetragenen Einzelheiten durch die Totalität der
Vorstellung an Aegyptisches erinnert fühlen, vorausgesetzt, daß er
Jupiters Namen zunächst außer Betracht läßt. Auf bildlichen Darstellungen der Tempel sehen wir, wie dem Amon das eben geborene
Königskind, das ja nach dem oben besprochenen Glauben sein eignes
ist, zugeführt wird, wie er es auf den Arm nimmt und es herzt; und
in einem der beigeschriebenen Texte heißt es: „Das Herz des Gottes
freut sich gewaltig, seinen lieben Sohn zu sehen; er preßt ihn an
sich, küßt und wiegt ihn, den er über alles liebt."[3]) Die Formel „aufgezogen von seinem Vater Amon" ist in den alten Texten herkömm-
lich.[4]) Und Jupiter? Nun, es ist, wie schon oben (S. 60) bemerkt
wurde, ein vieldeutiger Name, der zur Bezeichnung zahlreicher fremdländischer Obergötter verwendet wurde. Amon, den Göttervater und
Götterkönig der Aegypter — seit den Zeiten des mittleren Reichs
trat ihm ein ursprünglich lokaler Sonnengott Rê zur Seite, und er
führte nun den Doppelnamen Amon-Rê —, nannten die Hellenen seit
Pindar und Herodot Ζεύς mit oder ohne Beifügung des epichorischen
Namens Amon, desgleichen die Römer *Iuppiter*(-*Hammon*); eben dieser

---

1) Erman a. a. O. (o. S. 119, 2) 266 zitiert aus einer hieroglyphischen Obeliskeninschrift: „Es sagt Harachte, der große Gott: Ich habe dir gegeben . ." Dementsprechend auf den griechischen: Λέγει Ἥλιος βασιλεῖ Ῥαμέστῃ· δεδώρημαί σοι πᾶσαν
οἰκουμένην μετὰ χαρᾶς βασιλεύειν, ὃν Ἥλιος φιλεῖ. Das stamme, sagt Erman, aus einer
der bekannten Götterreden an den König.

2) Dies könnte zur Bestätigung der Tatsache dienen, daß in den soeben zitierten
Worten des Taufberichts die Prädikation im Du-Stil bei Marcus und Lukas das Primäre im Vergleich zum Er-Stil bei Matth. ist.

3) Moret a. a. O. (o. S. 76, 1) 56 mit einem reizenden Bilde aus dem Tempel von
Luxor („Amon embrasse le nouveau-né"). Daß es sich hier nicht um einen Sohn,
sondern eine Tochter handelt, ist eine durch die Überlieferung bedingte Zufälligkeit.

4) Erman a. a. O. (o. S. 119, 2) 266 mit zwei Beispielen aus Obeliskentexten (einmal:
„aufgezogen von Atum"; das war ein anderer Name des Sonnengottes). Dazu folgende
Worte der Stele des Amenophis III. (G. Roeder, Urk. S. 157): „Rede des Amon, des
Königs der Götter: ‘Mein Sohn von meinem Leibe . . . ., den mir Mut geboren hat.
Ich habe dich als den einzigen Herrn der Menschheit aufgezogen’

Gott wird von Virgil selbst *Iuppiter omnipotens* genannt (Aen. IV 206).
Bei einer Herübernahme aegyptischer Theologumena, wie wir sie
für die Ekloge zu erweisen suchen, trat Jupiter selbstverständlich an
die Stelle des epichorischen Namens: in der griechischen Vorlage
könnte ein Ausdruck wie Διὸс υἱός gestanden haben υἱὸс ὑψίστου in
der oben behandelten Stelle der evangelischen Verkündigungsszene
(Lk. 1, 32) entspricht jüdisch-christlichem Glauben. Im Alten Testament vertrat ihn Jahwe. In der Jesajastelle (11, 1), die oben (S. 52)
in Übersetzung vorgelegt wurde, wird der Messias als 'Sproß' des
Davididengeschlechts bezeichnet, was der Prophet Sacharja (6, 12)
in eigentümlich mystischer Weise wiederholt und der Evangelist
Matthaeus (2, 23) sich zu eigen gemacht hat. Von diesem 'Sproß',
der von Jesaja im nächsten Verse auch 'Wurzelschoß' genannt wird,
heißt es dann, auf ihn werde sich „der Geist Jahwes niederlassen".
Das bedeutet nach alttestamentlichem Sprachgebrauch, wie ich in einem
Kommentar lese: Gott selbst wird mit einem Teil seiner Kraft in ihm
sein. Wir dürfen, wie mir scheint, aus den hier entwickelten Zusammenhängen eine wichtige Folgerung ziehen: in der Prophetenstelle ist
eine ältere Vorstellung judaeisch umgestaltet worden. Ursprünglich
war das Kind dàs Wachstum, der 'Sproß' des höchsten Gottes selbst.
Diese Anschauung des aegyptischen Originals ist in der Ekloge (und
deren griechischer Vorlage) festgehalten. Aber sie widersprach jüdischer Theologie. Nun wurde das Kind ein Davidide, auf dem, wie
es in der Übersetzung der LXX heißt, ἀναπαύcεται τὸ πνεῦμα τοῦ θεοῦ.
Es ist im Prinzip dieselbe Vergeistigung, die, wie oben (S. 89f.) zu
zeigen versucht wurde, die judenchristliche Urgemeinde vornahm,
um ihrem geläuterten Gottesbegriffe eine sehr viel realistischere
Geburtsgeschichte anzupassen.

3. Das lesende Götterkind

Von Vater und Sohn ist noch in folgenden Versen (26f.) die Rede:

> at simul heroum laudes et facta parentis
> iam legere et quae sit poteris cognoscere virtus

Wären die Verse, losgelöst aus ihrem Zusammenhang, etwa als
Fragment überliefert, so würde man glauben müssen, es sei von
irgendeinem adligen Knaben die Rede, der, wie der homerische
Achilleus κλέα ἀνδρῶν ἡρώων singt, in einem Buche die *fortia facta*
seines Vaters läse und kennen lernte, was *virtus* sei. Nun aber
ist Jupiter sein Vater und er selbst ein Wesen höherer Art, denn
in der Fortsetzung der Verse hören wir, daß mit dem Sommer seines Lebens der Sommer des goldenen Zeitalters sich verflicht. In

diesem Widerspiel des Menschlichen und Göttlichen, des Naiven und Sublimen, des Tändelns und des Predigens liegt ja gerade der intime Reiz wie des ganzen Gedichts so auch dieser Verse, die wir uns daraufhin etwas näher ansehen wollen.

Schriftliches Aufzeichnen von πράξεις, *facta* der Götter war, wie schon gesagt (S. 60), ein orientalisches, durch aegyptisierende griechische Schriftsteller der früheren Ptolemaeerzeit übernommenes Motiv. Aber es bleibt das „Lesen". Dieses erschien den Interpreten für eine *cara deum suboles* ganz verquer und dünkte sie der sicherste Beweis, daß dieses Götterkind eben doch ein Menschenkind gewesen sei; man dürfe die Worte des Dichters nur nicht zu sehr „pressen". Und für das *legere* erhielt der Dichter eine besonders schlechte Note: „*legere* fällt", so heißt es in dem neuesten Kommentar, „aus dem Stil der Umgebung heraus". Aber vielleicht heißt *legere* gar nicht 'lesen'? „wenn es nicht", so fährt derselbe Interpret fort, „gleich 'mustern' ist". Was es bedeuten soll, das Kind „mustere" die Taten seines Vaters —, auf solche Frage gäbe es wohl keine Antwort. Anstatt den Dichter zu tadeln oder ihn verkehrt zu verteidigen, wollen wir uns freuen, daß er neben so viel Erhabenem auch diesen niedlichen Zug bewahrte. Kaum in irgendeinem Lande der Alten Welt ist so viel geschrieben, den Schreibern und Schriftwerken solches Ansehen beigemessen worden wie in Aegypten.[1]) Auch Götter schrieben dort Bücher[2]), und unter ihnen war Isis, die Erfinderin der demotischen Schriftart.[3]) Gerade an ihr Kind hat sie solche geschrieben: sie war

---

1) Die Sache ist bekannt und bedarf eigentlich keiner Belege. Mir ist aber bei meiner Durchmusterung einiger aegyptischer Literatur, soweit sie in Übersetzungen vorliegt, ein Beleg begegnet, den ich den philologischen Fachgenossen vorlegen möchte. In dem von H. Junker in der Aeg. Ztschr. XLIII (1906) 106 bekannt gemachten „Liede der sieben Hathoren" heißt es:

„Du bist die Herrin der Lieder,
Die Fürstin des Bücherhauses,
Die große Seschat an der Spitze des Schreibergemaches."

Die in der letzten Zeile genannte Göttin wird an einer von H. Schäfer in ders. Ztschr. XLII (1905) 72 gedeuteten Stelle des Horapollon II 29 als Μοῦσα interpretiert. Der Riesenapparat, dessen die zwei ersten Ptolemaeer für ihre Bibliotheksgründungen bedurften, wäre — auch abgesehen von dem Papyrusmaterial — in keinem Lande der damaligen Welt gleichermaßen möglich gewesen, die griechischen Bibliotheken traten nun neben die aegyptischen „Bücherhäuser", die γραμματεῖς der griechischen Bücherrollen neben die „Schreiber aus der Werkstatt des Pharao", aus der A. Erman. D. Lit. d. Aegypter (Leipz. 1923) 242 ff. viele interessante Proben zusammengestellt hat.

2) Th. Birt, Buchrolle in der Kunst (Lpz. 1907) 8 f. u. Neue Jhb. XIX (1907) 700 ff.

3) Hymnus von Andros (vgl. u. S. 136, 3) Vers 10 ff. Als Erfinder der Hieroglyphen galt 'Hermes' (Thot). aber die Göttin machte in ihrer Güte dem Volke die Schrift zugänglich.

nämlich nicht bloß physisch die Mutter des Horus, den sie gebar und
säugte, sondern hat als Lehrerin seine Erziehung geleitet. Wir besitzen
noch große Stücke aus solchen „Büchern" — eben dieser Ausdruck war
dafür üblich — der Isis an Horus, in denen sie ihn „mein Kind Horus"
anredet.[1]) In einem derartigen Stücke erzählt sie ihrem Sohne von
Osiris, seinem Vater, und von sich selbst als Wohltäterin der Menschheit, Spenderin aller Gesittung und Kultur auf Erden.[2]) Es verdient
Erwähnung, daß die Göttin in einem hexametrischen, auf der Insel
Andros gefundenen Hymnus, der von solchen Isisbüchern abhängig
ist, mit besonderer Ausführlichkeit die Segnungen rühmt, die sie den
Menschen durch die Tiere des Feldes und die Früchte der Fluren
erwiesen habe: da klingt das Hirten- und Bauernmotiv nach, das, wie
wir sahen (o. S. 52), seit uralten Zeiten mit diesem Thema ver-
wachsen war; es darf vielleicht als Bestätigung der aufgezeigten
Zusammenhänge gelten, daß Versreihen dieses Hymnus mit solchen
der Ekloge im Gedanken und stellenweise auch in den Worten zu-
sammenzugehen scheinen.[3]) Auf Grund von Büchern dieser Art verfaßte in der frühen Ptolemaeerzeit Hekataios von Abdera seine Darstellung der aegyptischen Theologie. In einem Exzerpte daraus heißt
es (bei Diodor I 13): „Osiris und Isis haben wegen ihrer Tugend
über die ganze Welt regiert... Als Osiris das Regiment übernahm,
verrichtete er viele Taten, durch die er ein Wohltäter für die Kultur
wurde." Diese πράξεις werden dann in langer Reihe aufgezählt
(c. 17ff.); es sind darunter auch siegreiche Feldzüge durch große Ge-

---

1) Nachweise bei Reitzenstein, Poim. 128ff. Auch von Horus gab es ein Buch:
es trug den Titel 'Träume': Dio Chrys. 11, 29 ἐν τοῖς Ὥρῳ γραφομένοις Ὀνείρασι
(die Änderung Scaligers für die Überlieferung ὅρῳ ist allgemein angenommen). Ich
denke, man kann sich von dem Inhalt eine Vorstellung machen; nach Diodor I 25, 3. 7
heilte Isis die leidenden Menschen durch Traumorakel, und Horus ὑπὸ τῆς μητρὸς
διδαχθεὶς wurde durch gleiche Fürsorge ein εὐεργέτης τοῦ τῶν ἀνθρώπων γένους.

2) Stob. ecl. I 49 (p. 406 W.).

3) Zwar ist gerade die diesen Teil der Aretalogie enthaltende Kolumne der Inschrift (Kaibel ep. Gr. 1028) sehr stark zerstört, aber es ist doch noch so viel erkenn-
bar, daß Kaibel bemerkt: 'Hoc adparet de pastorum et agricolarum operibus exposi-
tum fuisse'. Kongruenzen mit der Ekloge (mehr oder weniger genaue): δρυμὸς ἀμεί-
λιχος ∼ *inculti sentes* (29); αὔλακ' ἔκυμαν   (wohl αὔλακα κυμαίν⟨οισαν⟩ 'die keimende
Ackerflur': auf Buchstabenveränderung kommt bei der trostlosen Überlieferung der
Inschrift wenig an) ∼ *molli paulatim flavescet campus arista* (28); ἄμπελον ∼ *uva* (29);
δρῦς ∼ *quercus* (30). Am bemerkenswertesten: τὸ νέον δάπτοισα φίλα τοκὰς ἀμ
Letzteres Wort kann wohl nur zu ἀμ⟨νῷ⟩ ergänzt werden; zu der 'lieben Mutter des
Lammes' kann das Participium 'zerfleischend' nicht gehören, also muß nach δάπτοισα
mit einem Komma interpungiert werden und im Vorhergehenden der Name eines
wilden Tieres genannt gewesen sein, wohl λέαινα. Also dem Sinne nach etwa: 'nicht
mehr sorgte sich die liebe Mutter des Lammes, daß die Löwin das Junge fortschleppte
zum Fraße' ∼ *nec magnos metuent armenta leones* (22).

biete Asiens und Europas.[1]) Von diesen Tugenden und Taten seines
Vaters las also das göttliche Kind in Büchern seiner Mutter: ein
reizendes Bild des Lebens, wohlgeeignet die Darstellungen zu ergänzen, auf denen wir den kleinen Horus spielen und jagen, einen
anderen jugendlichen Gott in einem Buche lesen sehen[2]), und wie
eine Illustration unserer Verse *at simul heroum laudes*[3]) *et facta
parentis iam legere et quae sit poteris, cognoscere virtus.* Denn auch
von 'Heroen' ist in jenen Büchern die Rede gewesen: in derselben
Darstellung der aegyptischen Theologie heißt es, Osiris sei auf
seinen Heereszügen von den erlesensten Heroen begleitet worden,
die wegen ihrer Ruhmestaten göttliche Ehren erhielten.[4]) Das sind
also — etwa so dürfen wir uns das ausmalen — die *heroes*, die
ἡμίθεοι, die der Knabe, wenn er herangewachsen in den Verein der
Himmlischen eingeführt wird, dort persönlich von Angesicht zu Angesicht sehen wird (Vers 15 f. *divisque videbit permixtos heroas et ipse
videbitur illis*; s. o. S. 127), um dann die Herrschaft über die Welt
anzutreten, die durch die ἀρεταί seines Vaters befriedet ist (Vers 17
pacatumque reget. patriis virtutibus orbem). So vereinigen sich die
Einzelzüge zu einem Vollbilde des Gefeierten von seiner Kindheit
bis zum Mannesalter.

VIII. ALEXANDROS HELIOS

Ein sonnenhaftes Kind, der Bringer eines neuen Zeitalters: so
etwa ließe sich das Ergebnis der Untersuchung zusammenfassen.
Hiermit sind wir weit abgerückt von dem Fahnden nach einem Erden-
bürger. Die beiden Gelehrten, die in dem Kinde „einen unbekannten
Liebling des Schicksals", „einen in völlig allgemeinen Zügen bezeichneten Weltherrscher" erkannten, haben den rechten Weg gewiesen.
Liest man auf Grund dieser jetzt bestätigten Erkenntnis die Ekloge
nochmals, so wird man die Verirrungen der Früheren nur schwer begreiflich finden. Alles in diesen Versen ist so aetherisch, so sphären-
haft, daß es gegen jedes plumpe Anfassen des duftigen Schleiers

---

1) Uns erscheint das notwendigerweise recht platt, rationalistisch, als 'Euhemeris-
mus' Aber es verdient doch Bemerkung, daß nach K. Sethes Urteil (Nachr. Gött.
Ges. 1922, 233) „Osiris allem Anschein nach ein vergötterter alter König gewesen ist".
„War Osiris, schreibt derselbe Gelehrte in jenem aufsehenerregenden Aufsatz (S. 240),
etwa der König, der die aus Asien einwandernden Aegypter in das Niltal geführt hat?"
2) A. Erman, Aeg. Ztschr. (1895) 48ff. — Eine Statuette, darstellend den ganz
jungen Gott Imhotep, in einem Buche lesend: Erman, Religion 194.
3) Möglich, daß *heroum laudes*, wie die Kommentare notieren, nach I 524 κλέα
ἀνδρῶν ἡρώων geformt ist. Aber das beträfe nur das Stilistische.
4) Diodor I 19. 23 f. nennt als ἐπιφανεcτάτουc ἥρωαc Herakles und Perseus, die
aegyptischen Ursprungs gewesen seien.

Verwahrung einlegt. Das Unbestimmte ist in dem Gedichte das
eigentlich Bestimmende; ein Phantasiegebilde soll man nicht in die
nackte Realität bannen und es dadurch der höheren Wahrheit, die
es nur als das Unwirkliche besitzt, berauben. Die zeitgenössischen
Leser, darunter vor allem auch der feingebildete Adressat, haben die
Absicht des Gedichtes zweifellos verstanden: kannten sie doch die
sibyllinische, auf das Jahr 40 gestellte Prophetie, die der Dichter,
wie es in allen Schöpfungen seine Art war, frei gestaltend, aber
durch die Grundvoraussetzungen gebunden, für seine Komposition
verwertete. Der Verlust der Kenntnis jener Prophetie mußte das
Verständnis des Gedichtes gefährden und die Bahn für eine Namenjagd freimachen, die nach dem Ausweis der alten Kommentare so
früh einsetzte, daß der Dichter sie möglicherweise noch erlebte.

Gegen solche Verkehrtheit sind wir hoffentlich dauernd gefeit
Aber der Vorstellungskreis, in den wir geführt wurden, ist so ab-
sonderlich, daß wir nichts unversucht lassen dürfen, was geeignet sein
könnte unser Einfühlen in ihn zu erleichtern. Die Helios- und Aion-
ideen, die im Mittelpunkt dieses Kreises stehen, haben nun, wenn ich
nicht irre, gerade im J. 40, dem Erscheinungsjahre der Ekloge, noch
eine weitere Spur hinterlassen.

Als die Sibylle ihre Stimme erhob: 'Der Ausbruch eines neuen
Aion steht bevor, Helios ist sein Regent, ein Kind wird geboren, in
ihm manifestiert sich das Sonnenzeitalter, es ist zum Weltherrscher
bestimmt', wird im Imperium — der Ruf dieser Prophetin, von der
Weltsprache getragen, drang über alle Lande — kein Elternpaar
gewöhnlichen Ranges dem Wahnglauben verfallen sein, dem Heilande
der Welt das Leben zu geben: denn die Sibylle hatte die Eltern des
Wunderkindes in eine Sphäre emporgehoben, in der die Schranke
zwischen Irdischem und Göttlichem fiel. Gab es dennoch im weiten
Raume des Reiches damals einen Vater und eine Mutter, deren Sinn
so hoch flog, daß sie auf solche Würde glaubten Anspruch erheben
zu dürfen? Wenn wir überhaupt zu suchen berechtigt sind, so muß
unser Blick sich gen Osten wenden, denn der Westen war damals
einer Verleihung himmlischer Glorie an Sterbliche während ihres
Erdenlebens noch wenig geneigt. Aber auch im Orient wäre nur ein
Land in Betracht zu ziehen, auf welches nach den Ergebnissen unserer Quellenanalysen die besonderen Voraussetzungen dieses ganzen
Vorstellungskomplexes zuträfen.

Isis mit dem Horusknäblein hatte sich uns als das Urbild aller
Mütter mit einem Segenskinde dargestellt. Hierdurch werden wir in
eine ganz bestimmte Richtung gewiesen. Nach uraltem aegyptischen

Glauben, dessen Einzelheiten wir vorhin kennen lernten, sind die Eltern eines Thronfolgers irdische Stellvertreter der Götter. Der König naht sich seiner Gemahlin in Gestalt des Sonnengottes Rê oder des Osiris, und die Königin wird in seinen Armen zur Isis: es findet eine Art von Transformation des Sterblichen ins Göttliche statt. Dieses Theologumenon überdauerte, fast zum Formelhaften herabgesunken, den Wechsel aller Dynastien und wurde, wenigstens den aegyptischen Untertanen gegenüber, auch von der ptolemaeischen übernommen. Seit dem Jahre 51 saß Kleopatra auf dem Throne der Pharaonen, der römische Triumvir lag seit 41 ihr zu Füßen. Die Historiker der Zeit berichten, sie habe den Titel „neue Isis" geführt, auf Gemälden und in plastischen Kunstwerken seien Antonius als Osiris, Kleopatra als Isis dargestellt worden.[1]) Der Kopf einer Kolossalstatue, die wahrscheinlich Kleopatra als Isis darstellt, ist erhalten[2]), auch Münzen mit der Aufschrift θεὰ νεωτέρα, d. h. eben Isis.[3]) Auch in einer anderen Reihe, die sich sogar über die griechische Dynastie in die römische fortsetzte, fehlt die letzte Ptolemaeerin nicht. Die Sitte nämlich, Tempelwände mit Darstellungen aus dem Leben des Horuskindes zu schmücken, erhielt sich bis lange in die Kaiserzeit hinein; dabei wurde der Pharao, dann der Ptolemaeerkönig, endlich der römische Caesar gern in eine sozusagen persönliche Be-

---

1) Plut. Ant. 54 Κλεοπάτρα καὶ τότε (im J. 34) καὶ τὸν ἄλλον χρόνον εἰς πλῆθος ἐξιοῦca cτολὴν ἱερὰν Ἴcιδοc ἐλάμβανε καὶ νέα Ἴcιc ἐχρημάτιZεν. Dio LV 6 cυνεγράφετό τε αὐτῇ καὶ cυνεπλάττετο, αὐτὸc μὲν Ὄcιριc καὶ Διόνυcοc, ἐκείνη δὲ Cελήνη τε καὶ Ἴcιc λέγοντεc εἶναι. 25 (Rede des Octavianus) τὴν ἄνθρωπον ἐκείνην καθάπερ τινὰ Ἴcιν ἢ Cελήνην προσκυνοῦντα καὶ τούc τε παῖδαc αὐτῆc Ἥλιον καὶ Cελήνην ὀνομάζοντα καὶ τὸ τελευταῖον καὶ ἑαυτὸν Ὄcιριν καὶ Διόνυcον ἐπικεκληκότα. Als Dionysos hatte er sich schon im J. 41 in Athen und anderwärts feiern lassen (Ephebeninschrift IG II 482 Z. 23 Ἀντωνίου θεοῦ νέου Διονύcου. Vgl. Cωκράτηc ὁ Ῥόδιοc ἐν τρίτῳ ἐμφυλίου πολέμου bei Athenaeus IV 148 BC, der hinzufügt: ἔκτοτε ἐκέλευcεν ἑαυτὸν Διόνυcον ἀνακηρύττεcθαι κατὰ τὰc πόλειc ἁπάcαc); Dionysos aber bedeutete für die Aegypter Osiris (Plut. de Is. et Os. 13). Auch in Athen feierte er als Dionysos eine Theogamie, wie die hübsche, gewiß wahre Anekdote bei Seneca suas. 1, 6 zeigt: die Athener baten ihn, sich der Athena antrauen zu lassen.

2) A. Bouché-Leclercq, Hist. des Lagides II (Paris 1904) 180, 1 „On a remis au jour en 1892—93, à Alexandrie, une tête colossale, mutilée, qui représente probablement Cléopâtre en Isis." Näheres ist mir nicht bekannt.

3) M. Strack, Dynastie d. Ptol. (Berl. 1897) 9 u. 145. Von früheren Königinnen scheint nur Kleopatra I (gest. vor 171) als Isis auf Münzen zu erscheinen: Strack 18. Aber das kann an der Zufälligkeit unserer Überlieferung liegen: im Prinzip war jede aegyptische Königin eine Inkarnation der Isis. Auf einer Inschrift in aegyptischer Sprache aus Sais vom J. 265 wird Arsinoe, die Schwester und Gattin des Philadelphos, 'Isis Arsinoe Philadelphos' genannt: A. Wiedemann, Rh. Mus. XXXVII (1883) 391. Wenn richtig ist, was A. Furtwängler, D. ant. Gemmen II (1900) S. 159 Nr. 31 als wahrscheinlich bezeichnet, daß der Kopf einer aegyptischen Königin als Isis Berenike I darstellt, so würde das in die allerersten Anfänge der Ptolemaeerregierung weisen.

ziehung zu dem Kinde gesetzt. So bringt Augustus Milch[1]) für den
Neugeborenen; Traianus überreicht das Kind, dessen Geburt soeben
stattgefunden hat, der Hathor und spricht die Worte: „Willkommen,
willkommen, du Erbe des Rê, du ... (?) der Goldenen (Hathor), der
die beiden Länder erleuchtet": diese Ansprache gilt dem kleinen
Horus als neu aufgehendem Helios[2]) Der Königin als Mutter gebührte
in dieser an die Geburt des Kindes anknüpfenden Vorstellungsreihe
ein besonderer Platz. Am 23. Juni 47 hatte Kleopatra dem Diktator
Caesar nach dessen Abreise (April) einen Sohn geboren, der den
Namen Caesarion erhielt. Sie ließ eine Münze prägen, die sie als
Aphrodite mit dem kleinen Caesarion als Eros auf dem Arm darstellt.[3]) Das war ein Zugeständnis an den hellenischen Teil der Be-
völkerung, denn die Angleichung der Isis an Aphrodite, des Horus
an Eros war geläufig.[4]) Aber es galt auch das aegyptische Fühlen
zu berücksichtigen. Zu dem Zweck ließ die Königin auf der Hinter-
wand des Tempels in Denderah Kolossalbilder von sich mit den In-
signien der Göttin Athyr, von Caesarion mit dem Horussymbol des
Sperbers anfertigen[5]) und „in Hermonthis (südl. von Theben) einen
'Tempel der Geburt' bauen oder ausschmücken, und die Priester erwiesen ihr den Dienst, Caesarion in den Augen der Aegypter zu
legitimieren, indem sie versicherten, er sei von Rê in der Gestalt
Caesars erzeugt".[6]) In diesem Tempel befand sich auch ein Relief,
das die Geburt des Horus denkbar realistisch darstellte[7]): die Be-

---

1) Vgl. Reitzenstein, Arch. f. Rel.-Wiss. VII (1904) 402: „Vermählt sich die
Königin dem Gott, so tritt sie selbst für dessen göttliche Gattin Isis ein. Also hat
Isis den jeweiligen König geboren; sie sagt zu Ramses II.: 'Aus meinem Schoß bist
du hervorgegangen . .' Hieraus erwächst eine weitere Vorstellung . . .: der König
trinkt die Milch der Göttin und empfängt dadurch die Unsterblichkeit. Bei seiner
Thronbesteigung   genießt er diese Speise, die Milch ist dabei das φάρμακον τῆς
ἀθανασίας."

2) Die Denkmäler sind publiziert in Lepsius, D. II, S. 243. Die Übersetzung und
Deutung verdanke ich A. Erman.

3) Strack a. a. O. 19.

4) Aphrodite ∽ Isis, Eros ∽ Horus (Harpokrates): A. Rusch, De Serapide et Iside
in Graecia cultis, Diss. Berl. 1906, 13. 46f. U. Wilcken, Urkunden d. Ptolemaeerzeit
I, 1 (Berl. 1922) 90f. Eine interessante Inschrift Ditt.-Hill. Syll. III[3] 1132 "Ιсιδι Cωτείραι
'Αϲτάρτει 'Αφροδίτηι καὶ "Ερωτι 'Αρφοκράτει 'Απόλλωνι 'Ανδρόμαχος Φανομάχου
[ὑπὲρ ἑαυτοῦ] καὶ γυναικὸς καὶ τέκνων χαριϲτήριον. Aus der Angleichung der Isis an
Aphrodite kann sich auch erklären, daß Kleopatra sich bei ihrer ersten Begegnung
mit Antonius in Tarsos als Aphrodite kostümierte: Plut. Ant. 26. An die Stammes-
legende des julischen Hauses wird man daher bei den Emblemen der Münzen (s. vorige
Anm.) nicht zu denken haben.

5) V. Gardthausen, Aug. u. s. Zeit II 168.

6) Worte von Bouché-Leclerq a. a. O. 217, I, von mir deutsch wiedergegeben.

7) Abgebildet bei Moret a. a. O. 68 aus Lepsius D. IV 60.

schauer sollten sich im Spiegelbilde der uralten Legende unter der göttlichen Mutter die menschliche, unter dem himmlischen Kinde das irdische vorstellen.[1])

Kleopatra, der Caesar im Jahre 46 samt ihrem von ihm anerkannten Söhnchen in Rom einen königlichen Empfang bereitet hatte, war nun die Geliebte des Antonius geworden; in ihrer Hoffart träumte sie schon von rechtmäßiger Ehe, die ihr die Bahn freimachen sollte zur Verwirklichung ihrer hochfliegenden, die Herrschaft über den Osten und Westen umspannenden Pläne. Ihr Wunsch auch von Antonius Leibeserben zu erhalten ging in Erfüllung. Über die zeitlichen Verhältnisse besitzen wir besonders durch Plutarch, Appian und Dio Cassius eine hinlänglich gesicherte Überlieferung. Ihre erste Begegnung mit Antonius erfolgte im Jahre 41, und zwar etwa im Sommer, zu Tarsos.[2]) Sie verlebten den Winter in Alexandreia, das Antonius im Frühjahr 40 verließ.[3]) Sie trafen sich dann erst wieder im Spätherbst 37. Aus diesen Angaben sind längst Schlüsse auf die Geburtsjahre ihrer Kinder gezogen worden. Kleopatra hat dem Antonius drei Kinder geboren, zuerst ein Zwillingspaar, Knabe und Mädchen, dann einen Sohn. Das Zwillingspaar wird ausdrücklich als das ältere bezeichnet.[4]) Es muß also aus ihrer Verbindung 41/40 stammen und im Jahre 40 geboren sein. Innerhalb dieses Jahres bleibt nach den über die Dauer des ersten Zusammenlebens soeben gemachten Angaben Spielraum zwischen Frühjahr bis Winter für die Ansetzung der Geburt; erfolgte diese nach dem Frühjahr, so war der Vater bereits abgereist. Die Geburt des zweiten Sohnes fand nach der Wiedervereinigung der Eltern statt, vermutlich noch 36, jedenfalls vor 34, da er in diesem Jahre als lebend erwähnt wird.[5]) Er erhielt den Namen Ptolemaios Philadelphos; das war der dynastische Name in Verbindung mit einem der in diesem Herrschergeschlecht beliebten Individualnamen. Als Antonius im Jahre 34 in Alexandreia seinen Triumph über Armenien feierte und im Anschluß daran ein

---

1) Dies bemerken die in den beiden vorigen Anm. genannten französischen Gelehrten, und H. Schäfer hat es mir bestätigt.

2) Antonius hatte in Asien viel zu erledigen, die Begegnung mit Kleopatra in Tarsos erfolgte erst nach Abschluß dieser Geschäfte, als in Italien schon die Verwicklungen Octavians in den perusinischen Krieg im Gange waren, d. h. im Sommer: Plut. Ant. 24, 1. 25, 1. 28, 1.

3) Appian b. c. V 52, 116 ἦρι, d. h. jedenfalls nach dem 5. März, dem Beginn der Schiffahrt: J. Kromayer, Forsch. z. Gesch. d. II.·Triumvirats, Herm. XXIX (1894) 562.

4) Dio XLIX 32, 4 παῖδας ἐξ αὐτῆς πρεσβυτέρους μὲν Ἀλέξανδρον καὶ Κλεοπάτραν — καὶ δίδυμοι γὰρ ἐτέχθησαν —, νεώτερον δὲ Πτολεμαῖον τὸν καὶ Φιλάδελφον ἐπικληθέντα ἀνείλετο. Vgl. V. Gardthausen, Aug. u. s. Zeit II 170f. 387.

5) Plut. Ant. 54.

prunkhaftes Fest veranstaltete, an welchem er Kleopatra und ihre
Kinder mit den Reichen des Ostens, den eroberten wie den noch zu
erobernden, belehnte, wurde der kleine Philadelphos zum König von
Phoenikien, Syrien und Kilikien, also zum Nachfolger der Seleukiden
bestimmt. Ein viel größeres Los war dem älteren, im Jahre 40 geborenen Sohne vorbehalten. Ihm wurden an jenem Feste Armenien,
Medien und das Partherreich, überhaupt alle Länder zwischen Euphrat
und Indus zugewiesen, er saß zu Füßen seiner Eltern — Kleopatra
als νέα Ἴϲιϲ im sternenbestickten Mantel dieser Göttin — auf einem
kleinen goldenen Thron, trug auf dem Kopfe die Tiara und empfing
den Titel 'König der Könige'.[1]) Der Name nun, den dieser künftige
Großkönig bei seiner Geburt erhalten hatte, war Alexandros Helios;
seine Zwillingsschwester hieß Kleopatra Selene.[2]) Alexandros und
Kleopatra waren die dynastischen, Helios und Selene die Individualnamen. Selene war ein in der Dynastie schon einmal vorgekommener,
übrigens auch außerhalb dieser begegnender Mädchenname: die
Schwester und Gattin Ptolemaios' Soter II. hatte Kleopatra (IV.)
Selene geheißen (gest. nach 69). Aber den Namen Helios hat, soweit
uns die überreiche onomatologische Überlieferung Kunde gibt, bis
auf jene Zeit kein anderer Sterblicher getragen. Die Historiker sind
sich darin einig[3]); einer nannte ihn um deswillen geistreich den „Roi-
Soleil der Antike".[4]) Die Ausnahme verlangt eine Erklärung. Für
das Jahr 40 hatte die Sibylle, wie wir uns erinnern (s. o. S. 15,1), den Anbruch eines neuen Aion prophezeit, dessen Regent Helios sein werde:
iam regnat Apollo, wie der römische Dichter es wiedergibt, ἤδη βαϲι-
λεύει Ἀπόλλων, ὅϲτε καὶ Ἥλιος κικλήϲκεται, wie wir uns mit Verwertung
eines Sibyllinentextes die lateinischen Worte etwa umdenken können.[5])
In demselben Jahre wird einem Elternpaar, das sich als Osiris und
Isis verehren und darstellen ließ, ein Sohn geboren. Er erhielt klingende
Namen. Alexandros war ein bei den Ptolemaeern seltener dynastischer

---

1) Plut. a. a. O. Dio C. XLIX 41.

2) Plut. Ant. 36 παῖδαϲ ἐξ αὐτῆϲ διδύμουϲ ἀνελόμενοϲ καὶ προϲαγορεύϲαϲ τὸν
μὲν Ἀλέξανδρον, τὴν δὲ Κλεοπάτραν, ἐπίκληϲιν δὲ τὸν μὲν Ἥλιον, τὴν δὲ Ϲελήνην.
Vgl. o. S. 139, 1.

3) Auch ich habe trotz allem Suchen keine Spur entdecken können. Erst in der
Kaiserzeit, die überhaupt das alte Namensystem auflöste, begegnen Götternamen für
Menschen (H. Meyersahm, Deorum nomina hominibus imposita, Diss. Kiel 1891), und
fast ausschließlich für solche niederer Herkunft, darunter Helius, der aus Tacitus bekannte Freigelassene des Claudius, und ein Gladiator bei Martial V 24, 5 (auch auf
lat. Inschriften erinnere ich mich dieses Cognomen wiederholt gelesen zu haben). Verschiedenartig ist es, wenn die Kaiser Gaius, Nero und Caracalla auf Inschriften ὁ νέοϲ
Ἥλιοϲ prädiciert werden (P. Riewald, De imp. Rom. cum dis comparatione, Diss. Hal.
XX 1912, 314 f.).

4) A. Bouché-Leclerq a. a. O. 364.   5) S. o. S. 16, 1.

Name: seinem Träger war, wie das erwähnte Fest prahlerisch zum
Ausdruck brachte, eine Zukunft in den Bahnen des Großen bestimmt.
Noch stolzeren Klang hatte der Rufname: er ließ ihn der Welt als
Repräsentanten des soeben angebrochenen Sonnenzeitalters erscheinen.
Wie die Namen Helios und Selene auf die aegyptischen Untertanen
des Paares wirken mußten, davon können wir uns wohl noch einen Be-
griff machen. Eine Schrift, die an Seltsamkeit unter allen in griechischer Sprache geschriebenen kaum ihresgleichen besitzt, sind die
Ἱερογλυφικά des Horapollon (oder vielmehr seines griechischen Übersetzers Philippos). Von den Aegyptologen einst wie ein secretum
secretorum fast abergläubisch verehrt, dann seit Entzifferung der
Hieroglyphen in Acht und Bann getan, wird sie von ihnen jetzt wieder
mit freundlicheren, jedenfalls historisch geschärften Augen angesehen.[1])
Zu dem vielen Wichtigen und Richtigen, das sie enthält, gehört gleich
ihr Anfang: „Um die Ewigkeit (αἰῶνα) zu bezeichnen, schreiben sie
Helios und Selene."[2]) H. Schäfer teilte mir darüber mit: „Horapollon
hat auch diesmal wieder recht. In der Spätzeit schreibt man die
Worte *r' nb* 'alle Tage', d. h. immer, so: ☉ ☽, d. h. mit dem Bilde
von Sonne und Mond, also αἰών mit ἥλιος und ϲελήνη."[3]) Das Pärchen,
das im Jahre 40 seine irdische Epiphanie erlebte, repräsentierte also
mit seinen uranischen Namen[4]) den Aion-Begriff[5]), der in eben dem-

---

1) Zumal seit einer Aufsehen machenden Entdeckung H. Schäfers, Zeitschr. f.
aeg. Spr. XLII (1906) 72 ff. — Übrigens lohnt es sich auch für die Theologen einen
Blick in die sonderbare Schrift (ihren Verfasser oder seinen Interpreten denke ich mir
als einen Geistesverwandten und vielleicht Zeitgenossen des ebenso rätselhaften Hermapion, des Übersetzers der Obeliskeninschrift: s. o. S. 120) zu werfen. Bei einer flüchtigen
Durchmusterung stieß ich auf Gnostisches, das mich an die (koptische) Pistis Sophia
erinnerte.
2) I 1 (ed. C. Leemans, Amsterd. 1835): αἰῶνα ϲημαίνοντεϲ ἥλιον καὶ ϲελήνην
γράφουϲιν.
3) Die·Augen des Horus als Sohnes des Sonnengottes und der Himmelskönigin
sind Sonne und Mond. Plut. de Is. et Os. 52 οὗ μόνον τὴν ϲελήνην ἀλλὰ καὶ τὸν
ἥλιον ὄμμα τοῦ Ὥρου καὶ φῶϲ ἡγούμενοι.
4) Fr. Boll, Die Sonne im Glauben und in der Weltanschauung der alter Völker
(Stuttg. 1922) 22: „Wenn der Triumvir Antonius, der sich an das orientalische Wesen
verliert, seine beiden Zwillingskinder von Kleopatra mit den Beinamen Helios und
Selene benennt, so bestimmt er sie damit im voraus zu den Herrschern der irdischen
Welt, zu Kosmokratores, wie es die zwei mächtigen Gestirne im All sind." Boll ist
der einzige, der die symbolische Art dieser Namengebung erwähnt hat.
5) Sonne und Mond auf römischen Aeternitas-Münzen: Wilh. Koehler, Personifikationen abstrakter Begriffe auf röm. Münzen (Diss. Königsb. 1910) 23 ff. Ein literarisches
Zeugnis: Pseudoaristoteles de mundo 397a 31 ἥλίου καὶ ϲελήνηϲ κινουμένων ἐν ἀκρι-
βεϲτάτοιϲ μέτροιϲ ἐξ αἰῶνοϲ εἰϲ ἕτερον αἰῶνα. Diese Stelle, die ich der o. S. 29, 1 genannten Abhandlung C. Lackeits entnehme, ist für die Beurteilung der Schrift bedeutsam: die Steigerungsformel ἐξ αἰῶνοϲ εἰϲ αἰῶνα findet sich in reinhellenischer
Literatur nirgends, sondern nur in orientalisch (spez. semitisch) beeinflußter.

selben Jahre den Glauben an den Anbruch einer neuen Weltepoche
auslöste. Sonne und Mond blieben dauernd die sichtbaren Ewigkeits-
symbole. Im J. 248 feierte Rom seinen tausendjährigen Geburtstag.
Wir besitzen eine ganze Reihe von Tonlampen mit der Aufschrift
saecul(um novum). Einige von ihnen zeigen interessanten figürlichen
Schmuck: Sonne und Mond sowie den guten Hirten inmitten seiner
Herden.[1])

Unsere Grundauffassung des virgilischen Gedichts, die wir zu
Beginn dieses Abschnittes in die Worte: ein sonnenhaftes Kind, der
Bringer eines neuen Weltzeitalters zusammenfaßten, wird durch diese
Begebenheiten seines Abfassungsjahres 40 beleuchtet. Aber so wertvoll
diese Gewähr für das Einfühlen in eine Zeitströmung ist, werden wir
uns doch zu hüten haben darüber hinaus irgend etwas Spezielles für
die Persönlichkeit des in der Ekloge gepriesenen Kindes zu folgern:
das wäre ja — es sei dies nochmals auf das Nachdrücklichste betont — nur ein Rückfall in die hoffentlich ein für alle Male über-
wundene Pseudoexegese. Den Dichter kümmerten nicht die Händel
dieser Welt, er lebte im Ideellen und floh alle Wirklichkeiten,
mochten indes der bildungslose Feldherr und seine hoffärtige Buhlin
in banalem oder frivolem Spiel den Himmel auf die Erde herab-
ziehen. Noch einmal hat in der Geschichte eine vergleichbare Travestie
des Erhabenen ins Lächerliche stattgefunden. Ein Knabe, der den
römischen Kaiserthron schändete, vermählte dem syrischen Sonnengotte die karthagische Mondgöttin: das mochte noch hingehen, es
wahrte wenigstens den Schein eines heiligen Dramas. Wenn er aber
als irdischer Vertreter jenes seines Gottes, als Deus Sol Elagabalus,
mit einer Vestalin als Priesterin der Luna das Beilager feierte, um
„göttergleiche Kinder zu zeugen"[2]), so war diese Parodie jenes Mythos
von Helios und Selene und ihrem Goldkinde (o. S. 114) Wahnsinn.
Ihm freilich blieb die Tragik erspart ein Kind mit sich ins Verderben
zu ziehen. Nicht so gnädig erging es dem aegyptischen Königspaare.
Mit Kindern, denen Eltern, und seien es selbst Antonius-Osiris und
Kleopatra-Isis, allzu prunkhafte Namen geben, treibt das Leben gar
oft ein grausames Spiel. *Triumphum victoriae constituit Augustus,
in Cleopatrae triumpho Sol et Luna eius liberi apparuere* berichtet ein
Chronist[3]), aus langer Hand in dürre Worte drängend was einst Livius,

---

1) CIL XV 6221, 10. 20 mit H. Dressels Bemerkungen S. 787. H. B. Walters.
Catalogue of the Greek and Roman Lamps in the Brit. Mus., Lond. 1914, Nr. 1053 u. 1144.
2) Herodian V 6, 3ff. Dio C. LXXIX 9, 3.
3) Eusebios II p. 190 Schoene (Armen., vers. lat.). Dio C. LI 21 berichtet, daß
sie zwischen dem Bilde ihrer Mutter und dem Triumphwagen Caesars gingen.

dem der Pomp dramatischer Erzählungskunst als Erben großer historio-
graphischer Vergangenheit zu Gebote stand, mit dem Schimmer des
Tragischen, das ob Völkern und Menschenkindern waltet, umkleidet
haben mag. Der künstliche Glanz dieses Helios war jäh verblichen.
Der Sieger hat seiner wie der Zwillingsschwester, während er Caesarion
beseitigen ließ, geschont. Selene wurde später mit Iuba vermählt,
dem der Herrscher das neugeschaffene Königreich Mauretanien ver-
lieh; Helios wurde dem Königspaar überwiesen.[1]) Dann ist von ihm
nicht weiter die Rede; er mag jung gestorben oder der Vergessenheit anheimgefallen sein. So unscheinbar trat von der Weltbühne ein
Kind ab, dem seine Eltern beispielloses Erleben auf ihr zugedacht
hatten. Aber das Phantasiegeschöpf des Dichters schwebt, eben weil
es unwirklich war, glanzvoll über sie dahin mit der Glorie der Unsterblichkeit.

IX. DIE SIBYLLE

Mag es uns gelungen sein der Ekloge ihren Platz innerhalb der
langen Entwicklungsgeschichte anzuweisen, die ihre Grundidee durch-
laufen hat, so ist die Frage nach der unmittelbaren Vorlage des
Dichters schwer zu beantworten; vielleicht ist sie so auch nicht ganz
richtig gestellt. Denn so sicher in seinen Werken viel Buchgelehr-
samkeit steckt, ist durch die Forschung der letzten Jahrzehnte doch
erwiesen worden, daß er übernommenen Stoff stets frei gestaltete.
Wo immer wir seine Vorlagen, wie Homer und Apollonios, Aratos
und Theokritos besitzen, sehen wir ihn produktive μίμησις üben; dies
muß also auch in den Fällen gelten, wo sie uns verloren sind. Das
Cumaeum carmen, von dem die Ekloge ihren Ausgang nimmt, vermögen wir nicht deutlich zu erfassen, uns also von dem Erweiterungs-
oder Umstilisierungsprozesse, dem er es unterzog, keine ganz bestimmte Vorstellung zu machen. Zwei unter sich eng zusammen-
hängende Zentralideen der Ekloge, Beginn der Regentschaft des
Helios und Anbruch eines neuen Weltzeitalters, sind uns von den
alten Erklärern des Gedichts für die Sibyllistik bezeugt (o. S. 15, 1. 2).
Darüber hinaus wird sich einiges Allgemeine, aber wohl auch eine
oder die andere Einzelheit ermitteln lassen.

Die Sibyllistik war künstlerisch so wertlos, daß sie kaum Poesie
heißen darf. Das gilt nicht bloß von unserer jüdisch-christlichen
Sammlung, sondern auch von deren Vorlagen, soweit sie uns einiger-

---

1. Dio LI 15. Vgl. Suet. Aug. 17, 5 *Augustus   Antoni reginaeque communes
liberos non secus ac necessitudine iunctos sibi et conservavit et mox pro condicione
cuiusque sustinuit ac fovit.*

maßen kenntlich sind. In den wenigen uns in rein 'heidnischer'
Fassung erhaltenen Stücken orientalischer Herkunft fehlt es allerdings nicht ganz an Stellen, die durch eine uns freilich fremdartig berührende Phantastik Eindruck machen[1]), aber die Verse der
italischen Sibylle, bestellte Fabrikware, sind steifleinen, form- und
farblos, alte Orakelpoesie einst hochpoetischen Stils in zersungenem,
verwaschenem Zustande.[2]) An ihre Stelle ein künstlerisches Gebilde
zu setzen, dazu bedurfte es der Gestaltungskraft eines Dichters, dem
sein Gefühl und sein Kunstverstand die Normen poetischen Schaffens
diktierten. Auch in die Aeneis hat er allerlei Sibyllinisches verwoben — wie viel dergleichen auf trojanisch-römische Verhältnisse
bezügliche Orakelverse in Umlauf waren, zeigt eine bekannte Tibull-
stelle[3]) —: überall, wo wir nachzukommen vermögen, sehen wir ihn
die Trivialitäten adeln, kalte Nüchternheit erwärmen, die stammelnde
Barbarin wieder zur apollinischen Prophetin erheben. Das erlaubt
einen Schluß auf die Ekloge. Das Sibyllinum mochte ihm den Rahmen
des Gemäldes bieten, ja auch einige Züge des Gemäldes selbst, etwa
so wie Horaz aus dem uns erhaltenen zopfigen Sibyllinum des
Jahres 17 einzelne Motive in sein formschönes und gedankenreiches
Kultlied herübernahm. Auf die Autorität ihrer Vorlage berufen sich
gleich zu Anfang beide Dichter: *carmen Cumaeum* (Virg. Vers 4) —
versus Sibyllini (Horaz Vers 5). Die drei von Horaz auf Grund seiner
sibyllinischen Vorlage nebeneinander genannten Gottheiten Sol, Lucina
und die Parzen kommen bemerkenswerterweise auch in der Ekloge
vor.[4]) Wir wollen uns nun, um etwas über dies Allgemeine hinaus zu
gelangen, in Kürze eine Übersicht über einen längeren Abschnitt
des dritten Buches unserer Sibyllinensammlung zu verschaffen suchen.
Dieser Abschnitt stammt von der 'babylonischen' Sibylle — sie nennt
sich selbst so Vers 809 f. —; es muß jedoch im Auge behalten werden, daß uns dieser Abschnitt nicht in ursprünglicher Fassung vorliegt, sondern nur in einer ganz radikal vollzogenen judaeischen Über-

---

1) Man lese etwa den Kampf der Sterne or. Sib. V 512—531, ein rein heidnisches
Stück, zu dem Geffcken die Parallelen zitiert. Das an κακοζηλία streifende ὕψος erinnert
an Partien der johanneischen Apokalypse, ohne daß diese irgendwie eingewirkt hätte.
Gerade dieses Negative ist wichtig: eschatologische Poesie dieser Art lag dem Apokalyptiker schon vor; ihre Existenz in vorchristlicher Zeit ist gesichert (vgl. Komm. zur
Aen. VI, Einl.).
2) Ich denke dabei an die von H. Diels in den Sibyll. Blättern zusammengestellten
und erläuterten Stücke.
3) II 5, 67 ff.
4) Zosimos II 6. Ἀπόλλων ὅστε καὶ Ἥλιος κικλήσκεται, Μοῖραι, Εἰλείθυιαι; Horaz:
Sol, Lucina, Parcae; Virgil: Apollo, Lucina, Parcae. Vgl. o. S. 20, 1.

arbeitung etwa des Jahres 140 v. Chr.[1]) Sie hat nicht bloß den Stoff,
sondern auch dessen Anordnung betroffen. In ermüdender Weit-
schweifigkeit schleppen sich die fast zweihundert Verse (von Vers
652 bis zum Schluß des Buches) dahin, so daß man selbst in diesem
verhältnismäßig noch erträglichsten Abschnitt der Sammlung eigentlich nur von einer Dekomposition reden kann; der Verfasser mag sie
vor seinem künstlerischen Gewissen (soweit er eins besaß) mit der
Ausflucht gerechtfertigt haben, daß die Seherin, je mehr sie rase, um
so ungeordneter rede. Dennoch lassen sich der Reihe nach etwa
folgende Gedankengänge erkennen, die an solche der Ekloge erinnern. 1) Gott wird einen König senden, der den Kriegen auf der
ganzen Erde ein Ende bereitet. Dieser König wird kommen „von
der Sonne her", ἀπ' ἠελίοιο. An und für sich betrachtet braucht das
nur eine geographische Bezeichnung zu sein. Aber es ist doch bemerkenswert, daß, wie oben (S. 55,2) bemerkt wurde, derselbe Ausdruck
in gleichem Zusammenhang sich in einer aegyptischen Prophetie
hellenistischer Zeit findet, in der Orakelverse der 'aegyptischen' Sibylle benutzt sind. Bei der zentralen Stellung des Sonnengottes
im aegyptischen Pantheon werden wir daher annehmen dürfen, daß
bei jenem Ausdruck das Heliosmotiv mit anklinge. Auch in der
Ekloge beginnt die neue Zeit mit dem Regiment des Helios: *iam
regnat Apollo* (o. S. 14 f.). 2) Zuvor wird der König freilich seine Gegner
niederwerfen müssen. Auch in der Ekloge geht dem Endfrieden, der
pacatio orbis, eine Periode von Kriegen voraus, in denen die alte
Schuld gesühnt wird. [3) Den Söhnen Gottes wird es gut gehen, sie
werden ihn preisen. Diese Verse, 702—740, sind jüdische Zutat, sie
durchbrechen den Zusammenhang.] 4) Dann aber wird Friede und
Glück auf der ganzen Erde sein: Überfluß an Getreide, Wein, Öl,
trächtige Kühe, Schafe und Ziegen. Das ist das oben (S. 52) besprochene Pastoralmotiv der Ekloge. 5) Es folgt ein bemerkens-
wertes Stück (785—795), eingeleitet durch diese Verse: „Sei froh
Jungfrau, und stolz, denn dir gab Gott die Freude des Aion. In
dir wird er wohnen, dir wird unsterbliches Licht sein," woran sich
eine Paraphrase der Jesajaprophetie (11, 6—9) schließt. Wenn die
Sibylle hier das Kind, auf das die Mutter stolz sein darf, „Freude
des Aion", εὐφροσύνην αἰῶνος nennt, so erinnert das an die oben
(S. 41,1) besprochene Bezeichnung des neuen Zeitalters *decus aevi* (11),
und das Motiv der Freude über den neuen Aion findet in einem

---

1) Daß die Sprüche der Babylonierin die Grundlage des ältesten Teils unserer
Sibyllinensammlung sind, hat J. Geffcken, Nachr. d. Gött. Ges. 1900, 88 ff. bewiesen.

anderen Verse der Ekloge (82) Ausdruck: *aspice venturo laetentur
ut omnia saeclo.* 6) Den ewigen Frieden hatte dieselbe Sibylle in
erheblich kürzerer Form schon in einem früheren Abschnitte (367 ff.)
erwähnt. Da bricht sie nach seiner Schilderung in die Worte aus (371):
„O selig, wer jene Zeit erleben wird, Mann und Weib", ὦ μακαριςτός,
ἐκεῖνον ὃς ἐc χρόνον ἔccεται ἀνὴρ ἠδὲ γυνή. Das hat schon andere erinnert an den Ausruf des Dichters (53) *o' mihi tum longae maneat pars
ultima vitae.*[1]) Aber der Unterschied ist, daß der Wunsch in dem
Sibyllinum unpersönlich, in der Ekloge persönlich gefaßt ist. Dagegen
findet sich die persönliche Fassung in einem christlichen Sibyllinum
(VIII 195 f.): „Möchte ich dann leben[2]), wenn die himmlische Gnade
zur Herrschaft gelangt, und das heilige Kind" .. (Text verstümmelt).
Vielleicht darf man angesichts dieser Kongruenz im Wunsche des
Erlebens einer fernen Zukunft sagen, daß das Motiv ursprünglich
für die Sibylle erfunden war: ihr hohes Alter war sprichwörtlich,
Phoebi longaeva sacerdos nennt sie Virgil selbst (Aen. VI 628). Der
Dichter würde dann also dies Motiv von der Sibylle auf seine eigene
Person übertragen haben. So graziös die Erfindung an sich ist und
so wohl sie ihm zu Gesicht steht — bemüht er sich doch, wie bemerkt wurde (o. S. 129), mit den Geschöpfen seiner Phantasie in Freude
und Schmerz persönliche Fühlung zu nehmen[3]) —, so könnte man
vielleicht doch versucht sein aus der besonderen Betonung seines
Wunsches ein sehr hohes Alter zu erreichen — *longae pars ultima
vitae* — einen durch Motivherübernahme bedingten leisen Zwang
heraushöre. 7) Endlich noch eine an sich unscheinbare Kleinigkeit.
Auch in die christlichen Teile unserer Sibyllinensammlung hat sich
zugestandenermaßen gar nicht selten altes Traditionsgut hinüber-
gerettet, wie es bei einer solchen sich über viele Jahrhunderte erstreckenden, zerfahrenen, zerflatternden Literaturgattung der Fall zu

---

1) Einem solchen Kenner wie J. Geffcken, der in dem o. S. 13, 2 zitierten Aufsatz
(S. 325) dieser Kongruenz keine Bedeutung beimißt, zu widersprechen, ist mißlich.
Aber bei seinem Einwand, die Sibylle rede nie von ihrem Wunsche selber jene Segens-
zeit noch zu erleben, hat er sich der gleich im Text erwähnten Stelle nicht erinnert.

2) Vorangeht: μή ποτ' ἐγὼ ζώην, ὅτε ἡ μιαρά βαcιλεύcει, ἀλλά τότ', οὐρανίη ὅταν
ἡ χάρις ἐμβαcιλεύcῃ κτλ. Der formale Anschluß an Hesiod Erg. 174f. μηκέτ' ἔπειτ'
ὠφελλον ἐγὼ πέμπτοιcι μετεῖναι ἀνδράcιν, ἀλλ' ἢ πρόcθε θανεῖν ἢ ἔπειτα γενέcθαι ist
offensichtlich. Denkbar wäre, daß Virg. und die Sibyllisten unabhängig auf die Nach-
ahmung dieser Stelle gekommen wären, aber die virg. Fassung klingt an die sibyllinischen so an, daß mir direkte Anlehnung an diese wahrscheinlicher ist als der Umweg
über Hesiod. Vgl. auch o. S. 118, 1.

3) Komm. zur Aen. VI [2] S. 122 mit Belegen auch aus der antiken Exegese des
Dichters (*mire adfectum suum poeta interposuit* oder *sympathiam poeta ex sua persona
fecit* u. dgl.)

sein pflegt. Das VIII. Buch, das in einer Handschriftensippe als
I. gezählt wird, ist besonders reich an solchen Rudimenten älterer
Überlieferung: gehört doch auch der soeben zitierte Vers ihm an.
Nun steht in demselben Buche eine wirklich hübsche, von einem
ausnahmsweise gebildeten Verfasser herrührende Versgruppe (456ff.)
über die Heilandsgeburt, und innerhalb dieser zwei Verse (474f.), die
bei anderer Gelegenheit schon oben (S. 58, 5) herangezogen wurden;
sie zeichnen sich, wie dort bemerkt wurde, durch offensichtliche
formale Anlehnung an Verse des Theognis aus, etwas immerhin nicht
ganz am Wege Liegendes. Hier wird nun das Segenskind τικτόμενον
βρέφος genannt. Das ist genau der *nascens puer* unserer Ekloge (8),
so genau, daß sich dadurch sogar die mir freilich nicht recht be-
greifliche Verlegenheit mancher Erklärer über die zeitliche Aktions-
stufe des Partizipiums (es sei 'nascendus' oder 'nasciturus' zu erwarten) beschwichtigen läßt: es ist wirklich der Moment der unmittelbar bevorstehenden Geburt selbst gemeint. Wer die Kongruenz für
zufällig, also belanglos hält, erwäge immerhin, daß die Aussage des
Sibyllisten über dieses Kind — „die Erde hüpfte ihm jubelnd entgegen,
es lachte der himmlische Thron und es strahlte die Welt" — im
Gedanken mit dem Freudebeben des Weltenraums und dem Jubel
des Alls über die Geburt des Aion in der Ekloge (50—52) derartig
übereinstimmt, daß jeder Zufall ausgeschlossen erscheint.

Mag also ein Sibyllinum die Grundlage der Ekloge gebildet
haben, mögen ihm auch einzelne Motive entlehnt sein: diese Vorlage
allein würde, auch abgesehen von der Belebung und Durchstrahlung
des Stoffes, die immer Eigentum des Dichters bliebe, den Gedanken-
reichtum des Gedichts nicht erschöpfen. Es führt uns in eine Märchenwelt. Eine blüthenprangende Wiege; Schafe mit Purpur-, Safran- und
Scharlachwolle; die Erde mit fremdartigen Blumen übersät; mitten
im Winter der Frühling beginnend, die Natur lachend im Sonnenglanz; und in diese goldne Welt hineingebettet das sonnige Kind,
das in der Geburtstunde eines neuen Zeitalters, die auch seine eigne
ist, die Mutter anlacht, ein Götterliebling, lebend zu den Himm-
lichen erhöht, an der Tafel der Seligen schmausend, einer Göttin
angetraut. Dieser Dichter hat dem Märchenhaften, dem Wunderbaren
so weiten Spielraum gewährt, wie unter den römischen Dichtern
sonst nur noch Ovid. Die Blumenfesseln des Silen in den Bucolica,
der Glaspalast der Meeresnymphen in den Georgica, der goldne
Zweig in der Aeneis: das sind nur wenige Beispiele aus der Fülle.
Längst nicht immer lassen sich literarische Vorlagen namhaft machen;
auch die antiken Exegeten, die über so viel mehr Vergleichsmaterial

verfügten, standen vor Rätseln und registrierten dergleichen unter die *quaestiones insolubiles*. Wir werden einfach sagen müssen: für vieles hat er gar keine schriftlichen Vorbilder besessen, sondern hat es kraft seines sehr in die Tiefen dringenden Dichtergemüts aus der Verborgenheit an die literarische Oberfläche emporgeführt. Unser Handwerk bringt es mit sich, daß wir uns oft zu sehr auf das geschriebene Wort einstellen und zu wenig mit dem Inkommensurablen rechnen. Etwas derartiges Unfaßbares, dem Unterbewußtsein Entspringendes wird auch in der Ekloge hörbar. Das Rauschen einer geheimnisvollen Quelle ist uns durch tiefgehende Forschungen der letzten Jahrzehnte zwar immer vernehmlicher geworden, aber sie ist noch immer zu unterirdisch, als daß unsere Augen deutlich zu sehen vermöchten, was die Ohren leise zu hören anfangen. Die Überlieferung, soweit sie überhaupt schriftlich fixiert war, ist eben gar zu arg verschüttet, begreiflich genug: denn sie war ihrer Natur nach etwas apokryph und wagte sich in einer Epoche noch sehr starker intellektualistischer Kulturspannung nicht recht ans volle Tageslicht. An dieses begann sie sichtbarer erst zu treten, als die Spannung allmählich nachließ, da die diesseitsbejahende Verstandesklarheit des Hellenentums durch die orientalische „Mystik magischen Stils" (mit O. Spengler zu reden) anfing aufgesogen zu werden. Aus diesem Grunde waren wir meist auf Rückschlüsse aus späterer Tradition angewiesen: so erschlossen wir aus theologischen Schriften Philons und Plutarchs, Evangelien und Paulus, astrologischen Traktaten und Festkalendarien eine ältere graeco-aegyptische Gnosis. Die Berechtigung solcher Rückschlüsse, ihre Behutsamkeit vorausgesetzt, zu leugnen wäre nach den Forschungen der Neuzeit nicht mehr am Platz. Zudem ist uns das Vorhandensein derartiger Unterströmungen gerade auf Gebieten, auf denen wir uns vorzugsweise bewegten — Aionvorstellungen, Isis-Horus-Mysterien, astrologische Mystik —, für die caesarische und augusteische Zeit noch kenntlich genug, um sie ohne jedes Bedenken in die Exegese eines Gedichts aus dem Jahre 40 überleiten zu dürfen[1]); ein theosophisches Gedicht in lateinischer Sprache gab es schon in vorsullanischer Zeit, in ihm wurde der Allgott ähnlich prädiziert wie

---

1) Aion: Messala augur, s. o. S. 31, 6; vgl. Reitzenstein, Poimandres 256ff., D. iran. Erlösungsmyst. 210ff.; ferner die in Eleusis gefundene Aion-Inschrift Ditt. Syll.³ 1125 aus dem J. 74/3 vor Chr., vgl. O. Weinreich, Arch. f. Rel.-Wiss. XIX (1918) 174 ff. und o. S. 30, 1. — Horus: Roeder a. a. O. (73, 1) 2436; Boll, Sphaera 160. 211. — Für die Verbreitung astrologischer Mystik in caes.-aug. Zeit genügt es an Nigidius zu erinnern, aber auch Varro zollte ihr reichlichen Tribut und verbreitete sich über einen mystischen Namen des Judengottes: vgl. meinen Aufsatz 'Jahve und Moses in hellenistischer Theologie', Festgabe für A. v. Harnack (Tüb. 1921) 292 ff.

Aion auf der Inschrift des J. 74/3 v. Chr.[1]) Überhaupt läßt jene Zeit des Übergangs von der Republik zum Kaisertum bei aller Geneigtheit der führenden Persönlichkeiten zur Aufklärung eine dem Geheimnisvollen, Übernatürlichen, ja Magischen sich hingebende Stimmung nicht verkennen. Auch Virgil war ihr zugetan. Mochte ihm die freigeistige Weltanschauung Epikurs — es war die philosophische Moderichtung der Generation, die im Chaos der Revolution den Glauben an göttliche Vorsehung verlor — verstandesmäßig genügen, so fand doch sein auf die Untertöne des Bewußtseins lauschendes Ohr, seine schwermutvolle Lebensbetrachtung, sein weiches, gelegentlich dem Sentimentalen zugeneigtes Gemüt, seine Religiosität und Frömmigkeit in der herben und hellen Luft, die Horaz, der letzte italische Repräsentant unverfälschten Hellenentums, mit Behagen atmete, nicht die ihm gefühlsmäßig zusagenden Daseinsbedingungen. Er wäre nie der gelesenste Dichter der lateinisch sprechenden christlichen Menschheit des Altertums und Mittelalters, nie einer der höchsten Kulturfaktoren der gesamten abendländischen Welt geworden, wenn seine Werke nicht streckenweise auf einen religiösen Ton gestimmt wären, der in manchen Teilen der Georgica und der Aeneis wie zum Ton einer Orgel anschwillt; es ist daher wohlbegreiflich, daß dieses Register auch in dem von uns analysierten Gedichte der Bucolica von ihm gezogen wurde.[2]) Er muß viel religiöse Literatur θεολογούμενα, gelesen und sich in den Sphären des Übersinnlichen wohlgefühlt haben. Lektüre astrologischer Schriften, griechischer wie lateinischer, dürfen wir mit Bestimmtheit annehmen[3]), Kenntnis eines

---

1 Setzen wir einmal den Fall, die Verse

Iuppiter omnipotens, regum rerumque repertor,
progenitor genetrixque deum, deus unus et idem

wären uns von Augustinus (de civ. dei VII 9) anonym überliefert. Vermutlich würden wir (es sei denn, daß uns die starken Alliterationen im ersten Verse bedenklich machten) die Diagnose auf einen Neuplatoniker stellen vom Typus des Tiberianus (zweite Hälfte des IV. Jahrh.), von dem wir einen hexametrischen Hymnus auf das höchste Wesen besitzen (PLM ed. Baehrens III, 267 f.) mit ziemlich genauen Anklängen an jene Verse. Aber Augustinus zitiert sie (vermittelt durch Varro) als Verse des Q. Valerius Soranus, der im Jahre 82 v. Chr. starb. Genaueres Agn. Theos 221, 1, zu dem dort gesammelten Material kommt die Aion-Inschrift (s. vorige Anm.), die für *unus et idem* eine schöne Parallele bietet.

2) In der Sileusekloge (6), über die mir die Akten auch noch nicht geschlossen scheinen, findet sich eine aus zehn Versen bestehende Kosmogonie (31 ff.), die von Reitzenstein, Zwei religionsgesch. Fragen. S. 67 in einen weiten Zusammenhang hineingestellt worden ist.

3) Das Prooemium der Georgica I 24 ff. ist ohne solche nicht zu verstehen (Reitzenstein, Poim. 283 f., Erlösungsmyst. 224; vgl. o. S. 71), aber auch in der Aeneis fehlt sie nicht: XI 259 ff., wo *Minervae sidus* den Widder bezeichnet als Zeichen des Frühlingsanfangs: Boll, Sphaera 271; vgl. o. S. 17, 1. Über das Mistelmotiv und die

so berühmten Werkes, wie es die aus der Ptolemaeerzeit stammende, in griechischer Sprache geschriebene aegyptische Astrologie unter dem Namen des Petosiris war, wenigstens vermuten.[1]) Zeitenmystik, der Tiefsinn (aber auch die Verstiegenheit) der Aeonenlehre spielte in diesem Schrifttum eine große Rolle und ging mit der stoischen Spekulation vom Werden und Vergehen der Welt, von der Wiedergeburt der Generationen[2]) jene Art von religionsphilosophischer Verbindung ein, die dann, durch iranische Einflüsse verstärkt, magisch fluoreszierende Strahlen in die Systeme der gnostischen Haeresien, aber auch der Kirche selbst zu werfen bestimmt war.[3])

Die dunklen Reden der „wahnsinnigen Prophetin" fanden an einem derartigen Schrifttum kräftigen Resonanzboden. Mag an einigen Stellen unserer jüdisch-christlichen Sammlung die Astrologie auch noch so ingrimmig bekämpft werden: von der jenseits dieser Bearbeitungen liegenden 'chaldaeischen' Sibyllistik war sie untrennbar; gerade das wenige, das uns die antiken Kommentare zu unserem Gedichte mitteilen, ist astrologischer Art (s. o. S. 15, 1. 2). Je länger ich darüber nachdachte, um so weniger kann ich mich der Vermutung entziehen, daß die Datierung des Heils auf das Jahr 40 irgendwelchen astrologischen Hintergrund gehabt habe.[4]) Wie kam die Sibylle

bruma in Aen. VI habe ich schon oben (S. 19 Anm. 2) eine Bemerkung gemacht. Wie viel klarer würden wir manches sehen, wenn wir auch nur von Nigidius' Sphaera, die doch ganz auf solcher orientalisch-hellenistischen Grundlage ruhte, etwas mehr besäßen.

1) Daß er in den Georgica der aegyptischen Lehre von der Erschaffung der Welt zu Frühlingsanfang schwungvoll Ausdruck verleiht, wurde o. S. 17, 1 bemerkt.

2) Zu den merkwürdigen Versen 31—36 der Ekloge bemerkt schon Servius: *videtur locus hic dictus per apocatastasin, id est per omnium rerum revolubilitatem ex siderum ratione venientem* mit Rückverweis auf seine Bemerkung zu Vers 4, wo er den stoischen Begriff näher definiert. Um sich klar zu werden, daß in einem Gedichte, in dessen Mittelpunkt die Vorstellung vom neuen Weltzeitalter steht, die Theorie der ἀποκατάϲταϲιϲ und der παλιγγενεϲία nicht fehlen durfte, lese man etwa die Darlegungen von J. Kroll, Die Lehren des Hermes Trismegistos (Münster 1914) 170. 189 und H. Junkers o. S. 29, 1 zitierte Abhandlung über Aion. Über die stoische Zeitenmystik s. o. S. 31.

3) „Daß die aegyptische Theologie von griechischem Denken beeinflußt ist und daß sie es schon damals (in der frühen Kaiserzeit) entscheidend beeinflußt hat, daß die Zersetzung und Hellenisierung der aegyptischen Religion im wesentlichen das Werk der Stoa war und daß sie auch hauptsächlich die Vermittlerin war, welche aegyptische Gedanken über den Orient nach Griechenland und nach Rom übertrug", ist ein Grundgedanke von Reitzensteins in den vorstehenden Anmerkungen öfters zitierten Zwei religionsgesch. Fragen (Straßb. 1901).

4) Früher (Rh. M. LIV 1899, 480) versuchte ich es mit Varros Berechnung der Saecularspiele. Aber sie führt auf das J. 39. Der Versuch von S. Sudhaus, Rh. M. LVI (1901) 42, diesen Termin durch Annahme der drei caesarischen Schaltmonate im 'annus confusionis' auf den Oktober 40 zu rücken, ist gar zu willkürlich, und seine Worte: „Für einen Kenner der Altertümer und Zeiten wie Vergil, ja selbst für einen

darauf, den Beginn der Regentschaft des Helios und den Anbruch eines neuen Weltzeitalters gerade auf dieses Jahr zu datieren? Seit Kepler hat man bis in allerjüngste Zeit mit unsagbarer Mühe und Geduld die uranischen Vorgänge zu errechnen versucht, die zur evangelischen Erzählung vom Stern der Magier Anlaß geboten haben sollen. Das mußte und wird weiterhin — denn ein Ende ist nicht abzusehen, solange Glaube und Wunsch in Wissenschaft und Grammatik hineingedeutet werden — verlorene Arbeit bleiben, weil keine Macht der Welt Legende zur Historie umprägen und keine mathematische Astronomie ein Jahr bestimmen kann, das wie jenes Sternphaenomen selbst ein Phantasieprodukt war. Da weist die Ekloge andere Verhältnisse auf. Sie ist auf ein bestimmtes Jahr gestellt, und die Bahn des Helios ist eine Konstante. Ist nun jenes Jahr astronomisch irgendwie bemerkenswert gewesen? Die Aussicht, daß ein Kundiger sich der Mühe einer Prüfung unterziehe, ist wohl gering. Aber aus veröffentlichten Mondtabellen ist ersichtlich[1]), daß im Jahre 40 am 25. Dezember, dem Tage der Wintersonnenwende, einem Datum also, das sich uns als so bemerkenswert ergab, N̲e̲u̲m̲o̲n̲d̲ stattfand. Eine derartige Kongruenz der beiden Himmelserscheinungen ist ziemlich selten: die Generation, die im Jahre 40 erwachsen war, erlebte sie nur noch einmal, im Jahre 21 v. Ch.; die nächste Kongruenz fand erst im Jahre 18 n. Chr. statt. Die Neumonde eines Jahres berechnete man seit alters im voraus; zufällig ist es uns gerade für das Jahr 40 überliefert.[2]) Graeco-aegyptische Heliosmystik knüpfte, wie oben (S. 115) bemerkt wurde, an die Konjunktion von Sonne und Mond zur Zeit des Frühjahrsequinoktiums, ebenfalls eines bedeutsamen Jahrespunktes, ihre abstrusen Spekulationen über das Beilager von Osiris und Isis. Ich bin, wie ich kaum zu versichern brauche, weit davon entfernt zu behaupten, daß hierdurch die Lösung des Rätsels, das die Datierung des Heils auf dieses Jahr aufgibt, gefunden sei; nur eine Möglichkeit, auf welchem Wege vielleicht zum Ziele ge-

Laien lag diese Berechnung nahe. Daß er sie machte, ist nicht strikte zu beweisen, aber aus seinem *Iam venit* klingt es deutlich heraus, daß das für später erwartete Saeculum überraschend gekommen sei, drei Monde früher, können wir sagen, als es irgend denkbar schien" stehen doch auf einer zu schmalen Basis, als daß ich mit H. Lietzmann a. a. O. (o. S. 15, 1) 38 f. auf ihr weiterzubauen wagen möchte.

   1) Ginzel a. a. O. (o. S. 16, 2) II 46.

   2) Dio XLVIII 38 berichtet, in diesem Jahre sei gegen die festgesetzte Norm ein Tag eingeschaltet worden, damit nicht der Neumond des folgenden Jahres auf einen Markttag (nundinae) falle, was seit alters peinlich vermieden wurde. In der Tat wäre der dritte Markttag des Januar 39 auf den Neumond gefallen, der, wie man aus den erwähnten Tabellen ersehen kann, am 24. Jan. eintrat. Es wurde also am Schluß des Jahres 40 ein Schalttag eingelegt, so daß der Markttag auf den 23. Jan. zu liegen kam.

langt werden könne, sollte angedeutet werden.[1]) Vielleicht darf ich bei dieser Gelegenheit ein Thema bezeichnen, dessen Inangriffnahme durch Zusammenarbeit eines Astronomen und Philologen sich wohl lohnen würde. Ein älteres Jahr des Heils war 63 v. Chr. gewesen: in ihm war C. Octavius geboren. Schwerlich kennen wir irgendeines anderen antiken Menschen, selbst nicht des kommagenischen Königs Antiochos Theos Horoskop bis auf die Geburtsstunde so genau wie das dieses Knaben, der als Caesar Augustus der Welt das irdische Heil zu bringen bestimmt war. Nun berichten die Historiker, besonders der Gewährsmann Suetons, den angesehensten römischen und griechischen Astrologen sei Tag und Stunde der Geburt im höchsten Maße bemerkenswert erschienen, einer habe in größter Erregung gemeldet, der Herr der Welt sei geboren.[2]) Man kann den Glauben an die Sympathie des Uranischen mit dem Terrestrischen als Wahnglauben werten und doch neugierig genug sein, um wissen zu mögen: welches war am 23. September (Tag vor dem Herbstaequinoktium) des Jahres 63 kurz vor Sonnenaufgang das 'thema mundi'? Goethe ist sein Horoskop mit demselben liebenswürdigen Humor, mit dem er davon spricht, nachgerechnet worden[3]): warum sollte dem Caesar, der dem seinigen ein so ernsthaftes Gewicht beimaß, dieses Privilegium vorenthalten bleiben?

X. AUGUSTUS

Was für eine Menge meist obskurer Weissagungsliteratur es zur Zeit des Augustus in Rom gab, läßt die Nachricht Suetons (Aug. 31) erkennen, der Kaiser habe als Pontifex maximus, also im oder nach dem Jahre 12 v. Chr. zweitausend *libros fatidicos* in griechischer und lateinischer Sprache, die teils ganz verfasserlos, teils ohne genügende Beglaubigung umliefen, aufgreifen und verbrennen lassen, mit Ausnahme der sibyllinischen, aber auch unter diesen sei eine Auslese getroffen worden. Möglicherweise (nicht mehr als das) fiel diesem Säuberungsprozeß auch das Sibyllinum anheim, an das sich die Ekloge

---

1) Vielleicht kann jemand etwas anfangen mit den sonderbaren Worten des Horapollon I 10, S. 12 Leemans: ταύτην τὴν ἡμέραν (näml. τὴν ἐνάτην καὶ εἰκοστήν) cύνοδον εἶναι cελήνηc καὶ ἡλίου, ἔτι τε καὶ γένεcιν κόcμου. Das scheint irgendwie mit dem 'Weltgeburtstag' zusammenzuhängen, der ja als spätaegyptische Vorstellung bezeugt ist (s. o. S. 16, 3. 17, 1).

2) Suet. Aug. 5 *natus est... VIII Kal. Oct. paulo ante solis exortum.* 94, 5 *nota ac vulgata res est P. Nigidium..., ut horam quoque partus accepiti, affirmasse dominum terrarum esse natum.* Einige nähere Angaben über das Horoskop am Schluß des nächsten Abschnitts.

3) Von Fr. Boll, Sternglaube u. Sterndeutung[2] (Lpz. 1919) 87 ff.

anlehnt. Denn die Ereignisse hatten die Prophetin Lügen gestraft. In das böse Jahrzehnt bis Aktium wuchs kein Sonnenkind hinein, kein goldnes Zeitalter beglückte die erschöpfte Welt mit dem Labsal des Friedens, nach dem sie dürstete, die *Saturnia regna* waren nicht gekommen, keine *gens aurea* erstanden, sondern das Weltgeschehen hatte seinen Lauf in Blut und Eisen genommen. Aber es war dem Dichter doch beschieden, als wahrer Prophet das Heil einer neuen Zeit zu verkünden. Denn:

> hic vir hic est tibi quem promitti saepius audis,
> Augustus Caesar divi genus, aurea condet
> saecula qui rursus Latio regnata per arva
> Saturno quondam....

Manches in diesen Versen (Aen. VI 791 ff.), in deren Fortsetzung auch das *regere orbem* der Ekloge mit mächtigen Akkorden zu Gehör gebracht wird, berührt sich mit dem Grundgedanken des bukolischen Gedichts. Aber auch abgesehen von der pompösen Stilisierung, die von der zierlichen der Ekloge absticht[1]), waltet ein starker Unterschied ob. In der Ekloge ist das Nationale bis zu dem Grade abgestreift, daß an seine Stelle die Oikumene, ja der ganze Kosmos tritt. Der einzige, der Zeitgeschichte angehörige Name ist der des Konsuls Pollio, und dieser war der anerkannte Führer der Partei des Antonius.[2]) Dagegen hat die 'Heldenschau' der Aeneis, deren fast zahlenmäßig genaues Mittelstück das Augustusenkomion bildet, eine machtvolle nationale Resonanz wie kaum etwas sonst in der römischen Literatur. Zwischen der Ekloge und der Aeneis war die

---

1) Man kann sich den Unterschied des ἰσχνόν vom γένος μεγαλοπρεπές gut klarmachen, wenn man die Ekloge und die Perikope der Aeneis (bis Vers 805) hintereinander liest: dort nicht eine einzige längere Periode, hier das Ganze aus zwei Perioden von 10+5 Versen zusammengesetzt.

2) Hier möge eine kleine Observation Platz finden. Appian b. c. V 50, 212 erwähnt einen Brief Pollios an den das Adriatische Meer beherrschenden Cn. Domitius Ahenobarbus, den er für die Partei des Antonius gewann, und Briefe beider an Antonius. Nun sagt Velleius II 84, 2 *Cn. Domit:us so.us Antonianarum partium numquam reginam n:si nomine salutavit.* Bedenkt man, daß Pollio von seiner ersten Erwähnung bei Velleius (II 63, 3) bis zur letzten (86, 4) als Haupt der Partei der Antonianer erscheint, so ergibt sich aus den zitierten Worten, daß Pollio in seinen Briefen an Antonius die Kleopatra als 'Königin' grüßen ließ, während Ahenobarbus sie mit ihrem Namen nannte. Denn daß *salutare* sich auf Briefe an Antonius bezieht (wie z. B. Cicero mit diesem Worte öfters Grüße an Verwandte oder Freunde des Adressaten beifügt), leuchtet ein. Also hat der Historiker, dem Velleius und Appian folgten (letztlich wohl Livius), die Korrespondenz der Parteiführer an Antonius eingesehen — wir selbst besitzen solche Aktenstücke in Ciceros Korrespondenz kurz vor der politischen Führerschaft des Antonius — und die Verschiedenheit ihrer Grüße an Kleopatra der Erwähnung für wert gehalten. Auch bei Cicero (6 mal), Horaz und Properz wird sie nie mit ihrem Eigennamen, stets nur *regina* genannt.

•

Wiedergeburt der Nation aus dem Geiste des Römertums erfolgt; der Kosmos, die Oikumene konzentrierten sich im Rom des Augustus. Aus der Absicht das Nationale, das Patriotische eindringlich zu Gehör zu bringen, erklärt sich auch ein feiner Kunstgriff des Dichters. Dem Augustusenkomion, das ausdrücklich auf Orakel Bezug nimmt (799), liegt ein Sibyllinum zugrunde, dasselbe, das im dritten Buche unserer Sibyllinensammlung in Spuren noch kenntlich ist.[1]) Dennoch werden diese Verse nicht der Sibylle in den Mund gelegt — sie, die Begleiterin des Aeneas, ist in der ganzen Szene stumme Person —, sondern dem Anchises. Weshalb dieser Rollentausch, der schon den Exegeten des Altertums das Problem nahelegte, mit welchem Rechte Anchises des Prophetenamtes walte? Die Antwort muß lauten: die Sibylle wäre keine passende Trägerin des patriotischen Gefühls gewesen, das nun in wiederholten persönlichen Mahnungen des Vaters an den Sohn, des Urahns an die ferne Nachkommenschaft warmen Ausdruck findet.[2])

So war das Wunschgemälde aus der Zeit der Not jetzt mit so ganz anderen Farben Wirklichkeit geworden: der Träger des Heils war nicht der traumhafte Wunderknabe, der die neue Zeit erst allmählich heraufführen sollte, sondern der Heldenkaiser, ihr sichtbarer Repräsentant, der *praesens divus*. So kindisch gefaßt die Erklärung der antiken Interpreten auch sein mag, Augustus sei der Gepriesene der Ekloge[3]), es liegt ihr doch eine gefühlsmäßige Ahnung des Richtigen zugrunde: die Prophetie von der Wiederkehr des goldenen Zeitalters, heraufgeführt durch die Epiphanie eines Weltheilandes, war in Erfüllung gegangen. Den tönenden Ehrentitel Θεὸς Σωτήρ hatten vor Augustus viele getragen, aber erst er erfüllte die sich daran knüpfenden Hoffnungen, und daher wurde erst bei ihm der Titel ein Exponent kultischer Verehrung: Aegypten ging damit voran, begreiflich genug, denn hier war der Caesar nach dem Tode der Kleopatra und nach der Beseitigung oder Absetzung ihrer Kinder Rechtsnachfolger der ptolomaeischen Dynastie, aegyptischer Gottkönig.[4])

---

1) Belege sind von mir in dem Aufsatz 'Josephus u. Tacitus über Jesus Christus u. eine messianische Prophetie', NJ XXXI (1913) 652ff. gegeben worden.

2) In meinem Kommentar bin ich dieser Intention des Dichters nicht genügend gerecht geworden.

3) Serv. zu Vers 6 *permiscet laudes tam pueri quam Pollionis quam Augusti, nam felicitas temporum ad imperatoris pertinet laudem*, zu 7 *conicit fore aurea saecula, quod Augustus imperat, quod talis natus est puer, quod consul est Pollio*, u. dgl. Absurditäten mehr.

4) Durch A. Erman kenne ich ein wohl keinem Fachgenossen bekanntes interessantes Dokument. In einer hieroglyphischen Inschrift des von Augustus und Tibe-

Es ist jedoch nicht meine Absicht, die Soter-Vorstellungen des augusteischen Zeitalters zu behandeln. Von Theologen, Geschichtsforschern und Philologen ist über sie das Wichtigste gesagt worden[1]), zumal seit die um 9 v. Chr. verfaßte Kalenderinschrift von Priene (gefunden im Jahre 1899) es durch ihre überraschenden Formulierungen wieder einmal besonders handgreiflich vor Augen stellte, daß das Evangelium, als es aus dem kleinen Judaea in die Länder der Oikumene eintrat, eine religiöse Formensprache vorfand, die es seiner neuen Gedankenwelt vielfach anpassen konnte: so war das Wort εὐαγγέλιον lange vor dem Herrn, dessen Reich nicht von dieser Welt war, für Prophetieen auf den Weltherrscher im Gebrauch.[2]) Nur einige in dergleichen Untersuchungen wenig oder garnicht beachtete, die Geburtslegende betreffende Züge mögen hier zu Gehör gebracht werden[3]), da sie bestätigen, daß der religionsgeschichtliche

---

rius restaurierten Tempels von Karnack heißt es: „Tiberius Caesar hat dies als sein Denkmal gemacht für seine Mutter, die große Mut von Karnack, die große Isis, die Mutter der Sonne."

1) Am eindringendsten von H. Lietzmann in seinem schon öfters zitierten Büchlein: Der Weltheiland, Bonn 1909 (bes. S. 56ff.)

2) Die Worte (Ditt. Or. 458, 40) ἦρξεν δὲ τῷ κόσμῳ τῶν δι' αὐτὸν εὐαγγελίων ἡ γενέθλιος τοῦ θεοῦ deutet A. v. Harnack, Reden u. Aufsätze I (1904) 301 im wesentlichen richtig· „Der Geburtstag des Gottes hat für die Welt die an ihn sich knüpfenden Freudenbotschaften heraufgeführt." Es sind also εὐαγγέλια um des Augustus willen (dies ist die genaue Vorstellung) an die Welt ergangen, das erste in der Reihe war, um es mit den Worten des christlichen Evangeliums zu sagen: „Siehe, ich verkündige euch große Freude, denn euch ist heute der Heiland geboren." Die pluralische Fassung τὰ δι' αὐτὸν εὐαγγέλια setzt voraus, daß die Verkündigung der Geburt nur ein εὐαγγέλιον von mehreren war; ἦρξεν besagt, daß es die Reihe begann. In der Tat sind uns noch Spuren solcher εὐαγγέλια auf den Caesar kenntlich: eine in B. V unserer Sibyllinensammlung (Vers 16ff.) eingesprengte Prophezeiung auf die Siege der Jahre 31—27, ferner ein Orakel, auf das Horaz sat. II 5, 62f. anspielt (Unterwerfung der Parther: s. o. S. 131), endlich Verg. Aen. VI 791f. (Prophetieen auf die Weltherrschaft). Näheres darüber in meinem Aufsatz Rh. M. LIV (1899) 466ff. Inzwischen fand ich für den Gebrauch von εὐαγγέλιον mit Bezug auf Augustus ein wichtiges Zeugnis, das auch in den Darlegungen A. Deißmanns Licht vom Osten 277, vgl. 4. Aufl., S. 447) fehlt: Serv. Dan. zu Verg. Aen. X 272 *hic (cometes) dicitur apparuisse eo tempore quo est Augustus sortitus imperium; tunc denique gaudia omnibus gentibus futura sunt nuntiata.*

3) S. jetzt auch W. Deonna, La Légende d' Octave-Auguste, Dieu, Sauveur et Maitre du Monde (Extrait de la Revue de l'Histoire des Religions, T. LXXXIII/IV, 1921), eine schon früher zitierte Schrift, deren Kenntnis ich dem Bibliothekar der Warburg-Bibliothek in Hamburg Dr. F. Saxl verdanke. Die Vereinigung des meisten, auf Augustus bezüglichen legendarischen Materials ist dankenswert, seine symbolische Deutung wird nicht überzeugen (s. u. S. 159. 2 u. 160, 2). Derselbe Gelehrte hat in der Revue archéol., 5e série, tom. XI (1920) 112—206 einen im Jahre 1912 in der Nähe von Genf gemachten Fund behandelt und zu den weittragendsten Folgerungen auch für die augusteische Poesie verwertet. eine silberne Schale mit ganz singulären Darstellungen von Augustus-Helios-Apollo als Sieger bei Actium. Aber die Inschrift *Octavius Caesar* ist

Rahmen, den ich dem bukolischen Gedichte zu geben versuchte,
für das Bild wirklich passend ist.

    Ein aus dem Orient stammender Freigelassener des Augustus,
der im Kabinettsdienste des Kaisers angestellt war, berichtete,
wenige Monate vor der Geburt des Knaben sei in Rom ein Wunder-
zeichen erfolgt, durch das angezeigt wurde, „die Natur gehe schwanger mit einem Könige für das römische Volk"; daraufhin habe der
Senat erschreckt beschlossen, kein in jenem Jahre geborenes Kind
männlichen Geschlechts solle aufgezogen werden dürfen; die Ausführung des Beschlusses sei aber unterblieben.[1]) Von jeher hat man
sich bei dieser Fiktion an die im Matthaeusevangelium erzählte Legende vom bethlehemitischen Kindermorde des Herodes erinnert,
aber die trotz öfterem Einspruch der Historiker und Philologen noch
immer verbreitete Meinung, die römische Legende sei der evangelischen nachgebildet, läßt sich nicht rechtfertigen. Jedesmal wo wir
zwischen profaner und heiliger Geschichte ein derartiges Abhängig-
keitsverhältnis konstruierten, hat sich ein Fehlschluß herausgestellt.
Vielmehr führt eine wenn auch verblaßte Spur darauf, daß es sich
um ein älteres, vielleicht durch ein orientalisches Volksbuch verbrei-
tetes Motiv handelt, welches gleichermaßen für die Geburtslegende
des weltlichen und des himmlischen Soter verwertet wurde.[2]) —
Wohl die sonderbarste aller Wundergeschichten, die den Geburtstag
des künftigen Augustus umrankten, erzählte der graeco-aegyptische
Theologe Asklepiades von Mendes in seinen 'Theologumena'.[3]) Das
Elternpaar hatte unmittelbar vor der Geburt des Kindes einen
Traum. Der Vater träumte, aus dem Leibe seiner Gattin strahle der

---

so ganz außergewöhnlich und unseres Wissens durch nichts zu rechtfertigen, daß ich
Ed. Fraenkel, mit dem ich die Sache durchgesprochen habe, zustimmen muß: ehe
nicht eine wirkliche Abbildung, die auch ein Urteil über den Stil ermöglicht,
vorliege, sei der Verdacht einer Fälschung nicht abzuweisen.

    1) Sueton Aug. 94, 3 aus Iulius Marathus. Das Cognomen weist auf Syrien.

    2) Vgl. meine Darlegung Rh. M. LIV (1899) 474, 1; ferner A. Dieterich, Kl. Schr.
(Lpz. 1911) 273 f. und Ed. Meyer, Urspr. u. Anfänge d. Chr. I 57 f. Eine in den Erörterungen über dieses Problem m. W. noch nicht herangezogene Stelle findet sich
bei Dio C. XLV 1. Als der Astrologe Nigidius von Octavius erfuhr, ihm sei ein Sohn
geboren, rief er auf Grund der Konstellation in der Geburtsstunde aus: 'δεϲπότην
ἡμῖν ἐγέννηϲαϲ'. καὶ αὐτὸν ἐκταραχθέντα ἐπὶ τούτῳ καὶ διαφθεῖραι τὸ παιδίον ἐθελή-
ϲαντα ἐπέϲχεν εἰπὼν ὅτι 'ἀδύνατόν ἐϲτι τοιοῦτόν τι αὐτὸ παθεῖν'. Die Nigidius-Ge-
schichte hat auch Sueton (94, 5), aber ohne ihren Schluß, den Dio von den Worten
καὶ αὐτόν an berichtet. Dieser Schluß — die beabsichtigte Tötung des eigenen Kindes durch Octavius — ist offenbar nur eine schlechte Variante zu der Erzählung des
Iulius Marathus bei Sueton (s. vorige Anm.). Je legendarischer ein Bericht ist, um so
zahlreichere und stärkere Varianten pflegt er aufzuweisen.

    3) Suet. Aug. 94, 4. Im wesentlichen übereinstimmend, aber ohne die Quellen-
angabe der Theologumena (s. o. S. 85, 1) Dio C. XLV 1.

Glanz der aufgehenden Sonne[1].) Noch seltsamer war der Traum der Mutter. Wehen zerrissen ihren Leib, ihre Eingeweide wurden zu den Gestirnen getragen und breiteten sich über den ganzen Umfang von Erde und Himmel.[2]) In dieser Groteske sind Züge enthalten, die für uns ein bekanntes Gesicht tragen. „Und es erschien am Himmel ein großes Zeichen, ein Weib gekleidet in die Sonne, der Mond unter ihren Füßen und auf ihrem Haupte ein Diadem von zwölf Sternen. Und sie war schwanger und schrie in Geburtswehen... Und sie gebar einen Knaben, der sollte weiden alle Völker." So beginnt das berühmteste Kapitel (12) der johanneischen Apokalypse. Es macht keinen wesentlichen Unterschied, daß hier als Vision berichtet wird, was dort ein Traum ist: das sind zwei oft miteinander wechselnde Formen der Zukunftsenthüllung. Das Grundmotiv beider Fassungen ist verwandt: die Mutter gebiert unter furchtbaren Wehen den Weltheiland. Bei dem Apokalyptiker ist sie, wie durch Fr. Bolls Entdeckung feststeht, als Regina Caeli vorgestellt, der Sonne, Mond und Sterne dienstbar sind. Auch in der Traumfassung sind Himmel, Sonne und Gestirne an dem Weltgeschehnis beteiligt, nur daß infolge der künstlichen (ersichtlich sekundären) Verteilung der Träume auf die beiden Ehegatten die Sonne im Traumgesicht des Vaters erscheint. — Auf Brust und Leib des Kindes fanden sich bei der Geburt sieben Male in der Ordnung des Gestirns des Kleinen Bären[3]), offenbar zum Zeichen seiner Bestimmung als Herrscher des Himmelspols.[4])

---

1) Ich möchte auf zwei merkwürdige Analogien hinweisen. Die eine betrifft die Geburtslegende des Branchos, Stammvaters des milesischen Priestergeschlechts der Branchidai, bei Konon narr. 33 ὁ Cμίκρός τινος τῶν ἐν Μιληcίοιc ἐνδόξων θυγατέρα γαμεῖ. καὶ αὕτη τίκτουcα ὁρᾷ ὄψιν τὸν ἥλιον αὐτῇ διὰ τοῦ cτόματος εἰcδύντα διὰ τῆc γαcτρὸc καὶ τῶν αἰδοίων διεξελθεῖν. καὶ ἦν τὸ ὅραμα τοῖc μάντεcιν ἀγαθόν. καὶ ἔτεκε κόρον, Βράγχον ἀπὸ τοῦ ὀνείρου καλέcαcα, ὅτι ὁ ἥλιος αὐτῆc διὰ τοῦ βράγχου διεξῆλθε. καὶ ἦν ὁ παῖc κάλλιcτος ἀνθρώπων. Die andere betrifft die Jesuslegende. In dem apokryphen Evangelium des Ps.-Matthaeus c. 13 (Tischendorf, Ev. apocr. S. 77) wird erzählt: als die schwangere Maria einst in eine finstere unterirdische Höhle trat, fing diese an *splendorem habere, et quasi sol ibi esset, ita tota fulgorem lucis ostendere ; et quasi esset ibi hora diei sexta, ita speluncam lux diei illustravit. nec in die nec in nocte lux ibi divina defuit, quamdiu ibi Maria fuit.* Hier ist das Grobsinnliche des Motivs übermalt.

2) Deonna a. a. O. 36ff. bezieht das symbolisch auf die Vorstellung vom Weltenbaum, für die er viel religionsgeschichtliches Material beibringt. Ich sehe nicht, wie die Worte Suetons (*Atia somniavit intestina sua ferri ad sidera explicarique per omnem terrarum et caeli ambitum)* dazu berechtigen sollten.

3) Suet. Aug. *corpore traditur maculoso dispersis per pectus atque alvum notis in modum et ordinem ac numerum stellarum caelestis ursae.*

4) Vgl. das von Reitzenstein, Poimandr. 283, 1 und Fr. Dornseiff, D. Alphabet in Mystik und Magie (Lpz. 1922) 44 behandelte Gebet des Pariser Zauberpapyrus (Zeile 1304ff. Wessely). ἄρκτε θεὰ μεγίcτη ἄρχουcα οὐρανοῦ, βαcιλεύουcα πόλου, ἀcτέρων ὑπερτάτη, καλλιφεγγὴc θεά, cτοιχεῖον ἄφθαρτον, cύcτημα τοῦ παντός usw. (alles schöne

— Als Säugling verließ er, wie es in einer anderen Erzählung heißt[1]), abends die Wiege und wurde anderen Tags auf einem hohen Turm liegend gefunden, das Gesicht der aufgehenden Sonne zugekehrt[2]); seine Augen leuchteten sonnenhaft.[3]) — Von seinem Horoskop war schon oben (S. 154) kurz die Rede; hier seien noch einige Einzelheiten erwähnt. Die Sonne stand an seinem Geburtstage, dem 23. September, im Zeichen der Wage, dem astralen Symbol des gerechten Herrschers[4]), der Mond in der Geburtsstunde — kurz vor Sonnenaufgang — im Zeichen des Steinbocks.[5]) Mit letzterem Zeichen signierte Augustus seine Münzen, es ziert auch die gemma Augustea, galt überhaupt allgemein als sein 'Thema'.[6]) Die Wahl dieses Zeichens ist verständlich: ein im Zeichen der Wage, dem Beginn des Jahresherbstviertels, Geborener war in dem des Steinbocks, dem Wintersolstitium, gezeugt.[7]) So vereinigten sich in Tag und Stunde der Ge-

rhythmische Prosa). Die sieben Sterne des Kleinen Bären spielten dann auch in der Mithrasreligion eine bedeutsame Rolle: A. Dieterich, Mithrasliturgie 70. 72.

1) Suet. Aug. 94, 6.

2) Auch hier vermag ich Deonna a. a. O. 61 ff. nicht zu folgen, der von einer symbolischen 'tour du soleil' spricht, die er dann wieder mit der 'arbre cosmique' in Zusammenhang bringt. Die Worte Suetons *(infans adhuc, ut scriptum apud C. Drusum extat, repositus vespere in cunas a nutricula loco plano, postera luce non comparuit diuque quaesitus tandem in altissima turri repertus est iacens contra solis exortum)* tragen den naiven Erzählungstypus, der uns aus den apokryphen Kindheitsevangelien vertraut ist. Über den von Sueton zitierten C. Drusus scheint nichts Sicheres ermittelt werden zu können (Vermutungen in H. Peters Hist. Rom. rel. II p. C). — Sonnenmotiv: Mnesarchos findet den Pythagoras als Säugling unter einer Weißpappel liegend und ὕπτιον εἰς τὸν οὐρανὸν ἀναβλέποντα πρὸς ἥλιον ἀσκαρδαμυκτεί: Porphyr. v. Pyth. 10 aus Antonius Diogenes.

3) Suet. Aug. 79, 2.

4) Manilius IV 547 ff. mit deutlicher Beziehung auf Augustus.

5) Durch diesen Hinweis hat J. G. Smyly, Hermathena 1912, 150 ff. unter Billigung von A. E. Housman, Class. Quart. 1913, 109 ff. das schwierige Problem, wieso Augustus das Zeichen des Steinbocks als sein 'Thema' wählte (vgl. V. Gardthausen, Aug. u. s. Zeit II, 1891, 18 f.), allem Anscheine nach gelöst. Vgl. J. v. Wageningen in seinem Komm. zu Manilius (Amsterd. 1921) 137, wo für die Bedeutung des Mondes als Horoskop verwiesen ist u. a. auf Cic. de div. II 91.

6) Suet. Aug. 94, 12 *tantam mox fiduciam fati Augustus habuit, ut thema suum vulgaverit* (vgl. Dio C. 56, 25 ὥστε καὶ ἐκ προγραφῆς πᾶσι τὴν τῶν ἀστέρων διάταξιν, ὑφ' ὧν ἐγεγέννητο, φανερῶσαι) *nummumque argenteum nota sideris Capricorni, quo natus est, percusserit.*

7) Gardthausen a. a. O. (Anm. 5) weist darauf hin, daß Antiochos von Kommagene sein 'Thema' auf den Tag der Empfängnis gestellt habe. Vgl. über die astrologische Bedeutung dieses Tages Nechepso-Petosiris (ca. 150 v. Chr.) fr. 14 Riess, sowie Proklos bei Boll, Sphaera 365. Doch möchte ich für die Beantwortung der Frage, aus welchem Grunde Augustus Münzen mit dem Capricornus signierte, indem er sein Horoskop auf den Mond einstellte, noch eine andere Möglichkeit bezeichnen. Nach der in augusteischer Zeit gültigen 'astrologischen Chorographie' galt der Capricornus als Regent der westlichen Gewässer (A. Bouché-Leclercq, L'astrologie grecque, Par. 1899, 327 ff., 551 f.): Hor. II 17, 19 f. (in dem berühmten astrologischen Teil der

burt die beiden Himmelslichter, Sol und Luna, zu außerordentlicher Vorbedeutung.

Mit dem Hinweise auf die astrologische Bedeutsamkeit des Capricornus hatten wir diese Untersuchungen begonnen, deren Kreis sich so schließt. Sonnensymbolik umwob auch die Geburt des Knaben der Ekloge und anderer Heilande, mit deren Geburt ein neuer Aion für die Welt anbrach.[1]) In ihnen allen offenbarte sich Helios. Einer von ihnen, der Sohn des römischen Triumvirn und der aegyptischen Königin, trug gar den Namen dieses Gottes. Einen anderen, den M. Brutus, nannten die Griechen, da sie von ihm das Heil erhofften „Sonne Asiens"[2]), einen dritten, den Augustus, „Herrn Europas und Asiens, Stern von ganz Hellas, der als großer Heiland Zeus aufging".[3]) Ein römischer Dichter aber, der sich inmitten der Welt des langsam sich orientalisierenden Abendlandes seinen klaren, allem Taumelhaften abgekehrten Sinn wahrte, fand einen Ton, der gerade deshalb, weil er so maßvoll abgestimmt ist, unser Gefühl in angenehmere Schwingungen versetzt als jene dröhnenden Prädikationen. Es sei erlaubt das horazische Gedicht in einem Übersetzungsversuch auch um deswillen zu Gehör zu bringen, weil es zeigt, mit wie vollendetem Kunstverstande dieser Dichter Motive des Überschwangs[4]) auf das Maß des Wahren zurückzuführen weiß.

Maecenasode) *tyrannus Hesperiae Capricornus undae*, Prop. I 1, 89 *lotus et Hesperia ... Capricornus aqua*, Manil. IV 791 *tu, Capricorne, regis quidquid sub sole cadente est positum*. Augustus hat sich mit besonderer Vorliebe als Wiederhersteller der Sicherheit auf dem Meere feiern lassen (vgl. die hübsche Erzählung bei Suet. *Aug.* 18, 2, und seine Bezeichnung als *deus immensi maris*, ποντομέδων an den o. S. 71, 2 genannten Stellen), und seine geflissentliche Betonung der Herrschaft gerade über den Westen des Reichs ist bekannt. — Der Capricornus auf syrischen Münzen: Boll, Sphaera 271, 3.

1) Zahlreiche Beispiele aus nichteuropäischen Kulturkreisen bei Saintyves a. a O. (o. S. 91, 1) 151 ff. in dem Kap.: Les Théogamies solaires. Alle Einzelheiten weichen von der in vorliegender Schrift gezogenen orientalisch-occidentalischen Linie ab.

2) Hor. sat. I 7, 24.

3) Epigramm aus Philae, Kaibel 978:

Καίcαρι ποντομέδοντι καὶ ἀπείρων κρατέοντι
Ζανὶ τῷ ἐκ Ζανὸc πατρὸc Ἐλευθερίῳ,
δεcπότᾳ Εὐρώπαc τε καὶ Ἀcίδοc, ἄcτρῳ ἁπάcαc
Ἑλλάδοc, ὃc cωτὴρ Ζεὺc ἀνέτειλε μέγαc,
Ἴcιδοc ἐν προπύλοιcι Κατίλιοc ἁγνὸν ἔθηκε
γράμμ' ἀπ' Ἀλεξάνδρου δεῦρο μολὼν πόλιοc.

Nebenbei sei bemerkt, daß wir hier die drei Regionen der Welt, zwischen denen Virgil in dem o. S. 71 erwähnten hymnologischen Prooemium der Georgica dem Augustus als Gott die Wahl läßt, genau so vereinigt finden: *terrarum cura* ∼ ἀπείρων κρατέοντι, *deus immensi maris* ∼ ποντομέδοντι, *sidus* ∼ ἄcτρον. Also eine formelhafte sakrale Trilogie.

4) Zu Vers 6 f. vgl. o. S. 114, 4.

Guter Götter Sohn, des Römerstammes
Bester Hort, zu lang schon weilst du ferne;
Frühe Heimkehr war's, die du der Väter
Hohem Rat versprachst: so komm zurück.

Gib, geliebter Herrscher, deinem Lande
Wieder Licht: denn so dem Volk dein Antlitz
Frühlingsgleich erstrahlet, ziehn die Tage
Lieblicher, in hellrem Sonnenglanz.

Wie die Mutter ruft dem jungen Sohne,
Wenn ihm Jahr und Tag der Sturm die Heimkehr
Neidet, und er weilt ob weiten Wassern
Ferne von dem lieben Vaterhaus —

Opfer bringt sie, betet, spricht Gelübde,
Läßt die Augen nicht vom Strand am Hafen —.
Also ruft herbei in Sehnsuchtsschmerzen
Seinen Kaiser treu das Vaterland.

Wandelt sicher doch das Rind am Pfluge,
Segen spendet Ceres aus den Furchen,
Friedlich darf durchs Meer der Schiffer steuern,
Treu und Glauben herrschen sonder Fehl.

Keine Lust befleckt des Hauses Ehre,
Sünde wich der Sitte, dem Gesetze,
Mutterstolz sind ebenbürt'ge Kinder,
Doch die Strafe folget stracks der Schuld.

Schreckt der Parther noch, der Nordlands-Skythe,
Schreckt Germanenbrut in Wildnis hausend?
Sorgt wohl wer um Krieg mit grimmen Basken,
So der Kaiser uns erhalten bleibt?

Reben ziehen wir auf unsern Hügeln,
Bis die Sonne sich zum Scheiden neiget,
Kehren heim zum Festgelage, laden
Unsres Herdes Götter ein und dich,

Spenden Wein dir, fügen deinen hehren
Namen ins Gebet an unsre Götter,
Wie die Griechen Dankgebete sprechen
Kastor und dem großen Herkules.

,,Guter Fürst, gib frohen Friedens Dauer
Deinem Land": am jungen Morgen rufen
Nüchtern wir's, wir rufen's beim Pokale,
Wenn die Sonne ruht im Ozean.

Schlußbetrachtung

Ein Panorama haben wir, den Standpunkt in einem lateinischen Gedichte des Jahres 40 v. Chr. wählend, an unsern Augen vorüberziehen lassen. Die Wiege eines Sonnenkindes warf ihre Strahlen in die Dämmerung weit zurückliegender Zeiten; aufgefangen im Völkerspiegel brach sich das Licht, aber mochte es noch so vielfach

abgelenkt werden, mochten die Objekte, die es traf, in noch so eigenartigen Farben fluoreszieren, die Lichtquelle erwies sich als unver-
siegbar. Die Vielheit der Erscheinungen regt zu einer zusammen-
fassenden Übersicht an, in der auch für einige allgemeinere Betrachtungen Platz ist. Gewordenes in seinem Werdegang zu begreifen
ist ein Ziel aller Historie, also auch der Religionsgeschichte. Aber
was für uns, die wir aus weiter Entfernung einen interessanten
Forschungsgegenstand prüfen und ihn mit dem üblichen Handwerks-
zeug unserer Wissenschaft bearbeiten, die Hauptsache und das Ziel
ist: die Ermittlung der Herkunft, der Gang der Tradition, der Nachweis der Kontinuität, kurz das Entwicklungsgeschichtliche, das war
für die schöpferischen Naturen, die am lebendigen Kleide der Gottheit werktätig webten, für die religiösen Persönlichkeiten, die voll
inneren Erlebens ihre Gefühle ausströmten, nebensächlich und gleich-
gültig. Sie sind vielmehr geneigt „das Geschichtliche herabzuwer-
ten".[1] Ja es konnte der Fall eintreten, daß sie die Herkunft eines
Motivs, auch wenn sie ihnen bekannt war, aus besonderen Gründen
verschleierten. Um ein uns angehendes Beispiel anzuführen: Aegypten
galt freilich als das Land der frömmsten Menschen, aber auch phan-
tastischer Idololatrie. Die Zeiten Herodots und Platons, da man aus
Staunen ob dem unvordenklichen Alter alles Aegyptischen Kultur-
zusammenhänge erfand, weil man sich durch sie gern imponieren
ließ, waren längst vorüber, das religiöse Antlitz der Welt hatte sich
gänzlich geändert, der aegyptische Nimbus war, seitdem das Land in
die Staatenwelt des Hellenismus eingetreten war, verblaßt, seine
Götterkulte in den Augen der Gebildeten zu Kuriositäten herabgesunken. Mochte die Isisreligion in einem Triumphzuge, hinter dem
später der des Mithras oder gar der irgendeiner anderen orientalischen
Gottheit an Ausdehnung und innerer Wirkung weit zurückblieb, die
Völker eines großen Teiles des Erdkreises an ihren Wagen fesseln,
so wurde sie doch als Fremdkörper empfunden, dem sich zu verbinden man vorzugsweise, wenn auch nicht ausschließlich[2], den niederen
Ständen, vor allem den Frauen überließ. Durch eine Traditionskette
sich an Aegyptisches angeschlossen zu sehen war um die Zeitenwende für kein Volk der Welt ein der Erfüllung werter Wunsch.

---

1) Ed. Spranger, Lebensformen[3] (Halle 1922) 244.
2) Daß die Geliebten des Tibull und Properz eifrige Verehrerinnen der Göttin
und in ihre Mysterien eingeweiht waren, ist nichts Besonderes. Aber Tibull trug kein
Bedenken, in ein Festgedicht auf einen so vornehmen Mann wie Messala einen langen
Hymnus auf Osiris einzulegen, der ganz im Stile der 'Aretalogie' wie die oben (S. 136 f.)
erwähnten aegyptisch-griechischen gehalten ist.

Und dennoch wurden wir in unseren Untersuchungen allenthalben
in die Pharaonenzeit zurückgeführt: liegt da nicht doch etwa ein
Fehler der Betrachtungsweise vor? war der Faden, an dem wir Zusammenhänge reihten, nicht längst gerissen? Diese besorgten Fragen
dürfen verneint werden. Reiche mögen zusammenbrechen, Völker
und mit ihnen ihre Götter zerstieben: das Einzelne verweht, die Idee
besteht, und die Beharrungskraft des einmal Vorhandenen ist, mag
es in der Erscheinungswelt untergehen, unvergänglich, ja, dieser Untergang des Einzelnen in seinem Sonderdasein ist meist sogar die Voraussetzung für die ungehemmte Propaganda der in ihm wirksamen
ideellen Kräfte: hat doch auch das Hellenentum die Tragik dieser
Unsterblichkeit, die nur um den Preis verlorener Volksherrlichkeit
feil ist, erlebt. Von Ahnengeistern gestorbener Kulturen sind wir
umwittert; wir leben, heraklitisch gesprochen, den Tod jener; die
aegyptische, als älteste, eröffnet den langen geisterhaften Zug. Ein
so vorsichtiger Forscher wie A. Erman schreibt in seinem neuesten
Werke[1]): „Ich habe die Fremdworte erwähnt, von denen die Schriften
des späteren neuen Reiches voll sind. Sie sind fast alle von den
Bewohnern Kanaans entlehnt und zeigen, was uns ja auch sonst wohl
bekannt ist, in wie engem Zusammenhange damals Aegypten und
Palaestina gestanden haben. Man kann dabei vermuten, daß auch
auf literarischem Gebiete Kanaan von Aegypten aus beeinflußt worden
ist, gerade so, wie das auch in der bildenden Kunst geschehen ist.
Gewiß würden wir in der Literatur der Phoenizier, wäre uns diese
erhalten, auf aegyptischen Einfluß treffen, aber auch in der hebraeischen
Literatur, die doch einer so viel jüngeren Zeit angehört, fehlt es
nicht an Zügen, die auffällig an das aegyptische Schrifttum erinnern,
so in der hebraeischen Weisheitsliteratur, in den Psalmen, im Hohen-
liede. Man möchte glauben, daß Ähnlichkeiten dieser Art wenigstens
indirekt auf aegyptische Vorbilder zurückgehen. Ist dem so, so haben
auch wir selbst, ohne es zu wissen, von jeher Einflüsse des aegyptischen Geisteslebens erfahren." In demselben Sinne beurteilt Ed. Meyer,
wie oben (S. 53 f.) bemerkt, das Verhältnis der alttestamentlichen
Prophetie zu der aegyptischen. Die Idee, deren Geschichte wir ver-
folgten, ist keineswegs ein 'Völkergedanke' im Sinne Bastians, der
diesen Begriff prägte. Wohl ist der Heilandsgedanke auch bei Völkern,
die abseits von den Kulturen des Altertums stehen, nachweisbar,
aber die Formen, die er dort annahm, sind gänzlich verschieden sowohl voneinander wie von der hier behandelten Form. Die Ge-

---

1) D. Literatur d. Aegypter S. 5 f.

schlossenheit dieser im Gegensatz zu der Vielspältigkeit jener[1]) bietet
daher die sicherste Gewähr dafür, daß wir eine gerade, durch die
Gleichmäßigkeit ihres Baues scharf sich ausprägende Straße gewan-
dert sind. Der Vorgang, den wir beobachteten, ließe sich etwa bezeichnen als ein durch Verwittern sich vollziehender Umsetzungs-
prozeß einer religiösen Idee. Bei der Erforschung solcher Vorgänge
erweist die Formelsprache dem Religionshistoriker einen ähnlichen
Dienst wie bei der Erforschung der Erdgeschichte dem Geologen
das Leitfossil. Die Idee selbst paßt sich, und zwar um so stärker, je
produktiver sie ihrem Wesen nach ist, den verschiedenen Zeiten und
Völkern, Kulturen und Religionen an. Aber durch alle ihre Abwand-
lungen hindurch erhält sich manches Formelgut wie ein Petrefakt.
Die Formel ist geprägte Form, sie stellt die Dauer im Wechsel dar.
Bei der Ideengeschichte sind wir, wenn wir unser Augenmerk nur
auf den Gehalt richten, leicht der Gefahr unterworfen uns durch
Konvergenz des Gleichartigen geschichtlichen Zusammenhang nur
vorzutäuschen, also Genealogie zu treiben, wo es sich nur um Analogie handelt. Daher bin ich seit langem für eine Kontrolle der
Ideengeschichte durch die Formengeschichte eingetreten. Die Wiederkehr gleicher oder unbedeutend abgewandelter und angepaßter Formeln pflegt wirkliche Kontinuität zu verbürgen, da bei ihnen — vorausgesetzt, daß sie eigenartige Prägung, wirklich individuellen Typus
zeigen — die Wahrscheinlichkeit einer sich wiederholenden Urzeugung,
'spontanen' Entstehens ganz gering ist, und auch dieses Minimum
wird aufgehoben, wenn der einen Formel innerhalb desselben Ideen-
kreises eine zweite oder gar mehrere zur Seite treten. „Die einmal
geprägte Formel pflanzt sich unmerklich weiter, wo eine zusammen-
hängende Tradition vorliegt", sagt O. Weinreich in einem Aufsatz,
der gedankenreiche Betrachtungen über 'Descendenz' und 'Konvergenz' auf religionsgeschichtlichem Gebiete enthält.[2]) Aus diesem
Grunde ist in den vorstehenden Untersuchungen auf den Nachweis
formelhaften Gutes großes Gewicht gelegt worden. Wenn beispielsweise in einem Kulturkreise ein Gott sein Kind mit den Worten
„Du bist mein geliebter Sohn, dich habe ich gezeugt" anredet und
sich diese Worte in einem anderen geographisch und geschichtlich
jenem zugehörigen so gut wie unverändert wiederfinden, so gibt das
schon zu denken; wenn neben den „geliebten" Sohn der „erwählte"

---

1) Wer sich von ihnen eine Vorstellung machen möchte, sei außer auf das oben
(S. 91,1) genannte Werk von Saintyves auf H. Lüken, Die Traditionen des Menschen-
geschlechts oder die Uroffenbarung Gottes unter den Heiden, Münster 1856 verwiesen.

2) Arch. f. Rel.-Wiss. XIX (1918) 168.

tritt, so wird auch ein noch so vorsichtiger Kritiker seine Bedenken
gegen ursächlichen Zusammenhang fallen lassen.

Das Motiv, dessen Geschichte wir an uns vorüberziehen ließen,
wurzelte so tief im Menschlichen, daß jedes Volk, das es übernahm,
ihm den Stempel seiner Eigenart aufprägte, ihm neue, durch die Besonderheiten der nationalen und zeitlichen Verhältnisse bedingte
Seiten abgewann. Propheten und Priester, Evangelisten und Dichter
formten es und verliehen ihm als die berufenen Dolmetscher ihrer
Völker oder Religionsgemeinden jedesmal so charakteristische Farben,
daß es eigenartig, bodenständig und selbstgewachsen zu sein schien,
obwohl es uraltes, von Volk zu Volk weitergegebenes Erbgut war,
das immer neu erworben werden mußte, um als lebendiger Besitz
der Kulturmenschheit erhalten zu bleiben. „Die Zeit ist eine blühende
Flur, Ein großes Lebendiges ist die Natur, Und alles ist Frucht,
und alles ist Samen": dieses tiefsinnige Wort Schillers stand mir
dauernd vor der Seele, wenn ich beobachtete, wie der Blütenstaub
einer Idee über die Länder der Oikumene wehend empfängliche,
aufnahmebereite Samenknospen befruchtete und neue Blüten zeitigte,
deren jede ihre besondere Farbe zur Schau trug, ihren besonderen
Duft ausatmete. Aegypten, und zwar das Aegypten schon des alten
Reichs, erwies sich uns als das Ursprungsland. Ein Götterdrama:
Horus als Kind gesäugt, gehegt, aufgezogen von seiner Mutter Isis,
als Jüngling auf seiner Lebenshöhe eingeführt in den Himmelssaal,
von Amon, dem Göttervater, vorgestellt der „großen und kleinen
Neunheit der Götter", mit der Krone irdischer Herrschaft geschmückt,
deren menschenbeglückender Verlauf ihm verheißen wird. Ein Königsdrama — Götterherrschaft und Königtum flossen dort unterschiedslos
zusammen —: Amon zeugt in der Gestalt des jeweils regierenden
Königs mit der Königin sich einen lieben Sohn, in dem Horus sich
manifestiert und dem der Gott eine Laufbahn des Segens verkündet:
„Er wird ein Königtum der Gnaden in diesem Lande ausüben, denn
meine Seele ist in ihm." In Zeiten der Not klammerte man sich an
solche Verheißungen; zumal beim Wechsel von Dynastieen traten
Propheten auf, die in Reden an den König Erneuerung des Segens
der Urzeit verkündeten: Niederwerfung der Feinde, dann Friedensregiment, Glücksfülle an den Gütern der Flur. — Von Aegypten aus
eroberte sich diese Idee viele Länder. Horus, „das Kind", blieb ihr
Träger. Zwar der Individualname ward selbstverständlich abgestreift,
aber es blieb „das Kind". „Ein Kind ist uns geboren": so beginnt
die Rede des alttestamentlichen Propheten an den König von Juda
in der Zeit schwerer Bedrängnis. Er prädiziert das Kind mit Worten,

wie sie nur einem göttlichen Kinde zukommen; aber man merkt
doch das Wehen eines Windes aus anderer Richtung. Der göttliche
Ursprung des Kindes aus altem Königsstamm wird verschleiert, die
Jahvereligion duldete nur die Formulierung: „Auf das Kind ließ sich
nieder der Geist Jahves". Der Gottkönig ist zu einem König von
Gottes Gnaden umgeprägt. Wenn sich „auf seine Schulter die Herrschaft gesenkt hat" (also nach seiner Thronbesteigung), „reicht seine
Macht weit zu endlosem Frieden über dem Throne Davids", es
herrscht dann unbegrenzter Erdensegen. Man lese die Prophetieen
in ihrer Gesamtheit noch einmal nach (o. S. 51 f.), und man wird zugeben, daß ihre abgerissenen Gedankenglieder sich dem Verständnisse voll erst erschließen auf dem Grunde jener älteren, die ohne
den visionären, auf Andeutungen sich beschränkenden Stil den
Lebenslauf des Kindes von seiner Geburt bis zum Antritt seines
Regiments in zusammenhängender Rede berichten. Die Großartigkeit des Mythus ist bei seinem Hinabsteigen aus dem aegyptischen
Pantheon in die monotheistische Sphäre verblaßt, aber die enthusia-
stische Glaubensstärke, die inbrünstige Religiosität, die nun an die
Stelle trat, war dem Original fremd; auf dem Grunde derselben Idee
meldete sich ein neuer Stil zum Wort. Daß der aus bäuerlichen Kreisen
stammende Prophet sich des Vorhandenseins eines Vorbildes bewußt
gewesen sei, ist so unwahrscheinlich wie nur möglich; selbst die Berechtigung einer derartigen Fragestellung wäre nach den obigen allgemeinen Betrachtungen zu beanstanden. — Aber auf aegyptischem
Boden selbst hatte sich die Tradition in Priesterkreisen von Generation
zu Generation vererbt und den Wechsel aller Dynastieen überdauert.
Hieratisch erstarrt, empfing die aegyptische Theologie neues Leben
aus ihrer Verbindung mit der griechischen. Auf die religionsgeschichtliche Bedeutung dieses Zusammenschlusses, das Entstehen einer graeco-
aegyptischen Gnosis (Theosophie) ist von uns wiederholt hingewiesen
worden. Der alte Mythus wurde spiritualisiert und in eine aegyptischem Denken fremdartige Welt der Mystik hineingezogen. Gott
zeugt, hieß es jetzt, durch sein Pneuma mit einer Jungfrau einen
Sohn; „der wird groß sein und Weltherrscher sein und alles wird
ihm gehorchen". Vermutlich auf dieser Stufe ihres Werdegangs (oder
aber auf einer früheren, uns noch nicht genügend kenntlichen) ist die
Gottessohnschafts-Idee mit der Aion-Lehre verbunden worden, die
aus dem iranisch-chaldaeischen Kulturkreise zu stammen scheint.
War bisher der Wandel zum Heil an den Wechsel von Regierungen
einzelner Herrscher oder ganzer Dynastieen geknüpft worden, so
sollte er nach der von nun an geltenden Anschauung beim Beginn

eines neuen Weltzeitalters eintreten, in dessen Verlauf Helios als
'Chronokrator' das Weltregiment führe. So verband sich Heliosmystik
mit Aionmystik: wir lernten zwei in Alexandreia am 24/25. Dezember
und 5/6. Januar gefeierte Feste kennen, von denen das zweite, das
ältere, an ein Datum außerordentlich hohen Alters anknüpfte: durch
das Datum eines Festes ist die Kirche — dieses Ergebnis unserer
Untersuchungen ist äußerlich wohl besonders greifbar — mit dem
Aegypten des J. 2000 v. Chr. gradlinig verbunden. — Durch das·
Medium der graeco-aegyptischen Gnosis ist die Erzählung von der
jungfräulichen Geburt aus dem Pneuma ins Evangelium gelangt.
Wieder ist es ein Kind, dessen Geburt der Welt das Heil bringen
wird. Die evangelische Formel „Der wird groß sein und Sohn des
Höchsten genannt werden und Gott der Herr wird ihm den Thron
Davids geben und seiner Herrschaft über das Haus Jakob wird kein
Ende sein" leitete uns wie an einem Faden, aber auch abgesehen
davon bot uns die Analyse der lukanischen Erzählung wichtige Ergebnisse: der Mythus, durch das judaeische Motiv der Engelsver-
kündigung seines Realismus entkleidet, ist durch menschlich rührende
Züge zu einer frommen Legende umgeschaffen worden. So kleidete
sich die uralte Idee abermals in ein neues Stilgewand. Der Theologe, der den Mythus so planmäßig umprägte, muß seine Herkunft
doch wohl gekannt haben: es gab ja, wie wir sahen, sogar eine aus
den Kreisen jener Gnostiker stammende Schrift mit dem Titel „Geburt des Kindes" (Γενέθλια τοῦ παιδός). Der Evangelist gab die Erzählung, ihrer Herkunft sich nicht mehr bewußt, weiter. So lebt das
Motiv von der Geburt des Kindes dadurch fort, daß es auf ihn übertragen wurde, der der Menschen reinster war, weil er der kindlichste
war. „Wahrlich dieser Mensch war ein Sohn Gottes."

In dieser Weltfuge — wenn es erlaubt ist, einen musikalischen
Vergleich zu gebrauchen — trägt auch das bukolische Gedicht Virgils
das Hauptthema in eigner Abwandlung vor[1]); so kommt in dem Re-

---

[1]) Fast an demselben Tage, an dem ich die Korrektur abschloß, kam mir die
neueste Publikation über die 4. Ekloge zu Gesicht: C. Cessi, L' egloga IV. di Virgilio,
in den Atti e Memorie della Reale Accademia Virgiliana di Mantova, N. S. XIV—XVI
(Mant. 1923) 3—29. Der Aufsatz ist von einer Art Polliokult beherrscht, der Knabe
ist der 'nuovo Asinio', sogar in dem Verse (10) *casta fave Lucina, tuus iam regnat
Apollo* wird *tuus* auf — Pollio bezogen, die göttlichen Prädikationen des Knaben
werden als 'hyperbolisch' in ein paar kurzen Anmerkungen beiseite geschoben. Die
älteren Deutungen auf einen Soter werden mit Ausrufungszeichen erledigt; einmal heißt
es von ihnen: 'tale credenza nella sua realtà storica si è formata posteriormente nella
coscienza popolare'. Ich glaube nicht, daß der Verf. eine Behauptung wie diese länger
verteidigen wird, wenn er sich in das religionsgeschichtliche Material eingearbeitet
hat (von einer 'historischen Realität' spricht kein Vertreter dieser Ansicht). Ich be-

gister des Organon pneumaticum auch die vox angelica der lateinischen Zunge zu Gehör. Vom künstlerischen Standpunkte aus betrachtet, ist das Gedicht ganz sein Eigentum, in Kompositionstechnik und Sprachstil ein Meisterstück. Allein die Motive, auf die durch ihre Gruppierung und das Ethos der Sprache solcher Glanz fällt, sind altererbt; ja sie sind in diesem Gedichte treuer bewahrt als in allen übrigen uns kenntlichen Brechungen des Originals: begreiflich genug, denn kein religiöses Bedenken zwang den Dichter das Mythische zu verschleiern. Anbruch des Helioszeitalters; Weltbeben bei der Geburt des neuen Aion; der Knabe mit den Sonnenaugen Jupiters großer Sprößling; die Präsentation des mit Götterleben beschenkten Jünglings vor den Seligen des Himmels und seine Inthronisation als Kosmokrator; sein Schmausen an der Göttertafel und seine eheliche Verbindung mit einer Göttin. War dem Dichter die in Urzeiten fremden Volkstums hinaufreichende Ahnenreihe seines Phantasiegeschöpfs bekannt? Es kommt, wie bemerkt, nicht viel darauf an, ob die Frage bejaht oder verneint wird; aber in Anbetracht seiner Gelehrsamkeit gerade auch auf dem Gebiete — sagen wir einmal: des Okkulten, der *arcana*, würde jemand, der sie in positivem Sinne beantworten wollte, schwer zu widerlegen sein, zumal die sibyllinische Vorlage, auf die er sich ausdrücklich beruft und deren Spuren wir nachgingen, ihm die Richtung auf den Orient, wie unbedingt anzunehmen ist, irgendwie gewiesen haben muß. Es gibt zu denken, daß ein lateinisches Gedicht des J. 40 in dem Maße, wie wir erkannt zu haben glauben, ostwärts gerichtet ist. „Bei Actium hätte Antonius siegen müssen", sagt O. Spengler. Gewiß, wenn es im Rhythmus des Weltgeschehens nicht auch den Antispast gäbe.

> Actius haec cernens arcum intendebat Apollo
> desuper: omnis eo terrore Aegyptus et Indus,
> omnis Arabs, omnes vertebant terga Sabaei.

Allerdings aber ist das Erstarken des nationalitalischen Elements, des Romanismus, das einige Jahre vor 31 einsetzte, nur eine Episode gewesen, eine Parenthese in der Periode, die mit des Diktators Caesar letzten Jahren beginnend in den Orientalismus auslief. In diesem historischen Zusammenhang gesehen kommt unserm Gedichte neben

---

daure um so mehr dem Verf. durchweg widersprechen zu müssen, als er für das Künstlerische des Gedichts ein feines Verständnis zeigt und von gleicher Liebe wie ich für den Dichter beseelt ist (um so mehr möge er den 'Klienten' Pollios begraben). Aus der Literatur über das Gedicht, die er hervorragend beherrscht, notiere ich hier einige mir unbekannt gebliebene: Fl. Royds, Virgil and Isaiah, Oxf. 1918; P. Carus, Virgils profecy on the Saviours birth, Chicago-Lond. 1918; Fr. Lagrange, Le pretendu messianisme de Virgile in: Revue Biblique XXXI (1922) 552 ff.

seiner religionsgeschichtlichen Bedeutung auch eine weltgeschichtliche
zu: verfaßt an der Schwelle einer Weltenwende und mit dem aus-
gesprochenen Bewußtsein einer solchen, des Anbruchs eines neuen
Aion, ist es das älteste literarische Dokument jenes Universalismus,
der die Völker der Oikumene unter dem Szepter eines Gottkönigs
von orientalischem Gepräge zu einigen bestrebt war. Es liegt ein
tiefer Sinn darin, daß der Gründer von Neurom, der dem Christentum
staatliche Anerkennung verschaffte und, mit dem Diadem geschmückt,
als Gottkaiser im Bilde des Helios verehrt wurde, eben dies Gedicht,
das ein unter dem Heliosregiment geborenes und zur Weltherrschaft
berufenes Kind feiert, in griechischer Übersetzung den auf dem ersten
oekumenischen Konzil versammelten Vätern vortrug.

Den antiken Exegeten des Dichters ging das Verständnis für die
Grundidee der Ekloge ganz früh verloren: sie, die Zunft der Philologen und Grammatiker, arbeiteten ja nur mit ihrem auf das Scho-
lastische, das Schriftgemäße, das Herkömmliche eingestellten Hirn,
in dessen Fachwerke das Außerordentliche keinen Platz hatte. Die
Laienwelt war es, die, durch keinen Wissensballast aus Büchern beschwert, aber von dem Gefühlsleben der neuen Religion beschwingt,
sich durch die in diesem Gedichte ausgebreitete religiöse Ideenwelt
wie durch einen magischen Kontakt berührt fühlte: 'Sibylla, die uralte Prophetin, und der Dichter, durch ihren Hauch zum Propheten
geworden, haben wahr gesprochen: der *puer* ist gekommen, wir, die
nova progenies, erfreuen uns des von ihm gebrachten Heils.'

> Ad Maronis mausoleum
> Ductus fudit super eum
> Pię rorem lacrymę.
> 'Quem te' inquit 'reddidissem,
> Si te vivum invenissem,
> Poetarum maxime':

diese Verse eines Hymnus, der nach Comparettis Mitteilung noch im
XV. Jahrhundert in der St. Paulsmesse zu Mantua gesungen wurde
— der Apostel selbst spricht die Worte am Grabe Virgils —, geben
dem Wunschgefühle vieler Generationen diesem Dichter zu huldigen
rührenden Ausdruck. Ecce profeta Domini. Das kindlich Gläubige
streifen wir mit schonender Hand leise ab: die Tradition als solche
hat sich bewährt, und daß wir sie nach unsern Kräften haben
deuten dürfen, ist wohl der schönste Gewinn dieser Untersuchungen.
Mögen Kritiker, kühleren Sinns als der von seinem Stoff eingenommene
Verfasser, hie und da berechtigte Abstriche machen: wenn sich nur
die eine große Linie als richtig gezeichnet erweist, so beugen wir
ehrfürchtig unser Haupt vor einer durch ihre Dauer und ihre religiöse

Schöpferkraft fast überwältigenden Tradition. So unwirklich ihr
Gegenstand ist, so traumhaft schön ist er; so unerfüllbar die Sehnsucht ist, ja so ernste Gefahren für den praktischen Tätigkeitswillen
sie in sich schließt, wenn sie aus dem Wunschlande des Märchens
von Schwärmern in die Erscheinungswelt harter Realitäten hineingestellt wird, so unaustilgbar ist sie, und in diesem Sinne — nur in
diesem — mag uns Menschen einer eisernen Zeit der Traum von
einer goldnen trösten. Selbst Gottfr. Keller, ein gar gestrenger Geist,
eine kernhafte Natur, die, wie Fr. Theod. Vischer sagte, „das Ideale
in den Granitgrund der unerbittlichen Lebenswahrheit einzusenken
verstand", hat einmal einen solchen Traum gehabt:

> Es wandert eine schöne Sage
> Wie Veilchenduft auf Erden um,
> Wie sehnend eine Liebesklage
> Geht sie bei Tag und Nacht herum.
> Das ist das Lied vom Völkerfrieden
> Und von der Menschheit letztem Glück;
> Von goldner Zeit, die einst hienieden —
> Der Traum als Wahrheit kehrt zurück —,
> Wo ewig alle Völker beten
> Zu einem König, Gott und Hirt;
> Von jenem Tag, wo den Propheten
> Ihr leuchtend Recht gesprochen wird.

INDICES